心海撷英

Xinhai
Xieying

——《名著之美》课程导读要点集萃

华北理工大学美育建设委员会　著

编写组成员　张艳博　许莹　路瑶　郝晶

吉林大学出版社

·长春·

图书在版编目(CIP)数据

心海撷英:《名著之美》课程导读要点集萃 / 华北理工大学美育建设委员会著. ——长春:吉林大学出版社,2022.12

ISBN 978-7-5768-1454-5

Ⅰ.①心… Ⅱ.①华… Ⅲ.①美育-课程建设-研究-高等学校 Ⅳ.①G40－014

中国版本图书馆 CIP 数据核字(2023)第 033871 号

书　　名　心海撷英——《名著之美》课程导读要点集萃
　　　　　XINHAIXIEYING——MINGZHUZHIMEI KECHENGDAODU YAODIAN JICUI

作　　者　华北理工大学美育建设委员会
策划编辑　李承章
责任编辑　卢　婵
责任校对　王寒冰
装帧设计　刘　丹
出版发行　吉林大学出版社
社　　址　长春市人民大街 4059 号
邮政编码　130021
发行电话　0431－89580028/29/21
网　　址　http://www.jlup.com.cn
电子邮箱　jldxcbs@sina.com
印　　刷　三河市文阁印刷有限公司
开　　本　787mm×1092mm　1/16
印　　张　17.75
字　　数　355 千字
版　　次　2022 年 12 月第 1 版
印　　次　2022 年 12 月第 1 次
书　　号　ISBN 978-7-5768-1454-5
定　　价　65.00 元

序

美是纯洁道德、丰富精神的重要源泉。名著，是人类文明的璀璨瑰宝；名著中所蕴含的美，是人类精神文化中最珍贵的财富。“名著之美”课程，作为独创性的系列课程，是我校于2017年开设的美育通识课程，旨在通过对一系列国内外优秀名著的阅读与解读，弘扬社会主义核心价值观和中华优秀传统文化，提高华北理工大学学生人文素养、家国情怀和道德情操。该课程既是美育教育，也是思政教育，更是落实习近平总书记“六个下功夫”的重要举措，在理解美、体验美的同时传递美、创造美，打造学生精神骨骼，塑造学生高尚灵魂。

学校高度重视“名著之美”课程，以打造美育教育品牌的精神，乘国家加强美育教育之东风，坚持正确的政治方向和中国立场，将本课程作为美育教育立德树人的重要载体，持续深化课程建设与改革，在弘扬主旋律、强化主战场的主旨上，以学生学习效果为目标，大胆尝试探索教学新模式、新形式、新方式，打造精品课程，引导学生在名著中发现美、欣赏美、践行美、分享美。

本书是在华北理工大学教学建设委员会五育建设专门委员会的整体谋划、设计、指导下完成的美育教育类教材，旨在将美育教育全面融入专业人才培养体系，弘扬社会主义核心价值观和中华优秀传统文化，引领学生树立正确的审美观念，陶冶高尚的道德情操、塑造美好心灵，通过对名著特别是中国名著中蕴含的价值与美进行充分的解读与揭示，更好地引导学生正确赏析中华优秀传统文化、深入理解中国红色文化、体验创造社会主义先进文化，引领学生树立正确的历史观、民族观、国家观、文化观，陶冶高尚情操，塑造美好心灵，增强文化自信。在对名著的阅读中理解美、体验美、传递美、创造美，打造学生热爱和投身专业的精神骨骼，以美润德、以美激智、以美健体、以美益劳。

任课教师根据自己所挑选讲授的名著，充分挖掘各部名著中蕴含的体现中华美育精神与民族审美特质的心灵美、礼乐美、语言美、行为美、科学美、秩序美、健康美、勤劳美、艺术美等丰富美育资源，精心撰写了每部名著的美育要点导读，每篇要点导读包括详细的作品介绍，对名著的思想内容进行简述，对作者所传达的思想价值进行凝练，并对名著中的美育点进行了具体的阐释。除此之外，课程教师还积极鼓励学生课内外讨论交流，组织读书角及读书沙龙，甚至进行实践活动来多角度全方位理解和体验名著中所蕴含的高尚美、纯洁美、哲思美、人文美、艺术美……并能够将这些美充分内化于心，并进行传递传承。

整本导读要点集，包括红色经典之美篇、哲学思辨之美篇、传统文化之美篇、品行养成之美篇、文学韵味之美篇、艺术涵养之美篇。美与德同向，学与思同行，教与学相长，通过对名著的阅读与赏析，教师与学生共同完成“名著之美”的体验之旅；课程帮助学生树立正确的审美观念、陶冶高尚的道德情操、塑造美好心灵、弘扬中华美育精神， 以美育人、以美化人、以美培元，提高学生审美和人文素养，充分且有效地促进了美育与德育教育目标的有机融合和全面达成。

目　录

第一编　红色经典之美

第二编　哲学思辨之美

第三编　传统文化之美

第四编　品行养成之美

第五编　文学韵味之美

第六编　艺术涵养之美

第一编 红色经典之美

《共产党宣言》导读要点

摘　要：《共产党宣言》（以下简称《宣言》）是马克思和恩格斯为世界上第一个无产阶级政党——共产主义者同盟撰写的纲领，是每一个共产党人必读的经典。《宣言》的发表，标志着马克思主义的诞生和国际共产主义运动的兴起。

一、内容简介

（一）写作背景

《宣言》写作于1847年年底，发表于1848年2月，是马克思和恩格斯受共产主义者同盟第二次代表大会委托起草的，是马克思主义与国际工人运动相结合的产物。19世纪上半叶的欧洲，正经历着一场空前的社会变革。资本主义的生产关系逐步巩固，以蒸汽动力革命为基础的工业化迅猛发展，工厂林立、机器轰鸣、火车行驶、轮船远航……这一切令人目不暇接的新景象，标志着人类工业文明的到来。然而，资本主义的发展也给人类带来了巨大灾难。在资本主义国家，经济危机频频发生，贫富差距不断扩大，社会矛盾日益突出，无产阶级和广大劳动人民生活艰难困苦。资产阶级为了开辟世界市场，到处建立殖民地，甚至用血与火开路，使民族国家之间的矛盾日益激化。如何认识和解决这些社会矛盾，成为时代的课题。空想社会主义由此兴盛起来，其代表人物有法国的圣西门、傅立叶和英国的欧文，他们对资本主义的弊病进行了猛烈抨击，对未来社会的图景进行了勾画，但这些美好的理想由于脱离现实，找不到实现的道路和社会力量。新兴的工人阶级也不断发起反对资产阶级的斗争，19世纪30—50年代，先后爆发了法国里昂工人起义、英国工人发动的宪章运动、德国西里西亚纺织工人起义，这些斗争由于缺乏科学理论的指导，都相继失败。时代呼唤科学理论，《宣言》就是适应这一时代呼唤的产物。马克思和恩格斯都出生于有教养的资产阶级知识分子家庭，但他们很早就树立了为全人类幸福而奋斗的信念，并在参加国际工人运动的斗争中逐步确立无产阶级立场，成为无产阶级革命家和思想家。1846年2月，他们在比利时建立了布鲁塞尔共产主义通讯委员会。1847年6月，在他们的帮助下，国际性工人组织“正义者同盟”召开代表大会，改名为“共产主义者同盟”。同年年底，马克思和恩格斯出席了同盟第二次代表大会，并受大会委托起草了一个详尽的理论和实践纲领，这就是《共产党宣言》。

（二）内容介绍

《宣言》分正文和序言两个部分。

正文分为四章。第一章主要阐述阶级斗争理论和无产阶级的历史地位，深刻阐明了关于阶级社会中阶级斗争的一般原理，阐明了无产阶级的伟大历史使命，科学证明了资产阶级的灭亡和无产阶级的胜利是同样不可避免的客观规律。第二章主要阐述无产阶级政党的纲领，既阐明了无产阶级政党建立的必要性，又阐明了共产党的性质、特点和基本纲领，驳斥了资产阶级攻击共产党人的种种责难，论述了无产阶级革命和无产阶级专政的基本思想。第三章主要批判了当时流行的各种社会主义，包括封建的社会主义、小资产阶级的社会主义、德国“真正的社会主义”、资产阶级改良主义的社会主义、空想社会主义等。第四章主要阐述共产党对其他党派的策略，阐明了共产党人要立足于现实，积极参加和支持当时的革命斗争，包括反对封建专制的民主革命，但不能忘记无产阶级的革命原则和最终目标。

马克思和恩格斯为《宣言》写过七篇序言，分别是：1872年德文版序言、1882年俄文版序言、1883年德文版序言、1888年英文版序言、1890年德文版序言、1892年波兰文版序言和1893年意大利文版序言。其中，前两篇由马克思和恩格斯合写，后五篇由恩格斯撰写。这些序言除了阐发《宣言》的意义，也从不同角度进一步丰富发展了《宣言》的思想。

二、价值概述

《宣言》是对马克思主义第一次系统的表述。它科学论证了社会主义代替资本主义的历史必然性，系统阐述了科学社会主义的一般原理，明确划清了科学社会主义与其他社会主义流派的界限，奠定了无产阶级政党学说的基础，为全世界无产阶级和劳动群众争取自由解放提供了强大思想武器。《宣言》的发表及其在实践中的运用，实现了人类思想史和社会发展史上的革命，深刻影响了人类历史的发展进程。

《宣言》在世界上产生了巨大而深远的影响。它于1848年2月首次在伦敦用德文发表。170多年来，它被翻译成200多种语言，出版了数千个版本，成为全世界发行量最大、传播最广的经典著作。由于以它为代表的马克思主义的传播，世界上产生了数量众多的共产党组织，形成了一批社会主义国家，打破了资本主义一统天下的世界格局。《宣言》号召“全世界无产者，联合起来”，这极大地激励了各国无产阶级和劳动人民为实现共产主义而努力奋斗。

《宣言》思想深刻，说理透彻，文风活泼，语言优美，不仅是革命理论经典，也是世界文学经典。

（一）《宣言》为中国共产党的成立和发展提供了重要的理论基础

马克思和恩格斯的名字以及《宣言》的一些思想，最早于1899年传入中国。1920年，北京、上海共产主义小组组织了《宣言》的翻译工作，是年8月由陈望道翻译的第一个中文全译本《宣言》在上海出版。这为中国共产党的成立和发展提供了重要的理论基础。毛泽东曾回忆，他是在那一时期首次读到了《宣言》，并在后来读过许多次。许多老一辈无产阶级革命家也是通过学习《宣言》走上革命道路的。尽管今天的时代发生了很大变化，但《宣言》所阐述的基本原理仍然对我们具有重要的指导意义。

（二）有助于学生坚定中国特色社会主义共同理想和共产主义信念

《宣言》从唯物史观出发，科学论证了人类社会发展的各个历史阶段和总趋势，深刻阐明了“两个必然”，即“资产阶级的灭亡和无产阶级的胜利是同样不可避免的”（《马列主义经典著作选编（党员干部读本）》，党建读物出版社2011年版，第32页）科学论断，为我们正确把握人类社会发展的方向，坚定共产主义的理想信念，提供了坚实的理论依据。170多年来，虽然人类社会发生了巨大深刻的变化，但总的发展趋势没有改变。尽管当代资本主义出现了许多新变化，但其固有矛盾没有也不可能从根本上改变。1997年和2008年的两次国际金融危机，再次证明了马克思揭示的资本主义基本矛盾的深刻性，揭示了资本主义危机的深刻根源和资本主义制度的不合理性。尽管东欧剧变后世界社会主义运动暂时处于低潮，但世界上为追求美好未来的进步力量的斗争并没有停止，特别是近年来随着中国特色社会主义不断取得成功，社会主义日益受到世界各国的关注。学习《宣言》，就要不断加深对人类历史发展趋势的认识，坚定中国特色社会主义共同理想和共产主义信念。同时，必须认识到，实现共产主义是一个非常漫长的历史过程，只有在社会主义社会充分发展和高度发达的基础上才能实现。要立足我国正处于并将长期处于社会主义初级阶段这个实际，脚踏实地地为实现党在现阶段的基本纲领而不懈奋斗。

（三）有助于学生坚定道路自信

《宣言》阐述了一系列需要长期坚持的科学社会主义基本原则，包括唯物史观、消灭剥削制度、无产阶级解放和人类解放、共产党的领导以及无产阶级革命胜利后要大力发展生产力等，为我们认识和把握社会主义本质特征，推进社会主义事业指明了方向。新中国成立以来特别是改革开放以来，我们党带领人民，经过长期探索开辟了中国特色社会主义道路。这条道路之所以完全正确、之所以能够引领中国发展进步，关键在于我们党既坚持了科学社会主义的基本原则，又根据我国实际和时代特征赋予其鲜明的中国特色。学习《宣言》，要求我们始终坚持党的基本路线不动摇，做到思想上坚信不疑、行动上坚定不移，决不走封闭僵化的老路，也决不走改旗易帜的邪路，而是坚定不移地走中国特色社会主义道路。

（四）有助于学生坚定党的领导

《宣言》第一次系统地提出了马克思主义建党学说，科学阐明了共产党的性质、特点、纲领、策略等，为共产党人形成自己的基本理论、基本纲领和方针政策提供了科学指南。中国共产党是按照马克思主义建党学说建立起来的无产阶级政党。党在领导人民进行长期革命、建设和改革的历程中，始终以马克思主义为指导，同时在不同时期紧密结合中国实际，形成了科学的理论、纲领、路线和方针政策。正如《宣言》所指出的，共产党不仅代表无产阶级的利益，也代表绝大多数人的利益。我们党既是中国工人阶级的先锋队，同时是中国人民和中华民族的先锋队。其先进性不仅表现为理论上的坚定成熟，更表现为实践中的冲锋陷阵。不论在战火纷飞的艰难岁月，还是在改革开放的火热年代，共产党人始终走在时代前列，引领着中华民族向着实现伟大复兴的光明目标不断前进。

三、导读要点

（一）关于唯物史观的基本原理

《宣言》作为无产阶级的革命檄文，通篇贯穿着唯物史观的基本原理。正如恩格斯在1883年德文版序言中所指出的那样，《宣言》首要的基本思想就是“每一历史时代的经济生产以及必然由此产生的社会结构，是该时代政治的和精神的历史的基础”。这就是说，生产力决定生产关系，经济基础决定政治、精神等上层建筑，这是人类社会运动演变的基本规律。《宣言》告诉人们，人类社会的历史是由低级到高级发展的；在一定条件下，低一级的社会形态必然转变为高一级的社会形态，这是由生产力和生产关系这一社会基本矛盾运动所决定的。人民群众是生产力的创造者，是推动历史前进的根本动力。马克思和恩格斯深刻阐明的唯物史观基本原理，为无产阶级观察社会历史发展提供了科学的世界观和方法论。

（二）关于阶级斗争理论的基本观点

正如1883年序言指出，《宣言》的一个基本思想就是，迄今为止（从原始土地公有制解体以来），“全部历史都是阶级斗争的历史，即社会发展各个阶段上被剥削阶级和剥削阶级之间、被统治阶级和统治阶级之间斗争的历史”。奴隶社会主要有奴隶和奴隶主的斗争，封建社会主要有农奴和封建领主的斗争，资本主义社会则主要有无产阶级和资产阶级的斗争。这是因为，社会发展的内部矛盾最终都表现为人与人之间的矛盾，最集中的就是代表新生产力的阶级和代表旧经济政治制度的统治阶级之间的矛盾。矛盾激化到一定程度，必然表现为激烈的阶级斗争，结果是整个社会达到革命改造，新的社会形态代替旧的社会形态，新的阶级矛盾代替旧的阶级矛盾。阶级社会就是在这样的矛盾运动中前进的。只有到了共产主义社会，阶级矛盾和阶级斗争才不复存在。

（三）关于资产阶级和资本主义历史地位的基本观点

《宣言》根据唯物史观，把资产阶级及其社会制度放在特定的历史条件下来考察，认为现代资产阶级是长期发展的产物，是从崩溃着的封建社会内部迅速发展起来的革命力量，“在历史上曾经起过非常革命的作用。”“资产阶级在它的不到一百年的阶级统治中所创造的生产力，比过去一切世代创造的全部生产力还要多，还要大。”资产阶级把人与人之间的一切社会关系变成了赤裸裸的金钱关系，也就彻底改变了封建时代的道德观念。资产阶级创造了现代世界体系，形成了“农村从属于城市”，“未开化和半开化的国家从属于文明的国家”，“农民的民族从属于资产阶级的民族”，“东方从属于西方”的状况。资产阶级通过开拓殖民地和世界市场，“使一切国家的生产和消费都成为世界性的了”，“过去那种地方的和民族的自给自足和闭关自守状态，被各民族的各方面的互相往来和各方面的互相依赖所代替了。物质的生产是如此，精神的生产也是如此。”于是，人类的“世界历史”代替了地域性的历史。但资本主义的内在矛盾决定了它必然灭亡和社会主义必然胜利。资本主义的内在矛盾是生产的社会化与生产资料的私人占有之间的矛盾。由于这一矛盾的存在，“这个曾经仿佛用法术创造了如此庞大的生产资料和交换手段的现代资产阶级社会，现在像一个魔法师一样不能再支配自己用法术呼唤出来的魔鬼了。几十年来的工业和商业的历史，只不过是现代生产力反抗现代生产关系、反抗作为资产阶级及其统治的存在条件的所有制关系的历史。”这种矛盾的突出表现就是周期性经济危机的出现。在危机期间，一边是生产过剩的瘟疫蔓延，另一边则是工人阶级贫困人口的迅速增长。这表明，“社会所拥有的生产力已经不能再促进资产阶级文明和资产阶级所有制关系的发展；相反，生产力已经强大到这种关系所不能适应的地步，它已经受到这种关系的阻碍；“资产阶级再不能做社会的统治阶级了”。资产阶级不仅挖掉了自己赖以生产和占有产品的社会基础，也造就了它自身的掘墓人——无产阶级。所以，“资产阶级的灭亡和无产阶级的胜利是同样不可避免的。”

（四）关于无产阶级革命和无产阶级专政的基本观点

《宣言》指出，无产阶级在反对资产阶级的斗争中具有彻底革命的性质，承担着推翻资本主义制度的历史使命。这是由无产阶级的特点和经济地位决定的。无产阶级处于资本主义社会的最底层，既无生产资料，又无政治权利，因而最富有革命的彻底性。大工业使无产阶级最富有组织性、纪律性和团结精神，在革命斗争中能够联合起来，形成反抗资产阶级的强大力量。无产阶级的历史地位决定了它能够代表一切被剥削被压迫人民的根本利益，能够团结人民为推翻资本主义制度、实现人类解放而斗争。无产阶级和资产阶级的斗争尽管形式多样，但最终必然发展为夺取政权的政治斗争。在阶级社会中，国家政权本质上是“一个阶级用以压迫另一个阶级的有组织的暴力”。资产阶级为了维护自己的阶级统治，必然要运用国家的暴力工具来镇压无产阶级和劳动人民的反抗。因此，无产阶级也必然要“用暴力推翻资产阶级而建立自己的统治”。无产阶级的统治是真正的新型民主制度，是为无产阶级和劳动人民服务的，是向共产主义过渡的必要条件。《宣言》指出，“工人革命的第一步就是使无产阶级上升为统治阶级，争得民主。”然后，利用自己的统治，实行生产资料的所有制改造，大力发展生产力，逐步创造消灭阶级和阶级差别的条件，为向共产主义过渡做准备。

（五）关于共产主义新社会建设的基本观点

《宣言》指出，无产阶级革命成功的标志是无产阶级取得政权，此后就进入新社会建设过程，但新社会建设的每一步也都是革命的继续。《宣言》特别强调，无产阶级取得政权以后，必须要改造旧的资本主义生产关系、建立新的共产主义生产关系，但这是一个过程，不能一下子完成；对资产阶级的所有权和生产关系要实行强制性干涉，采取一系列过渡性措施。当然，这些措施在不同国家会有不同。《宣言》还告诉我们，代替那存在着阶级和阶级对立的旧社会的崭新社会即共产主义社会，将是这样一个联合体，“在那里，每个人的自由发展是一切人的自由发展的条件。”

（六）关于无产阶级政党建设的基本观点

无产阶级要完成历史使命需要组织自己的政党。共产党就是无产阶级在反抗资产阶级的斗争中逐步形成的先进政党。共产党始终代表整个无产阶级的利益，同时代表社会绝大多数人民群众的利益，没有自己特殊的利益。《宣言》指出：“过去的一切运动都是少数人的，或者为少数人谋利益的运动。无产阶级的运动是绝大多数人的，为绝大多数人谋利益的独立的运动。”共产党由无产阶级的先进分子所组成，其先进性表现在实践和理论两个方面。在实践上，始终是“各国工人政党中最坚决的、始终起推动作用的部分”，是革命运动中坚定的先锋队；在理论上，以科学的思想为指导，“了解无产阶级运动的条件、进程和一般结果。”因此，共产党能够代表整个运动的未来。

共产党有明确的纲领和策略。其最低纲领即最近目的是“使无产阶级形成为阶级，推翻资产阶级的统治，由无产阶级夺取政权”；最高纲领即最终目的是消灭私有制，消灭阶级和阶级差别，实现共产主义。共产党人的策略原则是，既要为工人阶级眼前的利益而斗争，又要着眼于运动的未来；既要支持一切进步运动，包括反对封建专制的斗争和反对资本主义制度的革命运动，又要在革命的联合中坚持独立自主，不能失去原则。

四、出版信息

《共产党宣言》：马克思 恩格斯（著），陈望道（译）；人民出版社；出版时间：2014年1月。

撰写人：王雅芹

《共产党宣言》导读要点

摘　要：《共产党宣言》是一篇马克思主义纲领性的经典文献，也是工人阶级的“福音书”。170多年前，它的问世开创了一个新的时代。170多年后，《共产党宣言》跨越时空，仍彰显出其“经典永恒之美”“追求初心之美”以及“时代发展之美”，激励着每一个人，自觉坚定马克思主义信仰，为实现自由全面发展奋斗终身。

一、内容简介

《共产党宣言》导读是面向全校大学一年级学生开设的通识美育必修课。本课程通过对《共产党宣言》的介绍、分析与导读，引导学生了解作品的创作背景和创作目的，帮助学生准确地把握马克思所论述的马克思主义的基本原理和基本方法，增强马克思主义信仰，有助于从源头上完整准确地理解中国特色社会主义理论体系，并学会运用马克思主义的立场观点方法来分析和解决改革开放和现代化建设中的实际问题。

《共产党宣言》一书大体上可以划分为三个部分：七篇序言、一个引子和正文的四章内容。第一部分七篇序言包括：由马克思和恩格斯共同起草的1872年德文版序言与1882年的俄文版序言；而1883年德文版序言、1888年英文版序言、1890年德文版序言、1892年波兰文版序言与1893年意大利文版序言这五篇序言是由恩格斯一个人起草的。第二部分在正文开始之前写有一个简短的引子，宣布“一个幽灵，共产主义的幽灵，在欧洲游荡”，这句话也许是整本《共产党宣言》中最经常为人们所引用的一句话了，它实际上宣告了共产主义已经成为整个欧洲所公认的一种政治势力。因此，马克思和恩格斯认为有必要向全世界公开说明共产党人的观点和意图。第三部分包括四章，分别是：资产者和无产者、无产者和共产党人、社会主义的和共产主义的文献、共产党人对各种反对党派的态度。

二、价值概述

“一个幽灵，共产主义的幽灵，在欧洲游荡……”这是《共产党宣言》的开头语，这句话深刻地影响与改变了世界。从19世纪30—40年代，法国、英国、德国三大工人运动兴起，到1848年，积蓄力量的共产主义和共产党人，向世人宣布自己的存在，告诉世人共产主义“幽灵”有自己的历史与使命，是引领人们改变现实不公、追求幸福和谐生活的真正革命力量。而中国共产党作为《共产党宣言》精神的忠实传人，将其作为历史基石与中国具体实际相结合，不断推进党的理论创新与实践创新，从“两个必然”到“四个自信”再到“人类命运共同体”，终要实现“代替那存在着阶级和阶级对立的资产阶级旧社会的，将是这样一个联合体，在那里，每个人的自由发展是一切人的自由发展的条件。”这是所有共产党人永恒的使命，这也是最崇高的社会理想，让一切文明的国家都在不断地为之着迷而无法拒绝的永恒期许。

三、导读要点

《共产党宣言》是国际共产主义运动的第一个纲领性文献，是一部划时代的光辉文献。它以辩证唯物主义与历史唯物主义为理论基础，以阶级斗争为线索，解剖了资本主义制度，阐明了资本主义的发生、发展和必然灭亡的客观规律；阐明了无产阶级作为资本主义掘墓人和共产主义创建者的伟大历史使命；论证了无产阶级革命和无产阶级专政是无产阶级获得解放的唯一道路；批判了打着社会主义招牌的同科学共产主义相对立的各种流派的所谓理论；奠定了无产阶级政党的学说，并确立了党的战略、策略、原则。它第一次宣判了资本主义制度的死刑，科学地论证了无产阶级的伟大历史使命。请同学们重点关注书中以下三方面：

1.《共产党宣言》在理论内容阐释和语言表达上体现“经典永恒之美”

《宣言》第一次全面系统地阐述了科学社会主义理论，为人们认识世界、改造世界提供了科学的思想工具。《宣言》是马克思主义理论之源泉。170年前，马克思、恩格斯在共同起草《共产党宣言》时，正逢欧洲各国无产阶级运动方兴未艾，除了“旧欧洲的一切势力，教皇和沙皇、梅特涅和基佐、法国的激进派和德国的警察，都联合起来”围剿无产阶级，还有“各种教条、教义类的观念，神圣家族式的理念环绕在他们周边”：既有“半是挽歌，半是谤文，半是过去的回音，半是未来的恫吓”的“令人感到可笑”的封建社会主义，也有“在新兴的资产阶级身旁勉强生存着”的懦弱悲叹的小资产阶级社会主义；既有“到处都支持一切反对现存的社会制度和政治制度的革命运动”的共产党人，也有“同社会主义民主党联合起来反对保守的和激进的资产阶级，但是并不因此放弃对那些从革命的传统中承袭下来的空谈和幻想采取批判态度的权利”的共产党人。当时的无产阶级运动迫切需要有科学的理论来武装，在这种背景下，马克思、恩格斯以高度智慧和非凡勇气冲破了种种思想观念的羁绊和桎梏，在《宣言》中为无产阶级运动绘就了科学蓝图。从此，无产阶级有了科学的世界观，有了认识世界的科学理论和改造世界的强大思想武器，马克思主义开始成为全世界共产党人的信仰。历史和现实已经反复证明，中国特色社会主义事业离不开以《宣言》为标志的马克思主义的指引，背离或放弃马克思主义，不丰富和发展马克思主义，我们的事业就会失去灵魂、迷失方向、丢掉特色。

2.《共产党宣言》在目标确立上体现了“追求初心之美”

人的全面而自由的发展体现了马克思恩格斯思想的出发点和归宿。马克思和恩格斯从“现实的个人”在资本主义社会的“异化”和不自由状态着手，指出人在资本主义社会中体现出一种“异化”和“物的依赖性”状态，这种情况下主体的人成为了资本的附属物，主体的人在资本面前丧失了自由和尊严，尤其是作为社会劳动者的工人阶级沦落为剩余价值增值的工具，而资本家则在追逐剩余价值的过程也成为资本的奴隶，成为资本的人格化的代表，在这种情形下，人的全面而自由的发展根本不可能实现。所以马克思和恩格斯主张要推翻资本主义制度建立共产主义社会。“在共产主义社会高级阶段，在迫使个人奴隶般地服从分工的情形已经消失从而脑力劳动和体力劳动的对立也随之消失之后；在劳动已经不仅仅是谋生的手段，而且本身成了生活的第一需要之后；在随着个人的全面发展，他们的生产力也增长起来，而集体财富的一切源泉都充分涌流之后，——只有在那个时候，才能完全超出资产阶级权利的狭隘眼界，社会才能在自己的旗帜上写上：各尽所能，按需分配！”马克思和恩格斯指出，只有到共产主义社会的高级阶段，每个人才能真正体现作为个体的人的主体性和价值，才能充分发挥自由自觉活动的个性，才能真正实现每一个个人的全面而自由的发展目标。可以说，实现人的全面而自由的发展是马克思主义的最高命题。我们以马克思主义为指导，就必须坚持这一最高的价值目标。

3.《共产党宣言》在序言内容阐述上体现了“时代发展之美”

《共产党宣言》文本共收录了七篇序言，即1872年德文版序言、1882年俄文版序言、1883年德文版序言、1888年英文版序言、1890年德文版序言、1892年波兰文版序言和1893年意大利文版序言。在这七篇序言当中，比较重要的或者说经常被研究者所引用的有四篇：1882年的俄文版序言、1883年的德文版序言、1888年的英文版序言和1893年的意大利文版序言。而1883年的德文版序言和1888年的英文版序言尤其重要，因为恩格斯在这两篇序言中分两次论述了构成《共产党宣言》核心的基本思想，这一基本思想就是：“每一历史时代主要的经济生产方式和交换方式以及必然由此产生的社会结构，是该时代政治的和精神的历史所赖以确立的基础，并且只有从这一基础出发，这一历史才能得到说明；因此人类的全部历史（从土地公有的原始氏族社会解体以来）都是阶级斗争的历史，即剥削阶级和被剥削阶级之间、统治阶级和被压迫阶级之间斗争的历史；这个阶级斗争的历史包括有一系列发展阶段，现在已经达到这样一个阶段，即被剥削被压迫的阶级（无产阶级），如果不同时使整个社会一劳永逸地摆脱一切剥削、压迫以及阶级差别和阶级斗争，就不能使自己从进行剥削和统治的那个阶级（资产阶级）的奴役下解放出来。”这一段文字节选自1888年英文版序言，它所阐述的内容与1883年的德文版序言基本上是一样的。在1888年的英文版序言中，恩格斯还补充强调了一个有趣而重要的问题，那就是《共产党宣言》为什么取名为“共产党宣言”而不是“社会主义宣言”？ 除了1883年德文版序言和1888年英文版序言之外，马克思和恩格斯在共同撰写的1882年俄文版序言中涉及了跨越资本主义“卡夫丁峡谷”的问题。最后，在1893年的意大利文版的序言中，恩格斯阐释了1848年欧洲革命失败的原因。在分析完这一点之后，恩格斯还评价了意大利的历史。意大利是第一个发展资本主义的民族，中世纪封建社会的终结和现代资本主义的开端是以意大利人但丁为标志的。恩格斯对他的评价是，但丁“是中世纪的最后一位诗人，同时又是新时代的最初一位诗人”。恩格斯的这一评价经常为后人所引用，成为马恩经典著作中最为著名的言说之一。

四、出版信息

《共产党宣言》：马克思、恩格斯（著）；出版社：人民出版社；出版日期：2018年05月。

撰写人：李媛媛

《资本论》导读要点

摘　要：《资本论》是一部名副其实的马克思主义百科全书，也是工人阶级的圣经。它用锋利尖锐的文字、激情四射的语言，环环相扣地向世人讲述了资本的一生，揭示了资本的秘密，告诫我们人类社会成于资本，败于资本，更要认清人与资本的关系，要以人为本而不是以资本为本。本书在理论内容阐释与语言表达上体现哲学思辨之美，在内容选择和组织构架上体现了经典永恒之美，在理论内容阐释上体现了逻辑严谨之美，在艰辛理论探索上体现了理想信念之美，在生产方式的变革上体现了理论创新之美，值得青年学子认真品读。

一、内容简介

《资本论》导读是面向全校大学一年级学生通识美育必修课。本课程通过对《资本论》的介绍、分析与导读，引导学生了解作品的创作背景和创作目的，帮助学生准确地把握马克思所论述的政治经济学的基本原理和基本方法，并能够结合当代资本主义经济发展和我国社会主义市场经济的实际来理解和领会我们所学的马克思政治经济学的基本精髓，进而提高自身经济理论素质、培养学生辩证思维能力和认识、分析经济问题的能力。

《资本论》书籍内容总共有三卷，主要侧重《资本论》第一卷，围绕“资本”这一核心概念进行阐释。总共分为三大部分，即资本前身、资本揭秘和工资与资本积累。第一部分主要围绕商品、货币、劳动等理论展开。第二部分围绕资本生产展开，包括货币转化为资本、绝对剩余价值的生产、相对剩余价值的生产等。第三部分主要是资本分配。

二、价值概述

马克思积四十年之功，用超于常人的毅力与精神完成的《资本论》“是一座历史丰碑，它的真正价值是在哲学与经济学、社会学、历史学的结合，正是这种天然结合，才突显出《资本论》高于一切传统经济学、政治学、社会学、历史学的崇高气质”。也就是说，马克思的经济理论的形成和历史唯物主义的发展是相辅相成、互为前提的，马克思的伟大就在于这种结合。因而，《资本论》不仅是工人阶级的圣经，更是马克思思想理论的百科全书。整本书思路清晰、思想深邃独到，寓意深刻。它所讲述的恰恰就是我们所生活的商品、货币、资本的时代。读懂《资本论》，就读懂了当下社会。

三、导读要点

《资本论》是马克思的一部不朽巨著。在这部著作中，马克思运用唯物史观原理，对资本主义经济形态进行了深入剖析，揭示了资本主义的经济运行规律，阐明了资本主义必然为新的社会经济形态所取代的历史趋势和条件，科学地预见未来社会的基本特征，从而为无产阶级推翻资本主义、建设社会主义和最终实现共产主义指明方向。请同学们重点关注书中以下五方面：

1.《资本论》在理论内容阐释与语言表达上体现了“哲学思辨之美”

马克思是在唯物辩证法的指导下从事政治经济学研究和写作《资本论》的，因此，只有自觉运用唯物辩证法和历史唯物主义的方法论，才能正确理解《资本论》所蕴含的丰富的思想和观点，马克思明确指出，《资本论》的方法不仅是辩证的，而且是唯物的，是与黑格尔的唯心主义辩证法不同的唯物主义辩证法。马克思的《资本论》在谈物质生产时，并不是仅从经济运行角度出发，而是从历史唯物主义出发，认为物质生产并不是离开人的需要和人的自身再生产的孤立活动，相反，它只是为满足人的生存、发展需要而必须始终进行的活动。而人的需要和人的自身再生产从根本上构成物质生产的内在动因和根本目的，以此理解人类历史必须既唯物又能动。《资本论》的学术意义远远超出自身所属的经济专业范畴，对社会科学的诸多领域都产生了重大影响，发挥着指导作用。

2.《资本论》在内容选择和组织构架上体现了“经典永恒之美”

从人类社会发展规律特别是资本主义社会发展规律的高度出发。通过科学地分析资本主义的社会经济结构及其发展，不仅客观地揭示了无产阶级与资产阶级对立的经济根源，而且揭示了无产阶级的形成及其发展与资本主义发展的内在联系和历史必然性，从而论证了无产阶级的解放与全人类解放的内在联系和历史必然性，揭示了资本主义被社会主义所代替是资本主义基本矛盾发展的必然结果。100多年来，虽然人类社会发生了巨大而又深刻的变化，当代资本主义也出现了许多新情况和新变化，但资本主义社会的固有矛盾没有改变，人类社会发展总的趋势没有也不可能改变。《资本论》阐述了一系列需要长期坚持的科学社会主义基本原则，包括唯物史观、消灭剥削制度、无产阶级解放和人类解放等，为科学社会主义奠定了坚实的理论基础，也为我们认识和把握社会主义本质特征，推进社会主义事业指明了方向。比如，生产的首要性和生产的决定作用是《资本论》的一个基本思想，是唯物史观的具体体现，这有助于加深对社会主义的根本目的是解放和发展生产力的认识。《资本论》不仅深刻地揭示了资本主义社会经济运动的特殊规律，还揭示了社会再生产和市场经济的一般规律，提出了许多重要的观点，如劳动时间的节约是人类首要的经济规律，按比例分配社会劳动是再生产的一般条件，生产与分配、交换、消费的相互关系，提高劳动生产率的途径和方法，价值规律是商品生产的基本规律，等等，这些思想对发展社会主义市场经济具有重要意义。学习《资本论》不仅有助于我们理解和把握其中贯穿的科学社会主义基本原则，更有助于我们坚持和运用这些基本原则指导中国的具体实践，牢牢扭住经济建设这个中心不动摇，不断解放和发展社会生产力，全面推进改革开放和社会主义现代化建设，更加自觉地坚持和发展中国特色社会主义。

3.《资本论》在理论内容阐释上体现了“逻辑严谨之美”

《资本论》在政治经济学领域实现了革命性变革，解决了导致英国古典政治经济学破产的难题，完善了劳动价值论，阐述了剩余价值理论，建立起一个包括资本的生产过程、资本的流通过程和资本主义生产总过程在内的严密而宏大的经济学体系，创立了马克思主义政治经济学。如《资本论》第一卷开篇就明确其写作意图及研究方法，从商品、货币开始，劳动力成为商品，引出资本。马克思讲述了资本如何生产，揭示了资本生产的惊天秘密——剩余价值生产，总结了资本积累规律，呈现了资本的来龙去脉，让我们看到了资本来到世间的残酷，同时预判了资本的未来走向。第一卷的所有理论内容都是围绕“资本的生产过程”来展开的，不仅形成了一个相对独立和完善的理论体系，而且为第二卷和第三卷提供了理论基础。

4.《资本论》在艰辛理论探索上体现了“理想信念之美”

《资本论》是一部浩繁的理论著作，对于一般读者来说，学习这部著作要树立勇于攀登科学高峰的信念，不畏艰辛，持之以恒。追求真理，从来都是一件艰辛的事情。《资本论》是人类社会科学理论的一座高峰，在攀登这个高峰的过程中，只有不畏劳苦，沿着陡峭山路不断攀登，同时运用一切可以使用的学习方法与技巧，才有希望最终达到这个高峰的光辉顶点。正如《资本论》的写作过程，是一个充满艰辛的长期过程。马克思在世时只出版了《资本论》第一卷，第二卷和第三卷是在马克思逝世之后由恩格斯根据遗稿整理出版的。在写作《资本论》的过程中，马克思还承担着指导国际共产主义运动的繁重任务，并时常遭到西欧各国资产阶级政府的迫害，过着颠沛流离的生活，常常衣食无着，债务缠身，还要忍受反复发作的病痛的折磨。但凭借坚强的意志完成了写作。

5.《资本论》在生产方式的变革上体现了“理论创新之美”

《资本论》及其手稿中创新的本质在于促进生产力的发展和生产关系的变革，同时在二者的矛盾运动中推动着人类社会的发展，从而引发生产方式的革命化。资本主义条件下创新活动既有追求剩余价值的内在动力，还有激烈的竞争、市场需求的牵引、生产部门的关联效应等外在压力的驱动。相对剩余价值生产作为一种创新理论，从协作、工场手工业、机器大工业三大相对剩余价值生产阶段的历史演进中概括出工艺创新、产品创新、生产组织创新和科学技术是生产力等思想，揭示创新的主要构成在于技术过程和生产组织的变革。熊彼特创新理论是马克思创新思想的传承与深化，而且只是其研究领域的组成部分，因此马克思关于创新的思想具有理论价值的首创性，同时具备应用价值的时代性，对我国创新发展，尤其是社会主义新时代推进的创新驱动发展战略具有启示意义。

四、出版信息：

《资本论》：马克思（著）；出版社：人民出版社；出版日期：2018年05月。

撰写人：李媛媛

《马克思主义经典著作选读》导读要点

摘　要：《马克思主义经典著作选读》所选篇目力求突出马克思主义世界观和方法论的基本原理，主要选编了马克思、恩格斯、毛泽东的有关著作、文章。研读马克思主义经典著作，是学习和掌握马克思主义基本原理的主要方法之一。该书就是为广大大学生的需要而选编的，以收入《选读》的著述为主体，从理论、历史和现实三个方面及其相互结合上，作了一些必要的梳理和解说。

一、内容简介

恩格斯说过："一个人如果想研究科学问题，首先要学会按照作者写作的原样去阅读自己要加以利用的著作，并且首先不要读出原著中没有的东西。"我们应坚持经典著作所体现的基本原则和方法，原原本本地研读和阐释马克思主义经典著作，在此基础上推动马克思主义中国化、时代化、大众化。内容主要涉及以下部分：

第一编　马克思主义哲学

马克思：关于费尔巴哈的提纲

马克思和恩格斯：德意志意识形态（节选）

马克思：《政治经济学批判》序言

恩格斯：路德维希·费尔巴哈和德国古典哲学的终结（节选）

毛泽东：实践论

毛泽东：矛盾论（节选）

第二编　马克思主义政治经济学

马克思：《政治经济学批判》导言（节选）

马克思：《资本论》第一卷（节选）

毛泽东：论十大关系（节选）

第三编　马克思主义科学社会主义

马克思和恩格斯：共产党宣言（节选）

恩格斯：社会主义从空想到科学的发展（节选）

毛泽东：党委会的工作方法

毛泽东：关于正确处理人民内部矛盾的问题（节选）

二、价值概述

研读马克思主义经典著作，对于培养马克思主义基本理论素养，深化对习近平新时代中国特色社会主义思想的理解和掌握，提高运用马克思主义基本原理分析政治、经济、思想文化等社会现实问题能力具有重要作用。《马克思主义经典著作选读（修订本）》是根据党的十九大精神，为满足广大党员、大学生的需要而精心选编的，可作为高校师生学习马克思主义理论的辅导材料。

三、导读要点

1.“三位一体”的宏观与和谐之美

把马克思主义各组成部分有机结合起来。马克思主义三大组成部分，即马克思主义哲学、政治经济学和科学社会主义，三者相互渗透、相互补充，构成统一的马克思主义理论体系。科学社会主义理论一旦离开马克思主义哲学和政治经济学，就会蜕变为空想社会主义学说；政治经济学离开马克思主义哲学的指导，离开科学社会主义理论，就会跌入资产阶级政治经济学的怀抱。马克思主义经典作家的很多著作，都是把这三个组成部分融为一体的。如《资本论》既是一部政治经济学著作，也是一部哲学著作和科学社会主义著作，是把三个组成部分融为一体的典范。大学生在学习、研究、解读马克思主义经典著作时，应把马克思主义各组成部分有机结合起来。

2. 逻辑的规范与严密之美

近些年，我国编写出版了一批马克思主义经典著作导读教材。但大多数导读教材有个通病，就是简单用马克思主义基本原理教材中的概念和观点，来说明和解释经典著作中的相关概念和理论阐述。这种做法具有较大的局限性：容易把马克思主义基本概念和原理简单化、教条化、凝固化；容易脱离经典作家个人的特点、风格和气派，以及其基本概念和原理的具体历史背景、学术背景和语境，难以准确把握其原意。某部经典著作或其中某些篇章，本来是用一系列马克思主义基本观点阐明一个基本原理，有的导读教材却把这些基本观点分隔开来、孤立起来加以论述，使读者看不出经典作家论述的各种观点之间的内在联系。因此，《选读》改进了指导思想和写作方法，加强逻辑分析与归类，形成了这本较高质量的导读材料，帮助青年学生和党员学好马克思主义经典著作和基本原理。

3. 与时俱进的发展与创新之美

用发展的观点对待马克思主义。马克思主义经典作家的理论不是教条，而是“发展着的理论”。他们在每一时期的理论都是在特定的历史条件下、针对当时需要回答的特定问题讲的，因而都具有相对性，都只在一定条件下和一定范围内适用。我们不能将其看作在一切条件下和一切范围内都适用的绝对真理，看作一经形成就永恒不变的僵死教条。如《资本论》是马克思最为成熟的理论著作，而对于这部科学著作中的理论观点，恩格斯也认为不能把其绝对化，而应把它们看作是相对的。这充分说明，任何理论都是时代的产物，都具有时代的特点。马克思、恩格斯是与时俱进的典范，他们总是根据时代和实践的变化、社会的发展、科技的进步反思自己提出的理论，克服自己理论的时代局限性和历史局限性，不断把自己的理论推向前进。我国大学生应秉持这种态度，用发展的观点对待马克思主义、解读马克思主义经典著作。

四、出版信息：

《马克思主义经典著作选读（修订本）》，作者：《马克思主义经典著作选读》编写组；出版社：中共中央学校出版社；出版时间：2018年2月。

撰写人：白　静

《论持久战》导读要点

摘　要：《论持久战》是毛泽东运用马克思主义的分析方法同中国的具体实际相结合，系统地阐述了抗日持久战的战略方针；同时，也体现出毛泽东对中国传统文化的谙熟，运用中国传统兵学的智慧，从“大战略”层面客观分析了中日战争的性质、目的，并预言中国必胜、日本必败的战争走势。可以说，《论持久战》恢宏气势和充满智慧的逻辑构建，其影响已远超军事领域。对于当代大学生来讲，重读《论持久战》不仅能够体会到毛泽东灵活、娴熟地将马克思普遍原理、中国传统兵学思想合二为一作为解决中国现实问题的指导方针，也能增强大学生爱党爱国、热爱传统文化的情怀，增强“四个自信”，有利于实现中华民族伟大复兴的中国梦，具有重要的现实指导意义。

一、内容简介

毛泽东的《论持久战》是比较完整地体现毛泽东军事思想的伟大著作，是毛泽东人民战争思想的奠基之作，一经问世便得到了社会各界的积极反响。

1. 成书背景

全面抗战爆发后，由于国民党军队的节节败退，大片国土的沦丧，一时间，对抗战失去信心者大肆宣扬悲观失望的中国“亡国论”；而随着中国军队相继取得平型关大捷、台儿庄大捷后，“速胜论”又甚嚣尘上。为彻底批驳两种错误的认识，毛泽东决定撰写一部关于抗战理论的著作，对全面抗战10个月来的战争经历和经验做个总结性的概括与解释，回应全国人民关于抗战前途、抗战策略、抗战方式的关切，从而指明抗日战争的前进方向。

最初，毛泽东写作目的主要是回答延安抗日战争研究会上大家提出的问题，在中共高层搞清楚问题，统一认识，并且对抗日战争持久战的性质加以系统论述。因此，毛泽东连续用了八天九夜的时间条分缕析形成了五万多字的《论持久战》。1938年5月26日至6月3日，毛泽东在延安抗日战争研究会上做了长篇演讲《论持久战》。

2. 各界评价

《论持久战》一经面世，就在国内外产生了重大影响。程思远先生在回忆中就谈到了《论持久战》在国民党上层的影响。他说：“毛泽东《论持久战》刚发表，周恩来就把它的基本精神向白崇禧做了介绍。白崇禧深为赞赏，认为这是克敌制胜的最高战略方针。后来白崇禧又把它向蒋介石转述，蒋也十分赞成。在蒋介石的支持下，白崇禧把《论持久战》的精神归纳成两句话：‘积小胜为大胜，以空间换时间’。并取得了周公的同意，由军事委员会通令全国，作为抗日战争中的战略指导思想。”当时，中国军事界的权威人士对《论持久战》中的观点十分信服，对毛泽东的军事才能十分赞叹，并把毛泽东引为知己。

同时，周恩来又把《论持久战》寄给宋庆龄，并委托其找人翻译成英文。宋庆龄读过之后深为毛泽东的深刻分析和高远眼光所折服，立即找自己亲近的朋友爱泼斯坦等人将该书翻译成了英文，准备在海外出版。毛泽东得知后，特意为英文版写了序言："希望此书能在英语各国间唤起若干的同情，为了中国的利益，也为了世界的利益。"

毛泽东的这一期望得到了回报：《论持久战》的英文本在海外发行后，得到了国际上的积极响应和高度评价，丘吉尔、罗斯福的案头上，都放着《论持久战》英文本，斯大林的案头上则放着他专门请人翻译成俄文的《论持久战》的文稿。一位外国记者评论说："《论持久战》发表后，不管中国人对共产主义的看法怎样，不管他们所代表的是谁，大部分中国人现在都承认毛泽东正确地分析了国内和国际的因素，并且无误地描述了未来的一般轮廓。"

3. 主要内容

毛泽东的《论持久战》对中日战争双方的特点进行了全面、客观的分析，深刻揭示了战争发展的规律，异常清晰而又符合实际地、以惊人的准确性预见了抗日战争的前途和进程，回答了当时人们最关心而又迷惘的问题。

《论持久战》全文约5万字，共120节，分为提出问题、分析问题和解决问题的三大部分。

首先，提出问题。讲了"问题的提出""问题的根据""驳亡国论""妥协还是抗战？腐败还是进步？""亡国论是不对的，速胜论也是不对的"5个问题，驳斥"亡国论"和"速胜论"这两种错误的、片面的观点，指出要"采用客观的观点和全面的观点去考察战争，才能使战争问题得出正确的结论"，提出"持久战"的问题。

其次，分析问题。论证"为什么是持久战?""持久战的三个阶段""犬牙交错的战争""为永久和平而战"4个问题，客观地、全面地分析中日战争互相矛盾着的基本特点，从而"合理的设想"中国人民抗日战争必须经历战略防御、战略相持、战略反攻三个阶段，"给战争趋势描画一个轮廓"，为"坚定地有目的进行持久战"提供了战略指导。

最后，解决问题。研究"能动性在战争中""战争和政治""抗日的政治动员""战争的目的""防御中的进攻，持久中的速决，内线中的外线""主动性，灵活性，计划性""运动战，游击战，阵地战""消耗战，歼灭战""乘敌之隙的可能性""抗日战争中的决战问题""兵民是胜利之本"11个问题，从不同角度重点研究抗日战争中的具体战略方针。指出要坚持"兵民是胜利之本"，从"军队和人民的进步""最根本的两个方面"努力。

二、价值概述

《论持久战》以其总揽全局、纵横捭阖、纵论古今的恢宏气势和充满智慧的逻辑构建深得世人关注，该书充分体现了毛泽东将马克思主义哲学思想的世界观和方法论与抗日战争的实际情况相结合，客观分析了中日两国发展水平，创造性地将中日之战划分为战略防御阶段、战略相持阶段和战略反攻阶段，不仅有力地驳斥了“速胜论”和“亡国论”，同时通过矛盾分析法来分析“持久战”提出的根据和毛泽东所制定的战争战略和原则，为中国革命指明了方向。

《论持久战》也充分体现出中国传统兵学思想的智慧。中国传统兵学萌于三代，盛于战国，其内容丰富，博大精深，而《论持久战》也无处不体现出古代兵学思想。毛泽东强调：“中国的战争是进步的，从这种进步性，就产生了中国战争的正义性”。这一论断正体现了传统兵学的“义战论”的思想，尽管先秦诸子对战争持有不同意见，但“讨不义”“诛有罪”“挟义而战”“举之必义”的战争观念已得到普遍共识。同时，毛泽东将中日之战划分为三个阶段，也体现了传统兵学的“变易主客”的方针。即根据敌我形势的此消彼长做出战略调整，所谓“兵无常势，水无常形，能因敌变化而取胜者，谓之神”。而毛泽东的《论持久战》及其在指挥军队作战中的战略决断都很好地说明了这一点。因此，尽管世易时移，但《论持久战》中所体现的对马克思主义哲学原理的灵活运用，所体现的中国传统兵学思想的光辉仍值得今人认真研读。

三、导读要点

1. 充分掌握《论持久战》的成书背景

《论持久战》是毛泽东为了纪念中国抗日战争全民族抗战一周年而举办的延安抗日战争研究会上的演讲稿，是关于中国抗日战争方针的军事政治著作。通过对该书的研读可引导学生了解西方资本主义国家兴起及其殖民化的过程，了解中国逐渐沦为半殖民地半封建社会的苦难，以及中国人民为争取民族独立、国家富强、人民自由所付出的不懈努力，令学生理解“落后就要挨打”的道理，深刻领悟到只有中国共产党才能带领中国人民取得最后的胜利。

2. 充分掌握《论持久战》的写作目的

在《论持久战》中毛泽东不仅很好地回答了当时人们所关注的问题，有力地驳斥了弥漫于全国的“速胜论”和“亡国论”两种错误观念，分析了“持久战”的使然性。通过对《论持久战》写作目的掌握，首先，可了解从甲午战争、九一八事变到卢沟桥事变等一系列事件中日本帝国主义加紧了对我国的侵略；其次，充分认识到清政府的腐败无能，国民党政府消极抗日，积极反共，对日作战丧失土地一溃千里的真实嘴脸。

3. 充分理解《论持久战》主要内容

《论持久战》是中国军事史中的名著，受到中外高度重视，该书从“大战略”、军事战略、战术层面均做出了客观、精准的分析，对该书进行研读对中国人民解放军军史、中国近现代战争并对毛泽东军事思想有深入了解；同时毛泽东将马克思主义的认识论、方法论、矛盾论等普遍原理运用其中，通过此书也可对此内容有所掌握。

4. 适当了解中国传统兵学思想

《论持久战》无处不体现了中国传统兵学思想的智慧，如“义战论”“慎战论”“重战论”等，通过《论持久战》的阅读，可以适当地引导学生增加一些中国古代兵书的阅读，增强其对传统文化的关注。

5. 增加“四个自信”

《论持久战》是运用马克思主义的立场、观点、方法的杰作，也是科学方法与中国传统文化中整体性、系统性思维相结合的结晶。通过《论持久战》的阅读，引导学生对党史、新中国史、改革开放史、社会主义发展史的学习热情，增强学生们爱党爱国情怀，增强学生们的中国特色社会主义道路自信、理论自信、制度自信、文化自信。

四、出版信息：

毛泽东：《论持久战》，收录于《毛泽东选集》第 2 卷，北京：人民出版社，第407—484页，1991。

黄朴民：《中国兵学思想史》，南京：南京大学出版社，2018。

撰写人：钱俊岭

《毛泽东诗词鉴赏》导读要点

摘　要：毛泽东诗词的魅力在于它能够穿越时空，直达新的生命的心灵，诗词意境高远，蕴涵丰富，表达了毛泽东的心路历程、伟岸人格和光辉思想。毛泽东诗词因为“有我”，显得自然真切；因为“无我”，彰显伟岸崇高。在漫长的革命生涯中，毛泽东不断磨砺小我，融入大我，达到了无私无我的精神境界。毛泽东心中只有人民，一切为了人民，“遍地哀鸿满城血，无非一念救苍生”。这是毛泽东诗词感人肺腑、历久弥新的根本原因。

一、内容简介

诗歌是语言的精髓，它以高度凝练的语言、丰富的情感、空灵的音乐美来集中反映社会生活和人类的精神世界，诗歌是最能展现语言美感的文学形式。毛泽东诗词，是指毛泽东创作的旧体诗词作品，是继解放初期《毛主席诗词十八首讲解》之后，20世纪70年代末期发表的诗词作品，共43首，其中诗14首，词29首。

毛泽东诗词在与毛泽东同时代人的回忆文章中，又披露了毛泽东另外一些诗词。《毛泽东诗词鉴赏》由臧克家1990年版，收录贺敬之、公木等作者的优秀赏析文章。诗词渗透着毛泽东思想哲理，是毛泽东文艺思想亲自实践的范例。阅读本书可以从创作背景、诗意赏析、典故出处注释等详尽资料中欣赏毛泽东诗词“湖海荡波澜，全无斧凿痕”之美。

二、价值概述

毛泽东诗词历史意义和时代价值可以从六个方面进行阐述：一是以诗情拥抱时代。毛泽东诗词立足时代风云，心系人民大众，事关江山社稷。因此，毛泽东诗词是时代之强音、是前进之号角。二是以天下作为己任。1925年秋《沁园春·长沙》反映出毛泽东青年时期忧国忧民的心声。三是以乐观对待困苦。毛泽东诗词相当一部分是在条件艰苦、形势险恶的环境下完成的，充满昂扬之气。四是以豪迈塑造精神。毛主席诗词气势磅礴，将豪放词风提到了至高境界。尤其是诗词中所表现的创造精神令人耳目一新，彰显了中国气派。五是以艺术创造意境。“风花雪月松竹梅”这些传统诗词吟咏的对象，通过毛主席的神来之笔，注入新内涵，塑造新形象，创出新意境。六是以勤奋用好时间。毛主席的诗词大多是战斗间隙，在“马背上写成”的。如《十六字令三首》《忆秦娥·娄山关》《七律·长征》等。

三、导读要点

1. 毛泽东诗词折射忧民报国之爱

创造性地运用毛泽东诗词于课堂，使大学生更易于帮助学生了解国史、国情，深刻领会历史和人民是怎样选择了马克思主义，选择了共产党，选择了社会主义道路。如有选择地讲解和播放《西江月·秋收起义》、《西江月·井冈山》、《清平乐·蒋桂战争》、《渔家傲·反第一次大“围剿”》或《渔家傲·反第二次大“围剿”》等视频，以生动形象的解说词配以丰富的影视资料画面，描绘出诗词的深远意境，再现当年革命战斗惨烈场面，可以引发学生更大的学习兴趣。学习毛泽东诗词，在窥斑见豹地重温历史中，易于引起大学生深远的联想，仿佛看到怀揣“以农村包围城市”锦囊妙计的伟大战略家，胸有成竹地带领在黑暗中盘旋的中国共产党和红军走出迷津，并在抗日战争中发展壮大，把蒋介石赶到台湾岛。这些令人神往的历史风云，运用到课堂教学，无疑焕发教育活力，精彩纷呈，引人心扉，张扬放大课程魅力，使课程折射出扣人心弦之忧民报国情怀之爱。

2. 毛泽东诗词凸显艰难困苦之勇

毛泽东诗词既是一部中国无产阶级革命的壮丽史诗，也是毛泽东思想形象化体现。《贺新郎》、《沁园春·长沙》和《菩萨蛮·黄鹤楼》三篇词作反映了中国无产阶级革命先驱在第一次国内革命战争时期的磊落心声与动人业绩；写于中央苏区革命根据地的从《西江月·井冈山》到《清平乐·会 昌》十首词，在震惊世界的长征途中写下的从《忆秦娥·娄山关》到《清平乐·六盘山》的五题七首诗词，再到《沁园春·雪》，继而到《七律·人民解放军占领南京》、《七律·和柳亚子先生》和《七律·和郭沫若同志》等等，构成了总体性结构突出、内容独特精深、典型全面地体现着中国无产阶级革命的全部历程的艺术写照。而这些诗词对于大多数大学生来说都比较熟悉，在教学过程中对这些诗词的背景和底蕴进行阐发与创造性地运用，有助于营造浓郁的学习氛围，增强课程的说服力、吸引力、感召力。在课程教学中灵活运用毛泽东诗词，可凸显超越艰难困苦而玉汝于成之勇。

3. 毛泽东诗词涌现回味无穷之真

教师创造性地讲授毛泽东诗词可以帮助学生从整体上把握马克思主义，正确认识人类社会发展的基本规律。对人生哲理的提示“人生易老天难老”、要求宽以待人，并用变化发展的眼光看问题的“牢骚太盛防肠断，风物长宜放眼量”、强调发挥人的主观能动性，蕴含积极进取精神与乐观豁达生活态度的“雄关漫道真如铁，而今 迈步从头越”，让人坚信星星之火可以燎原、揭示自然规律的“东方欲晓，莫道君行早。踏遍青山人未老，风景这边独好”、揭示自然规律与社会发展规律的“天若有情天亦老，人间正道是沧桑”、充盈辩证法的“坐地日行八万里，巡天遥看一千河”、“青松怒向苍天发，败叶纷随碧水驰”、“年年后浪推前浪，江草江花处处鲜”与“多少事，从来急；天地转，光阴迫。一万年太久，只争朝夕”、形成鲜明对比的“重庆有官皆墨吏，延安无土不黄金”、充满唯物史观的“五帝三皇神圣事，骗了无涯过客”与“盗跖庄屩流誉后，更陈王奋起挥黄钺”、鲜明揭示了人民群众是战争的主体，是夺取战争胜利的决定力量的“军民团结如一人，试看天下谁能敌！”等等。

四、出版信息：

《毛泽东诗词鉴赏》（增订二版），藏克家主编；出版社：河南文艺出版社；出版时间：2005年5月。

撰写人：白　静

《红岩》导读要点

摘　要：《红岩》反映的是在新中国成立前夕，光明与黑暗之间展开的一场生死较量，是描写革命志士在特殊环境中坚守初心、勇于牺牲的恢宏巨著。《红岩》之“红”是革命的颜色，岩石又是非常坚硬的物质，“红岩”象征着革命者如岩石一般坚韧不拔的革命精神。本书重点展现了在白公馆、渣滓洞集中营里，身陷囹圄的共产党人与穷途末路的敌人展开殊死搏斗的故事，以及他们身上所表现出的大无畏牺牲精神和崇高理想信念。

一、内容简介

《红岩》主要讲述了新中国成立前夕，在人民解放军进军大西南的形势下，重庆地区的地下工作者在特殊环境中进行的特殊斗争。书中围绕着三条线索来展开对敌斗争的描写：“人间地狱”白公馆、渣滓洞集中营里革命者与反动派之间的生死较量；地下党所领导的城市运动和学生运动；华蓥山革命根据地的武装斗争和农民运动。

主要讲述共产党人以《挺进报》为阵地，宣传共产党的革命思想，坚决同国民党反动派进行斗争，粉碎了反动派企图炸毁城市的阴谋。小说以狱中斗争为中心，重点描述了共产党人面对酷刑和死亡，顽强、机智地领导狱中战友，同敌人展开持久的反压迫斗争，并成功策划、实施了越狱，迎接解放的过程。全书气势磅礴、悲壮热烈，热情地赞颂了共产党人坚贞不屈、视死如归的气节，以及崇高、坚定的革命理想。

二、价值概述

在新中国成立以来涌现的众多文学作品中，《红岩》是当之无愧的经典，它成功塑造了许云峰、江姐、刘思扬等共产党人的英雄群像，其所传递的信仰的力量震撼和教育了一代又一代读者，已成为几代人的集体记忆。

定义《红岩》是一部以历史叙事为目标的“小说”，反倒不如说《红岩》是一部关于人的信仰的启示录。小说《红岩》是严格按照当时意识形态规范和已有的文学写作规范的要求与观念创作而成的。《红岩》被称为“黎明时刻的一首悲壮史诗”，是中宣部、文化部等命名的“百部爱国主义教科书”之一，2019 年入选“新中国 70 年 70 部长篇小说典藏”。从1961年初版至今，印刷近170次，发行量逾千万册，创下新中国长篇小说发行纪录，也成为二度创作的一个题材源泉。

《红岩》体现了中国独有的红色文化，反映了时代精神，为具有中国特色的社会主义建设提供了精神力量。

三、导读要点

1. 矢志不渝的信仰之美

书中描述了忠贞与背叛的区别，有的死了，却重于泰山，有的活着，却轻如鸿毛。“敌人只能砍下我们的头颅，决不能动摇我们的信仰”，共产党人对马克思主义的信仰，对社会主义和共产主义的信念，是他们的政治灵魂也是他们经受住各种考验的精神支柱。

“晨星闪闪，迎接黎明。林间，群鸟争鸣，天将破晓。西方的地平线上，渐渐显露一派红光，闪烁在碧绿的嘉陵江。蔚蓝的天空，万里无云，缤纷的晚霞，放射出万道光芒。”这是小说《红岩》中，对新中国成立后迎来的一个黎明的描写。在黎明前最黑暗的时刻，革命烈士血染红岩，他们崇高的信仰和坚定的理想信念以及大无畏的牺牲精神所铸就的“红岩精神”将永远铭刻在中国共产党的历史上。

“因为信仰，向死而生”，在书中，老一辈革命志士在民族危亡时期，为崇高的革命信仰而甘愿付出热血和生命，从我党的发展历程来看，无论时代怎样变迁，崇高信仰始终是党的思想旗帜、精神支撑和力量所在。他们的革命信念为何会如此坚定？其中很重要的一个原因在于，这种信念是建立在对世界观、人生观、价值观的透彻认识和对人生哲学的高度领悟之上的，他们在内心坚定地告诉自己，为革命而牺牲的选择是值得的。《红岩》让读者看到了“矢志不渝的信仰之美”，那些视死归、大义凛然的英烈们，以实际行动诠释了共产党人对理想和信仰的坚贞。这种信仰也是每名共产党员、每名中华儿女不断获取动力、经受考验、坚持方向、奋勇前进的精神基础。

2. 大无畏的革命精神之美

《红岩》所展示的是革命大进军和反革命垂死挣扎的历史时期，是光明与黑暗的生死较量。抗日战争胜利后，中国人民热切希望和平、民主，建设一个新的中国。但是 1946 年 6 月 26 日，蒋介石撕毁《双十协定》，派重兵围攻中原解放区，挑起全面内战。同月，中共四川省委指示重庆市委加强农村工作，准备发动游击战争，同时加强城市的工人运动和学生运动，从各方面支持农村工作。

书中描述了重庆的国民党疯狂镇压共产党领导的地下革命斗争，地下党员身陷水深火热的境地，甫志高的叛变更是让许云峰、成岗、江姐等人深陷渣滓洞。渣滓洞内，国民党特务用尽手段想要从江姐等人口中获得有关共产党的信息，给他们馊掉的饭菜，炎热的夏天控制他们的饮水，甚至严刑逼供，但他们意志坚定，沉着冷静，粉碎了国民党特务的阴谋。部分地下党员最后惨遭杀害，但是他们展现的共产党员的大无畏精神永久的流传了下来。

那些坚定的共产主义者，在百般艰辛、万分危险的环境中，艰苦而顽强地生活并为革命的胜利坚韧的斗争着。他们乐观向上，对自己所投身的事业充满信心：他们无所畏惧，把个人的生命同忠贞的信仰连为一体：他们抛却小我，挥洒共产主义的伟大激情：当他们迎着胜利的黎明倒下时，朝霞映红的是他们无怨无悔的笑容……所以，书中真正的共产党人无所畏惧，以“视死如归”的行动，诠释了“大无畏的革命精神之美”。

3. 丰富饱满的人物形象之美

《红岩》的情节紧凑，极富张力，人物轮廓鲜明，内在丰盈，书中没有像写革命回忆录那样完全写真人真事，但其塑造的人物是有原型的，而且塑造的形象都很饱满而且个性鲜明。

江姐是小说中的一个艺术典型，更是家喻户晓、独具华彩的女英雄。在狱中，当敌人用竹签刺她的手指时，她坚强地说 ：“毒刑拷打是太小的考验，竹签子是竹子做的，共产党员的意志是钢铁铸成的！”敌人能想到的残酷手段在江姐身上都用上了，但是，辣椒水没能灌哑她高唱革命歌曲的喉咙，老虎凳没有折断她为崇高理想而挺直的腰板，竹签没能钉住她为新中国绣红旗的手指！行将就义，她依然神态平静、举止从容地吻别“监狱之花”，淡定的笑容荡漾在疲惫的脸上。“如果需要为共产主义理想而牺牲，我们每个人，都应该，也可以做到脸不变色，心不跳。”这一席话，留给后人的是一个共产主义战士的生死观和坚毅冷静、忠诚为党的优秀精神品质。以“江姐”为代表的革命英烈，经受住各种酷刑折磨，用生命和鲜血诠释了“红岩精神”。

《红岩》着力刻画人物心理活动和烘托气氛，不仅展示了英雄们的高贵品质和崇高气节，还成功地刻画了他们不同的性格特征。除了代表人物江姐，作者还塑造了精警老练的齐晓轩、坚韧不拔的成岗、刻苦磨炼的刘思扬、颇富传奇色彩的双枪老太婆等英雄群像。书中的英雄人物，职业不同，经历各异，但他们都具有坚定的共产主义信仰，对革命事业无限忠诚；在敌人面前，他们横眉冷对，大义凛然，不屈不挠；一旦革命需要，他们都能舍生取义，从容献身……个性鲜明的人物独具光彩，活跃于作品之中，使小说成为一部当代文学中少见的光辉灿烂的无产阶级英雄谱。

《红岩》对反面人物的刻画也比较成功。它摒弃了那种从概念出发的简单化、漫画化、脸谱化的写法，而是极力按照生活的本来面目，着重从矛盾冲突、人物关系中去解剖他们的灵魂，揭示敌人的反动本质。如特务头子徐鹏飞，凶恶残忍，嗜血成性，“把杀人当作终身职业”。他顽固不化，又阴险狡猾，有一套反革命经验。小说在充分揭露这个敌特“干才”的气焰嚣张、不可一世的同时，还深入他的内心，暴露了他濒临灭亡前的绝望和空虚。从而把这个反动残暴、色厉内荏的敌特头目，刻画得活灵活现。其他反面人物，如叛徒甫志高、看守所长陆清等，也都描绘得很到位。

《红岩》背景广阔，人物众多，斗争错综复杂，但全书章法井然，结构严谨而富于变化，显示了作者的独到匠心。

四、出版信息：

罗广斌，杨益言. 红岩［M］. 北京：中国青年出版社，2017.

撰写人：刘潇潇

《青春之歌》导读要点

摘　要：红色经典小说《青春之歌》再现了20世纪30年代中国知识分子在革命中成长的过程。恶劣的外部环境与先进知识分子心中崇高的政治理想形成强烈对比，由此产生带有崇高美的反抗意志和行为。《青春之歌》有别于其他“红色经典”的是，自初版以来杨沫接受了广大群众的讨论意见，对初版进行了较大改动。从宏观角度看，这部集体创作的文学作品融入了更多历史要素，时代色彩更夺目。《青春之歌》中的崇高美学因素，借助恶劣的外部环境，生命的反抗意志和个体行为，集体创作的群体体验，真实的抗战历史等，激荡起读者层层庄严凝重的思索，唤起读者心中奋激，惊赞和反抗的崇敬之情，而且这种情感有着向民族整体意识和浩大历史精神方向升华的趋势。

一、内容简介：

《青春之歌》是知名女作家杨沫的代表作，杨沫（1914—1995），原名杨成业，祖籍湖南湘阴，生于北京。《青春之歌》由作家出版社于1958年出版，曾经被翻译成十几种文字出版，在当时被称为“影响了一代人”的作品。《青春之歌》是中国当代文学史上第一部正面描写知识分子在无产阶级革命斗争中成长的长篇小说。小说以1931年“九一八”事变到1935年“一二·九”运动这一历史时期的学生运动为背景，描写了女主人公林道静走上革命道路的过程。

林道静出身于北方一个官僚地主家庭，母亲早逝，备受后母虐待，高中毕业时，为了逃脱后母为她包办的婚姻，只身一人来到北戴河乡下教书，希望以此独立生活，可是，校长却蓄谋把她献给县长做小老婆。绝望中她欲投海自杀，被北京大学读书的学生余永泽相救。后来她与余永泽生活在一起，却发现余永泽是一个自私、平庸、卑劣、势利的人。林道静在接触进步青年和共产主义思想后，与余永泽的矛盾日益加深，最后她下决心离开余永泽，在共产党员卢嘉川影响下，投入了革命斗争行列。在学潮中，林道静被捕入狱。出狱后林道静到农村参加组织农民革命，在江华的帮助下，开始真正认识到阶级对立，认识到自己的小资产阶级知识分子的狂热性和幻想性。

回到北平后，林道静再次被捕入狱。狱中老共产党员林红的英勇无畏精神对她教育很深。出狱后，林道静加入了党组织，并被调到党的机关工作，后来又化名路芳，到北大开展学生运动。林道静和北大学生地下党支部一起团结教育了广大进步青年，成功地领导了“一二·九”和“一二·一六”游行示威。

林道静从一个小资产阶级知识分子，经历了与封建家庭和个人主义小家庭的决裂，与个人英雄主义与幻想的决裂，与个人主义的旧我决裂的阶段，在与革命斗争实践相结合，与工农群众结合的道路上，成长为无产阶级战士的过程，这个形象具有丰富的历史内容和时代的意义。

二、价值概述

在《青春之歌》中，作者以1931年“九・一八”事变到1935年“一二・九”运动期间学生运动为背景，刻画了女主人公林道静，从一个小资产阶级知识分子，经过思考和选择走上革命道路的曲折经历，细腻而真实地展示了那个时期的新女性成长的心路历程，同时也反映了知识分子的个人前途与国家、民族命运的关系。

今天我们阅读此书，虽然缺乏与林道静有类似经历的那一代人所具有的亲切感。但是，作为年轻人，仍然有许多相通之处，那就是对生活的热爱、对理想的追求、对真理的探索和人生观、价值观乃至个人信念的建立。从这个意义上讲，《青春之歌》所具有启发性是多方面的。此外，任何文学作品都会在不同程度上打上时代的烙印，同时它也会具有许多超越时代的东西。

三、导读

（一）《青春之歌》以爱国青年在“九・一八”至“一二・九”的历史风暴里所进行的顽强斗争为背景，以细腻的笔法描绘出各种类型的知识分子形象，反映了这一时期知识分子的心理变化和精神面貌，谱写了一曲动人的青春之歌。女主人公林道静经过个人的情感波折和生活的不断历练最终投身革命，她所走的道路，具有深刻的典型意义。这是一个关于知识分子成长道路的故事，即通过林道静的“成长”来指认知识分子唯一的出路：在无产阶级政党的引领下，经历艰苦的思想改造，从个人主义到达集体主义，从个人英雄式的幻想到参加阶级解放的集体斗争——也即个体生命只有融合与投入到以工农大众为主体的革命事业中去，其生命价值才可能得到真正实现。虽然《青春之歌》的出现在当时引发了热烈的讨论和极大的争议，但这种时代共鸣的大主题为《青春之歌》在特殊年代里的辉煌提供了重要的保障。

（二）《青春之歌》带有浓郁的“自叙传”色彩。作者杨沫为逃避包办婚姻，中学未毕业便毅然离家独自谋生最终走向革命道路的人生经历和情感体验，投射在小说女主人公林道静身上。小说重点表现了林道静心理情感的深刻变化。林道静因为逃婚离开自己的大地主家庭，在走投无路时把搭救者余永泽当成“骑士兼诗人”，满怀感激和爱恋投入余永泽的怀抱。这份自由爱情的获得，让她在争取婚姻自由和个性解放的道路上迈出了艰难的一步，但时代潮流又一步步推动了不甘心做笼中鸟的林道静和余永泽的决裂。苦闷于小家庭琐碎生活的林道静因为卢嘉川本人和革命的强烈吸引力，找到了冲出家门投身社会的自我实现之路。一旦林道静的人生视野超越家庭，投向社会，那么她与余永泽的感情裂痕也就扩展到了人生观与世界观的不同。同余永泽的决裂，是林道静思想变化和生活道路上的重要转折点。为了让林道静实现从小资产阶级知识分子向无产阶级革命者的转变，在卢嘉川被害后，小说又安排了林红、江华等领路人对她的影响和教育，使她逐渐走向成熟，和共产党人江华的结合则成为林道静革命立场的最终选择。

（三）革命与爱欲在小说的叙事中构成了一种反复缠绕的关系，并以二者之间构成的张力来推动小说主题的展开。革命与爱欲相互纠缠的深处是一个女性在走向革命过程中个人的真实情感，这是一种更加完整的个人的生活史，是女性成长道路上真实的生命体验，也是《青春之歌》在时代共名以外来自叙述裂隙的惊喜。林道静的每一次思想转变，小说都会陷入革命与爱欲的矛盾叙事，革命与爱欲双管齐下，最终促使林道境走上革命的道路。也就是说，小说在叙述一个小资产阶级知识分子寻找革命皈依革命的历程时，也缠绕着一个罗曼蒂克的女人寻找个性解放和英雄般的生活并终于抵达目的地的成长历程。林道静成长道路上的反抗与斗争，为女性解放增添了一道靓丽的风景。《青春之歌》中，就显层的、主导的故事结构而言，林道静与余永泽、卢嘉川、江华之间的爱情及男／女欲望关系是与共产党／知识分子这一组意识形态符码相互支持的；但二者的关系并不是如此严密。林道静在男／女关系上由余永泽而卢嘉川再到江华的转移与传递，在故事和逻辑层面上是与小资产阶级知识分子抛弃个人主义、民主主义、自由主义而成为共产主义战士互相支持的；但作为一个深受“五四”个性主义思想濡染的小资产阶级知识分子，个性的印记是难以磨灭的。根植于心灵深处的对爱情的浪漫幻想以及在爱情选择上体现出的个人意志与集体意志和神圣化的逻辑并不是完全吻合的，在非故事、非逻辑的层面，林道静的情绪、潜意识、叙事话语中的闪烁其词等，这些以“碎片”方式存在的叙事因素却言说着一种被压抑的个人冲动与梦想，这种隐蔽、朦胧、片断化的梦想和自由的个人意志对主导性的故事逻辑及其语义形成了某种尽管微弱、但确信无疑的“异议”。小说的结尾就呈现出明显的“英雄”与“个人”话语的“裂缝”。林道静的心理语言跨时空地将胡梦安、余永泽、卢嘉川、江华等人“串联”起来，借助和这些男人的关系，林道静追求革命和浪漫爱情的经历获得了一种“历史性”的表达，但这个“历史”与她当时的处境——胡梦安像噩梦般挥之不去，随时威胁着她的生存；余永泽“悠然地站在台阶上”，“欣赏着她青肿的嘴脸和鼻孔流出的鲜血”；卢嘉川已死；江华“受了伤而又被捕”，这些爱她和她爱的人在她“历险”时无一人在身边的实际处境——是有很大差异的，所以林道静“一阵眩晕，几乎跌倒”，此时“软弱”的林道静是一个更人性化、个体化、女性化的符码，与处于显层和主导地位的“英雄成长”的意识形态语言及其逻辑构成了明显的龃龉、对释与消解。《青春之歌》的复杂意蕴也正是在这个层面浮现出来，构成其半个多世纪被反复言说的可能。

四、出版信息：

《青春之歌》，杨沫（著）；出版社：中国言实出版社；出版时间：2020年8月。

撰写人：曲晓鹏

《高山下的花环》导读要点

摘　要：《高山下的花环》艺术地再现了越南自卫反击战中弥漫着血与火的战斗生活，塑造了一系列有着崇高思想品质、道德情操的当代普通军人的英雄群像。书中体现了中国军人的爱国情怀之美、军人及军属的崇高人格之美、成长历练之美、雄浑悲壮之美和形象塑造的真实之美。

一、内容简介

《高山下的花环》通过描写云南边防部队某部三营九连指导员在战前、战中、战后的经历，展现了军队生活的真实场景和1979年春天发生在中国南部边疆越南自卫反击战的战斗场面。《高山下的花环》塑造了梁三喜、赵蒙生、靳开来、“小北京”等一批个性鲜明的人物，反映了对越自卫反击战中战士们在战火洗礼中经受的考验，以及他们一心为国，以保卫国家和人民的安全为己任的高尚品质。小说以悲壮的叙事、强烈的色彩、感人肺腑的倾诉，令人为之震撼、感动、潸然泪下。

作者在人物的设置与刻画、情节的编织与展开以及叙事线索的连贯与交错等方面进行巧妙构撰，作者激情饱满、笔力质朴、张驰有度地为读者塑造了一群血肉丰满、性格鲜明的军人形象，多层次、多色调地展示了绿色军营中的美好心灵，呈现出的是一种革命的热情和爱国主义的壮怀，展现在读者眼前的是高洁的情操和不朽的灵魂。

二、价值概述

《高山下的花环》是一部中篇小说，是充溢着崇高的革命情愫的优秀作品。小说首次刊载于《十月》1982年第6期，中央及各省市报纸争相转载，中央人民广播电台连播，多家剧团先后把它改编成话剧、歌剧、舞剧、京剧等剧种；1981—1982年获得全国优秀中篇小说奖；1983年，山东电视台将小说改编成三集电视剧；1984年，根据小说改编的同名故事片上映，也获得了很高的荣誉。2018年9月27日，《高山下的花环》被评为中国改革开放四十周年最有影响力小说之一。

《高山下的花环》冲破了军事文学“无冲突论”的老套，正视并深刻反映现实生活的矛盾冲突，揭示军队内部矛盾和历史伤痛，展现了广阔的社会生活画面。在当时，开了“以悲剧形式”反映战争和军营生活的创作先例；小说在当代军旅文学史上地位显著，其历史感深邃，思想容量厚重，所反映的生活世界远远超出了军营，的确堪称对整个中国社会现实及其历史命运的“整体把握”。

本书可贵之处还体现于，作者在人物的境遇与境界的强烈对比之下，写出了新的军人性格，成功地塑造了一群“位卑未敢忘忧国”、外表平凡、内心美好的军人形象，小说蕴籍着丰富的思想内涵和热烈的感情。本书作者李存葆为读者献上了一个满沾着青年热血和战士胆识的、用“文字”编制的美丽花环，可谓是震撼人心的佳作。

三、导读要点

1. 中国军人忠于职守、勇于牺牲的爱国情怀之美

《高山下的花环》细致挖掘局部战斗的真实场景，注重故事情节的丰富性、完整性和普通军人的个性塑造，深刻体现战争中个体的生存状态及生命的意义，对战争中的人、人性已有了真切地思考，着重墨表现普通军人所具有的“位卑未敢忘忧国”的爱国情怀与忠于职守的担当精神。

如连长梁三喜是作者塑造的一个比较突出的军人形象。他身为一个基层连队的连长，担负着繁重的训练和战斗任务，是千千万万的现代军人中的普通一员。他热爱连队，忠于职守，当他发觉新来的指导员不称职时，他就毅然放弃了自己的探亲假而留在连队；临战前夕，指导员拿到调令时，他义正词严地对“逃兵”予以痛斥，显示出他正道的骨气和鲜明的爱憎；战斗中他身先士卒，冲锋在前，撤退在后，为了掩护战友而牺牲在敌人的冷枪之下。

书中人物就是普普通通的军人，他们将国家的荣辱兴衰放在第一位，在国家需要时，义无反顾地献出自己的一切甚至生命！正所谓“位卑未敢忘忧国”，在他们身上体现了军人深厚的爱国主义情怀，而他们“舍小家为大家、不怕牺牲”的做法，更是熠熠闪光地映射出了我们民族中那最为宝贵的“民族精神”，让读者感动于中国军人关心民族命运和国家前途的爱国情怀，坚强的革命信念和伟大的献身精神。

2. 中国军人及军属的崇高人格之美

《高山下的花环》书中描写的不仅仅是一线战士的流血牺牲，还有他们的亲人对于人生苦难的忍受与克服。书中成功刻画了九连连长梁三喜、指导员赵蒙生、炮排长靳开来、司号员金小柱、“后进战士”段雨国、北京部队支援的战斗骨干薛凯华等一系列性格鲜明的军人形象以及梁大娘、韩玉秀等家属形象。

书中用细节烘托了人物精神境界、表现人物复杂心态，设计巧妙的细节起到了画龙点睛的作用。例如，梁三喜的生活俭朴，在那时，农村十分贫困，为了还清父亲医病时的欠账，他没有一块手表，吸烟也只能吸“黑呼呼的烟末”，他牺牲后留下的唯一财产就是一件军大衣，还有一张至死不忘、沾满了自己鲜血的欠账单；梁三喜阵亡之前把血染的欠账单交给赵蒙生，没能说完的话，直到在他写给妻子韩玉秀的信中才说出来，就是：“人死账不能死！”；梁三喜身上体现出了“战士是艰苦和困难的代名词”，革命军人在“人世间付出的代价最大，牺牲最大”，他来自农村，是“吮着山村母亲的奶汁长大成人”的连队基层干部，他是一个既有“质朴、正道、忠诚、友爱”的革命军人共性又有“中国农民

的吃苦耐劳”品格个性的形象。

再如梁大娘婆媳为节省开支步行160多里山路来到九连，吃饭时解开用作蚊帐的纱布缝制的包袱外面沾满了路途上的尘土，把里面包着的些微黑乎乎的煎饼碎片儿放进面条碗里……这些细节，最强烈地渲染了梁三喜、梁大娘等人近乎纯净的人格境界与道德情操，他们是那样的勇敢、善良、纯洁、孝顺、勤俭节约、老实本分、不畏艰苦……体现着我们中华民族的传统美德和他们自身的人格魅力。

小说表现了一种伟大的精神感召力量，它可以使卑琐者得到升华，污浊者得到净化：民族大义之精诚所至，卑污猥琐的个人盘算可为之感化消融，具有很强的艺术感染力。

3. 普通人在部队洗礼中的成长历练之美

小说作为一部以赞颂英雄为主题的主旋律电影，并没有将“英雄”这一形象片面化、模式化，而是将英雄放置于“普通人”之中，化身为人民本身，从成长的视角，呈现出“英雄”的历练过程。

如小说中高干子弟出身的解放军某部摄影干事赵蒙生，最初被下放至某部九连任副指导员时，他仍想着为了早日调回家附近而选择曲线调整；从一开始在舒适的家中和爱侣一起聆听西方流行音乐，到自愿将工资寄给三喜母亲梁大娘，赵蒙生从最开始的懦弱无能到最后真实地面对自己并战胜自己内心的软弱，从对个人利益的追逐到大公无私的奉献，他获得了成长，同时也接受了来自连长等烈士精神的传承。赵蒙生在连队里、在战火中得到了重生，他用自己的行动证明了自己。这种成长在自卫反击战骤然引发的军营生活与社会生活相交织的一场剧烈的矛盾冲突中集中体现出来。

无论是农民出身的梁三喜，还是高干子弟出身的赵蒙生，他们都在热火朝天的军队生活中和战场上得到不断磨炼、不断成长，其本质都是普通的老百姓，在保家卫国的至高使命面前是相同的；赵蒙生心中希望过上安逸富足日子的朴素愿望，这和作为农民出身的连长梁三喜以及靳开来心中的愿望也并无不同。他们只是在不同的时间体现出了昂扬向上的精神，体现出部队一不怕死、二不怕苦的军人作风。

作者通过赵蒙生中间状态的转变来讴歌英雄主义和爱国主义的热烈感情所发出的强大力量，他深情地写出了“新一代最可爱的人”成长的面貌，他们都爱自己的家，爱生活，他们在部队中的成长经历，有着强烈的审美感染力和深刻的思想教育意义。

4. 英雄悲剧特有的雄浑悲壮之美

与小说“战争”的宏大主旨相适应，其美学主题就是“崇高”，并造成了“悲壮”的叙事基调。“崇高”的内涵主要有两方面：一是小说所大力弘扬的民族大义以及它在普通军人、军人家属内心世界召唤出来的精神力量，二是普通军人面对生活苦难的冲击所激发出的坚韧品格和担当情怀，二者之间互为支撑。

小说因题材、内容的选择，自然而然的带有悲剧色彩。“战争的悲剧意识来源于战争本身的残酷。战争给人的考验是生存与死亡的较量，是血与火的洗礼，是给人类生活带来的灾难性的巨大毁灭。”但读者在思考战争对人类摧残的“悲剧”同时，应该对时代和社会悲剧性更加深入的思考。小说中雷军长的儿子“小北京”在执行爆破敌方碉堡的任务中因火箭筒连续两发哑弹的事故导致被敌军发现，不幸阵亡。无疑，使其死亡的原因是由越军的枪火造成的，但片中也对哑弹的生产背景给予了说明，梁三喜最终发现哑弹是在“文革”时期被生产出来的，这就从侧面展现了国内混乱局势对于战争的间接影响才是导致“小北京”牺牲的主要原因，而敌人的炮火不过是加速揭开这一事实的催化剂而已。在社会悲剧层面，战争作为悲剧的分水岭也只是使得本来就悲惨的人物变得更加悲惨。《高山下的花环》的悲剧，是建立在深厚的生活基础之上的，它真实地再现了一定历史时期的社会现实生活，反映了一定社会现实的本质。所以小说体现出格调的雄浑悲壮，具有一种英雄悲剧特有的冲击力。

5. 人物形象塑造的真实之美

书中塑造的英雄人物都源自普通士兵，其中描写并没有局限于英雄的豪情壮举，而是注意从人物的生活、人物的内心世界来表现英雄真实本质，从多方面去刻画英雄人物成长的不同道路。小说的精髓就在“真实”二字，真实地表达了前线将士们的浴血奋战，真实地从言行举止上刻画出了每个人物的心理波动，表达出了书籍内涵所在。

如表现主要人物梁三喜时，作者用真挚而朴实的笔触为梁三喜设计了一封寄给家人的遗书，来揭示他内心精神美的光芒。遗书的主要内容就是要家里人还清债务，“人死账不能死”，更多的还是对活着的人的关心，希望自己的妻子能过上幸福美满的生活。那种军人所独有的对死的思考，对生的留恋的人情味，不仅丰富了作品中的生活气，也为梁三喜的英雄行为做了最有力的铺垫和注解。人物从外部行动到内心思想的完整统一过程，更为具实地揭示出英雄人物既是崇高的，又是平凡的、真实的。除了把他放在与赵蒙生、靳开来等人物和残酷战争场景的关联中来揭示其憨厚、正直、无私、智勇兼备的一面，还不失时机地用三喜与妻子的感情和对母亲的惦念来表现他铁骨柔情、温婉细腻的另一面。

再如赵蒙生一开始的贪生怕死、梁三喜对于现实不公的隐忍以及靳开来的口无遮拦都使得这三个被公认的英雄并不显得过于高大伟岸，反而多了几分性情中人的真实朴素。

《高山下的花环》在塑造英雄人物形象时，敢写他们身上的复杂性格，从那种“阴暗面”和“光明面”的描绘中揭示出了更为广阔的现实生活画面与富有人生思考价值的意蕴，满怀热情地挖掘了人物心灵中美的一面，使人物是那样真实、本色、贴近生活。书中既描写了普通军人对祖国无私高尚的赤诚之心，同时揭露了一部分军队中的上层领导以权谋私、官僚作风严重等丑恶现象。如赵蒙生的母亲借自己的权力和影响要把自己的儿子在临战时从前线调走。靳开来作战优秀，就因为直来直去说了几句实话得罪了上头的领导，一直得不到升迁，却在临战时，被任命为副连长，在战争最艰难的时刻，他为了给饥渴的战友们解渴，冒险去砍了几捆越南人的甘蔗，不幸踩雷牺牲，就有人以违反不拿群众一针一线的纪律为由，不给靳开来立功，连一枚勋章都没有。

这些人物形象的塑造，表明英雄主义精神不是空洞之物，而是常常见诸于日常行事，或者说，自然流露、毫不做作、真诚朴素的行为才能彰显真正的英雄本色，也就是用美学中“真”的规范去多层次、多色调地展示出军人那多彩的心灵，既描写英雄的英勇之处，也用现实手法表现英雄的常人一面；既描写英雄对于时代的贡献，也描写时代在客观处境下对于英雄的不公；同时小说运用日常生活的美学，让英雄回归现实人生，也揭示出了其精神根源与社会的典型环境。

这些来自生活实际中形象的英雄人物，打破了过去那种“千人一面，万人一腔”的英雄性格，也扩展了表现英雄人物的途径和生活面，使读者们从形象真实的描写中去感受美的情操、善的力量。

四、出版信息

李存葆. 高山下的花环［M］. 郑州：河南文艺出版社，2006.

撰写人：刘潇潇

《革命者》导读要点

摘　要：《革命者》以文学形式重述早期党史，讲述了1921年中国共产党在上海成立直到新中国成立前，在这片土地抛头颅洒热血的革命者的故事。该书紧扣“革命者”主题，塑造了血肉丰满、英勇伟大的革命者群像，组成了一部气壮山河的革命史诗。书中呈现了革命者续写真理之力、铸就精神之源、谱写青春之美、体现常人之情、开启探索之门的革命实践精神。

一、内容简介

长篇报告文学《革命者》作为中宣部组织实施的“优秀现实题材文学出版工程”入选作品、重点主题出版物由上海文艺出版社出版。该书作者、中国作家协会副主席何建明为写作该书酝酿多年、踏访数地，力图以日记、书信等珍贵史料进入革命者的精神世界，回望早期中国共产党人在艰苦年代凝聚和铸造的革命初心与革命精神。

该书以文学形式重述早期党史，讲述了1921年中国共产党在上海成立直到新中国成立前，在这片土地抛头颅洒热血的革命者的故事。该书紧扣“革命者”主题，塑造了血肉丰满、英勇伟大的革命者群像，组成了一部气壮山河的革命史诗。

二、价值概述

《革命者》作为2020年度“中国好书”，是一部高扬中国共产党人崇高精神的生动读本，再现了中国共产党早期革命斗争历史，以鲜活事例阐释了“中国共产党为什么能”这一命题，呈现昂扬向上、感人肺腑的精神信仰力量。

《革命者》展现了英烈们用初心垒起的一座座精神丰碑，用信仰凝成的一首首生命绝唱。该书将文学的感染力与历史的真实性有机融合，在历史的缝隙中穿梭，跨越时空，迸发出震撼人心、感人肺腑的文学力量。

三、导读要点

《革命者》是一部气壮山河的革命史诗，请同学们重点关注以下五个方面：

1. 革命者续写真理之力。

十月革命一声炮响给灾难深重的中国送来了马克思主义。中国革命者向来不是拿来主义者，而是使马克思主义在中国的大地上续写了新的篇章，正如我们所知：社会主义没有辜负中国，中国也没有辜负社会主义。

李大钊是中国最早的马克思主义传播者，他认为“人生最高之理想，在求达于真理”，旗帜鲜明地指出马克思主义是“拯救中国的导星”。李大钊在确立马克思主义信仰后再也没有动摇过，对信仰和真理矢志不移，为传播和实践马克思主义而英勇献身，真正做到了自己所说的“勇往奋进以赴之”“断头流血以从之”“殚精瘁力以成之”。

在李大钊的教育、宣传和引导下，一大批青年走上了救国图存的革命道路，他们坚持真理、坚守理想，同党内错误路线、敌人、叛徒做斗争。《革命者》详细讲述了一批坚定的革命者，他们面对陈独秀的右倾机会主义、李立三的“左”倾冒险主义、王明的教条主义，面对顾顺章、赵林等叛徒的背叛，面对蒋介石、汪精卫对共产党和工人运动的疯狂镇压，何孟雄、林育南、邓中夏、恽代英、俞秀松等革命者坚定真理，对党忠诚。正如邓中夏在狱中回复国民党反动派劝降时说：“一个害杨梅大疮到第三期已无可救药的人，是否有资格去讥笑那些偶感伤风的人？我们共产党人从不掩盖、敢于揭发、也能克服一切缺点和错误。我们懂得，错误对于我们的正确主张，总是局部的、有限的。而你们背叛革命、屠杀人民，还有脸来说我们？”

2. 革命者铸就精神之源。

革命者留下的精神，是一个民族最宝贵的遗产。革命者革命实践的历史孕育了伟大的建党精神，也成为了中国共产党的精神之源。“一百年前，中国共产党的先驱们创建了中国共产党，形成了坚持真理、坚守理想，践行初心、担当使命，不怕牺牲、英勇斗争，对党忠诚、不负人民的伟大建党精神，这是中国共产党的精神之源。”这是习近平总书记在庆祝中国共产党成立100周年大会上首次提出伟大建党精神，标示了党的革命精神的源头和起点，深化和拓展了党的精神谱系。

《革命者》一书以文学手法书写了中华民族最闪光的精神，即革命者的精神。此书不仅仅是一部文学作品，更是一部用信仰凝成的生命绝唱，用初心垒起的精神丰碑。正如作者何建明所说：“重新认识和理解这段历史，可以更深层次地理解革命者的道路起源和初心所在。革命者留下的精神财富就像高入云天的摩天大厦、滔滔不绝的黄浦江水一样，在人类历史的精神长河里流淌。”

3. 革命者谱写青春之美。

革命者只求青春生命之花的美丽绽放。在纪念五四运动100周年大会上，习近平说：“青年最富有朝气，最富有梦想，近代以来，我国青年不懈追求的美好梦想，始终与振兴中华的历史进程紧密相连。在革命战争年代，广大青年满怀革命理想，为争取民族独立、人民解放冲锋陷阵、抛洒热血。”正是因为梦想和朝气，一代代年轻人谱写了青春之美。

《革命者》一书中，有名有姓的英烈人物就有250余名，其中不少都是20岁出头的年轻革命者。30余万字的《革命者》，从牺牲在上海街头的第一位青年共产党员黄仁写起，一直到上海解放前8天牺牲的黄竞武，250多名献出生命的革命者通过故事向我们走来。从中，我们看到了恽代英、邓中夏、郭伯和、何秉彝、刘华等学生运动领袖和工人代表的身影；看到了从全国各地乃至国外奔赴革命中心上海的李汉俊、瞿秋白、蔡和森、向警予等早期中共领袖们的身影；看到了为革命事业牺牲的赵世炎、陈延年、陈乔年、邓恩铭、汪寿华、罗亦农等青年才俊的身影……

4. 革命者体现常人之情。

革命者是儿子、女儿，是他或者她的爱人，是孩子的父亲、母亲。他们是如我们一样的平凡人。在他们留下的信件、诗歌、遗书中让我们品读出了一位又一位有着常人之情的不平凡的人。

《革命者》第九章标题"'爱人'，是你用鲜血和生命所编织出的玫瑰"，书中说仅解放上海的战役中，为这座英雄的城市牺牲的她的"爱人"和他的"爱人"，就有7613人，爱人为信仰和主义而死，虽死犹荣、虽死犹生。多少对革命夫妇在结婚时会在彼此的心头镌刻下这样的誓言："为了革命事业，无论你活着还是牺牲了，我都将永远、永远地守护在你身边，直到实现共产主义！"第十章标题"家书、遗书和最后的呐喊，犹如'永不消逝的电波'，照耀者今天和未来……"详细记录了王孝和、叶天底、黄励等革命者的事迹，他们在生命的最后时刻告诉最亲的亲人和战友"向前看""不要怕""忘了我""我愿意"等语言，诉说着"不忘初心、牢记使命"的实质内容。

5. 革命者开启探索之门。

百年前的青年是怎样走上革命道路的？又是什么力量让他们甘愿做出牺牲？是什么让他们面对敌人的迫害也毫不动摇？是初心，是信仰。是因为他们深切地感受到了当时中国的危机，眼看着列强在中国大地上作威作福，眼看着中国百姓受尽欺压、民不聊生，眼看着军阀混战，置民族危亡、百姓安危不顾。他们是真的痛了，这种痛远远大于身体的痛苦，所以，他们在找到了马克思主义这条道路后，坚信通过自己的牺牲能换来一张安静的书桌，能看到将来国民的幸福笑脸，他们觉得值了。所以，面对时代课题，做出时代抉择，这就是革命者的探寻，这也是革命者的初心和信仰。

现在的青年们应循着《革命者》的足迹，探寻答案，继承革命遗志，为第二个百年目标而奋斗青春，谱写新的史诗。

四、出版信息：

何建明. 革命者［M］. 上海：上海文艺出版社，2020.

撰写人：刘玉秋

第二编
哲学思辨之美

《矛盾论》导读要点

一、内容简介

《矛盾论》为毛泽东同志1937年8月所写，曾在延安的抗日军事政治大学做过讲演。1951年在收入《毛泽东选集》第一卷的时候，作者做了部分的补充、删节和修改。

《矛盾论》是为了克服存在于党内严重的教条主义思想而写的哲学代表著作。文章从两种宇宙观、矛盾的普遍性、矛盾的特殊性、主要的矛盾和主要的矛盾方面、矛盾诸方面的同一性和斗争性、对抗在矛盾中的地位、结论等几方面进行了论述。指出事物的矛盾法则即对立统一的法则是唯物辩证法最根本的法则，事物发展的根本原因在于事物内部的矛盾性；矛盾存在于一切事物发展的过程中，贯穿于每一事物发展过程的始终；矛盾普遍性和矛盾特殊性的关系，就是矛盾共性和个性的关系；事物的性质主要是由取得支配地位的矛盾的主要方面规定的；在同一性中存在着斗争性，在特殊性中存在着普遍性，在个性中存在着共性。文章从方法论上批判了“左”倾、右倾的错误思想。

二、价值概述

《矛盾论》是毛泽东集中论述唯物辩证法的著作，特别是完整而严谨地阐述了对立统一规律及其在辩证法体系中的核心地位，是马克思主义唯物辩证法思想在中国条件下的继承和发展，是中国社会生活的辩证法和错综复杂的矛盾运动在理论上的反映，是马克思主义普遍真理同中国革命实践相结合的认识论和辩证法。《实践论》和《矛盾论》的问世，标志着毛泽东哲学思想的成熟。

《矛盾论》系统地总结了中国革命斗争的实践经验，批判党内主观主义、教条主义，系统地将矛盾原理做了较为详细的阐释，通过分析矛盾认识世界，通过解决矛盾而改造世界，指导我们党具体矛盾具体分析，把马克思主义的普遍真理与中国具体实际相结合，为确立党的正确思想路线、统一和提高全党的思想理论水平，为夺取抗日战争和整个中国革命的胜利奠定了坚实的理论基础，而且在理论上极大地丰富和发展了马克思主义，是马克思主义中国化的典范之作。

三、导读要点

《矛盾论》对哲学中的矛盾原理进行了详细分析，请同学们重点关注以下五个方面：

1. 辩证的哲思之美

毛泽东在《矛盾论》中对唯物矛盾观的考察遵循了科学的思路：两种宇宙观的对立—矛盾普遍性、特殊性及其之间的关系—主要的矛盾和主要的矛盾方面—矛盾诸方面的同一性和斗争性—对抗在矛盾中的地位。毛泽东按照这种研究思路对矛盾进行了全面探讨，从而形成了矛盾学说相对完整的体系。

整篇著作都闪烁着哲学辩证智慧的光芒，彰显了辩证的哲思之美。文中涉及多对范畴包括形而上学的宇宙观和辩证的宇宙观、矛盾的普遍性和特殊性、主要矛盾和非主要矛盾、矛盾的主要方面和非主要方面、矛盾的同一性和斗争性等，要全面地分析这些范畴之间的关系，既要看到其相互区别、对立之处，更要看到二者之间密切的辩证统一联系。除了要了解这些范畴的辩证统一关系之外，更主要地就是教导人们要善于去观察和分析各种事物的矛盾的运动，并根据这种分析，指出解决矛盾的方法，培养和提高辩证思维能力。辩证思维能力是唯物辩证法在思维中的运用，是指从事物相互联系、相互作用的关系出发，分析矛盾、抓住关键、找准重点、洞察事物发展规律的能力。辩证思维能力是科学思维能力的根本要求和集中体现，培养和提高思维能力，首先就是要具备辩证思维能力。辩证思维能力具体表现为：从对立统一中把握事物及其发展过程，具体问题具体分析，善于抓住事物主要矛盾和矛盾的主要方面。培养辩证思维能力，能够使人更加全面准确地认识和把握事物，真正做到透过现象看本质。

在理论上全面掌握了矛盾观之后，在实践中就应坚持一分为二地看问题。既要看到有利的一面，也要看到不利的一面；既要看到自身的优势，也要看到面临的困难和问题；既要看到发展的机遇，也要看到存在的风险与挑战。在“一分为二”的基础上扬长避短、化危为机，发掘自身的比较优势。在坚持一分为二看问题的同时，还要抓住重点和主流。正如习总书记所说：“面对复杂形势和繁重任务，首先要有全局观，对各种矛盾做到心中有数，同时又要优先解决主要矛盾和矛盾的主要方面，以此带动其他矛盾的解决。”

总之，《矛盾论》中不仅对矛盾做了层次递进、逻辑严密、全面细致的论述，而且提出的矛盾分析方法也是重要的方法论，正如文中所述：“这个辩证法的宇宙观，主要地就是教导人们要善于去观察和分析各种事物的矛盾的运动，并根据这种分析，指出解决矛盾的方法。因此，具体地了解事物矛盾这一个法则，对于我们是非常重要的。” 今天我们学习《矛盾论》，就是要树立正确的宇宙观和唯物辩证法思想，用科学的观点认识事物，认识事物的发展变化；用科学的观点来分析问题，找出解决问题的方法，就是要用辩证唯物主义和历史唯物主义武装头脑，指导我们的学习和工作。

2. 中华传统文化之美

作者在解读矛盾世界观的同时，结合了中国的传统文化列举了大量实例，让读者较轻松地运用熟悉的中国传统文化知识来理解相对抽象的哲学概念，既体现了中国传统文化的魅力，又形象地展示了哲学中的晦涩抽象的概念，实现了马克思主义哲学和中华传统文化的有机融合。例如在讲到矛盾的特殊性时，毛泽东列举了孙子、魏征的名言警句和《水浒传》中三打祝家庄的著名事例来进行形象的说明。文中写道：“孙子论军事说：‘知彼知己，百战不殆。’他说的是作战的双方。唐朝人魏征说过：‘兼听则明，偏信则暗。’也懂得片面性不对。可是我们的同志看问题，往往带片面性，这样的人往往就碰钉子。《水浒传》上宋江三打祝家庄，两次都因情况不明，方法不对，打了败仗。后来改变方法，从调查情形入手，于是熟悉了盘陀路，拆散了李家庄、扈家庄和祝家庄的联盟，并且布置了藏在敌人营盘里的伏兵，用了和外国故事中所说木马计相像的方法，第三次就打了胜仗。《水浒传》上有很多唯物辩证法的事例，这个三打祝家庄，算是最好的一个。”在这些中华传统文化中抽取的内容既拉近了与读者的关系，也让马克思主义哲学在与中国传统文化融合基础上在中国大地上大放光彩。

中国的传统文化博大精深、源远流长，影响深远。在当今世界上，随着中国综合国力日益增强，中华文化对世界的影响力日益提升。这就需要教师在该文的基础上以弘扬中华传统优秀文化、全面提升读者素质为美育目标，引导读者们更加注重中国传统文化的学习和弘扬，增强文化自信。

3. 彻底批判的革命精神之美

从《矛盾论》的创立背景来讲，《矛盾论》从方法论上批判了“左”倾、右倾的错误思想，从理论与实践的结合上全面说明和发挥了唯物辩证法的实质和核心，对立统一规律。在《矛盾论》中，毛泽东用了较大的篇幅批判了德波林所谓在事物发展的开始阶段没有矛盾，有些事物之间只有差异并无矛盾的形而上学观点。正如文中指出：“苏联哲学界在最近数年中批判了德波林学派的唯心论，这件事引起了我们的极大的兴趣。德波林的唯心论在中国共产党内发生了极坏的影响，我们党内的教条主义思想不能说和这个学派的作风没有关系。因此，我们现在的哲学研究工作，应当以扫除教条主义思想为主要的目标。”

在文中多处内容也体现了彻底批判的革命精神之美。作者在文中彻底了批判机械唯物论、庸俗进化论等观点，表现在：“在资产阶级那里，除了公开的极端露骨的反动的唯心论之外，还出现了庸俗的进化论，出来对抗唯物辩证法。所谓形而上学的或庸俗进化论的宇宙观，就是用孤立的、静止的和片面的观点去看世界。这种宇宙观把世界一切事物，一切事物的形态和种类，都看成是永远彼此孤立和永远不变化的。如果说有变化，也只是数量的增减和场所的变更。而这种增减和变更的原因，不在事物的内部而在事物的外部，即由于外力的推动。”作者采用边破边立的方法，在批判错误观点的同时，阐述唯物辩证法的正确观点。

在阐述矛盾特殊性时批判了教条主义和经验主义，并深刻批判其错误本质：“中国的教条主义和经验主义的同志们之所以犯错误，就是因为他们看事物的方法是主观的，片面的和表面的。片面性，表面性也是主观性，因为一切客观事物本来是互相联系和具有内部规律的，人们不去如实地反映这些情况，而只是片面地或表面地去看它们，不认识事物的互相联系，不认识事物的内部规律，所以这种方法是主观主义的。”

4. 伟大人物的人格之美

《矛盾论》的作者是毛泽东，毛泽东同志是一位伟大的马克思主义者，是一位思想深邃、博古通今、生动有趣、见解独到的理论家。《矛盾论》全文七个部分层次关系清楚，逻辑结构明晰；部分与部分之间、论点与论点之间衔接过渡自然。文中内容旁征博引、生动形象、高屋建瓴，充分表现了作者伟大的人格魅力。

作者是一位马克思主义者，他对马克思、列宁等共产主义导师和先行者的著作阅读广泛、理解深刻，多次援引马列主义的经典著作；同时，作者的国学根基也非常深厚，对古籍中的典故可以信手拈来，对《汉书》《资治通鉴》等典籍都有引用，这些足以彰显作者知识的渊博，读书作为作者一生的爱好，是毛泽东最大的精神享受，也为我们树立了读书学习的光辉榜样。此外，作者的语言表达准确而生动。《矛盾论》语言的准确、精炼已经达到了炉火纯青的境界。作者通篇用的都是常见的词汇，但却十分精确地表达出了作者的思想内涵。比如说，作者论述运动的相对地静止的状态和显著地变动的状态时有这样一段：“……我们在日常生活中所看见的统一、团结、联合、调和、均势、相持、僵局、静止、有常、平衡、凝聚、吸引等等，都是事物处在量变状态中所显现的面貌……”作者像连珠炮似的一下罗列了十数个词汇来说明矛盾的统一的状态，个个不同，但个个准确，让读者很清楚地明白了哪些是矛盾的统一状态。同时，作者驾驭语言的能力还体现在生动性上，作者能够用很通俗幽默的语言阐明深刻而严肃的哲学命题。如在讲矛盾的同一性要在一定的必要的条件之下这个道理时，有这样一段：“为什么鸡蛋能够转化为鸡，而石头不能够转化为鸡呢？为什么战争与和平有同一性，而战争与石头却没有同一性呢？为什么人能生人不能生出其他的东西呢？没有别的，就是因为矛盾的同一性要在一定的必要的条件之下。缺乏一定的必要的条件，就没有任何的同一性。”这些语言老百姓都能看懂听懂，离人们的日常生活非常之近，作者能把极其深奥的哲学术语转化为活灵活现、异常浅显的大白话，足以见得作者语言文白相见、生动鲜活，用地道的中国话讲着最深刻的道理。他的语言文字浅显易懂，人民群众易于理解，拉近了与群众的距离，能够转化为人民群众斗争的强大武器，也彰显了人民领袖的人民观。

5. 逻辑结构严密之美

《矛盾论》用通俗易懂的语言和丰富的例子阐述了唯物辩证法思想，内容形象生动，逻辑严密，结构完整科学。《矛盾论》分八个部分，文章第一部分介绍两种宇宙观——即形而上学的见解和辩证法的见解，这是论述矛盾的世界观基础。这个辩证法的宇宙观，主要目的就是教导人们要善于去观察和分析各种事物的矛盾的运动，并根据这种分析，指出解决矛盾的方法。由于毛泽东同志对党内绝大多数同志的认识水平已经作了客观的分析，认为矛盾的普遍性已经被很多人所承认，“因此，关于这个问题只需要很少的话就可以说明白；而关于矛盾的特殊性的问题，则还有很多的同志，特别是教条主义者，弄不清楚……为了这个缘故，当着我们分析事物矛盾的法则的时候，我们就先来分析矛盾的普遍性的问题，然后再着重地分析矛盾的特殊性的问题，最后仍归到普遍性的问题”。毛主席对于客观情况有一个正确的分析，对全局有一个得心应手的把握。因此，毛泽东同志对第二部分的矛盾的普遍性写得比较简略，而重点写第三部分——矛盾的特殊性。第四部分讲主要的矛盾和主要的矛盾方面。毛泽东同志在这一部分开头指出“在矛盾特殊性的问题中，还有两种情形必须特别地提出来加以分析，这就是主要的矛盾和主要的矛盾方面。”可见，第四部分是对第三部分的细化。毛泽东同志在这一部分的最后一段说明了研究主要矛盾和主要的矛盾方面跟研究矛盾特殊性的关系。“在研究矛盾特殊性的问题中，如果不研究过程中主要的矛盾和非主要的矛盾以及矛盾之主要的方面和非主要的方面这两种情形，也就是说不研究这两种矛盾情况的差别性，那就将陷入抽象的研究，不能具体地懂得矛盾的情况，因而也就不能找出解决矛盾的正确的方法。”这样就将第三部分和第四部分巧妙地联结到了一起。第五部分讲矛盾诸方面的同一性和斗争性。这是对前面内容的深化。第六部分讲对抗在矛盾中的地位。这又是对第五部分矛盾斗争性的细化，毛泽东同志明确地回答道：“对抗是矛盾斗争的一种形式，而不是矛盾斗争的一切形式。”第七部分，作者进行了总结。这七个部分层次关系清楚，逻辑结构明晰；部分与部分之间、论点与论点之间衔接过渡自然。这充分表现了毛泽东同志高屋建瓴的思想和统领全局的能力。

四、出版信息：

毛泽东选集［M］. 第一卷. 北京：人民出版社，2008.

撰写人：李素玲

《苏菲的世界》导读要点

摘　要：这是一部极其畅销的哲学史启蒙书，在书的内容、结构、叙述方式和语言的运用等方面都很成功。它引发了对哲学通俗化的思考，因而，在该书的基础上对哲学通俗化的现状、必要性和可能的途径进行探讨是很有意义的。

一、内容简介

《苏菲的世界》导读课程是面向我校本科一年级学生开设的“名著之美”美育必修课程，也是学习哲学知识、了解西方哲学史发展的美育通识课程。

如何引导学生更好地重温经典、感受哲学的思想魅力？被誉为20世纪百部经典著作之一的《苏菲的世界》是挪威作家乔斯坦·贾德创作的一本关于西方哲学史的小说，它以小说的形式，通过一名哲学导师向一个叫苏菲的14岁女孩传授哲学知识的经过，揭示了西方哲学史发展的历程，作者将一整部贯穿欧洲历史和文化的思想史深入浅出地娓娓道来。他用神奇而简单的语言，用魔术师、大白兔和姜饼人绘制出一部哲学史卷。

“苏菲”这个名字在希腊语中有“智慧”的意思，而“苏菲的世界”就意味着“智慧的世界”，也就暗示了哲学是一个被智慧所充斥的世界。全书由“你是谁”“世界从何而来”这两个没有答案的问题引入，带领我们走进了哲学的世界。从神话、命运到启蒙，从苏格拉底到康德再到马克思，从中世纪到文艺复兴再到我们的时代，书中包罗万象，有相当深厚的文化底蕴，苏菲在哲学的世界中遨游，见证了人类对生命的赞叹与对人生终极意义的关怀和好奇。

二、价值概述

《苏菲的世界》既是小说又是哲学史，因此哲学是贯穿始终的主题。哲学并非是无事可做之人进行的深奥思考，而是作为与生活相统一的事物而出现的。实际上正像乔斯坦贾德在整本书中所强调的，要想成为一名哲学家就不能停止提出问题。人们提出的问题可能并没有任何答案，但这也没什么，因为正是能够提出问题才让我们成为人，我们为什么会在这里，什么才是好生活。从作者的观点来看，所有这些哲学问题就是人们可以提出的最重要的问题。

《苏菲的世界》课程的主要教学目标是按照哲学之美的学习规律，有目的、有计划、有组织地对学生进行多角度、多层次的哲学审美教育。

三、导读要点

美育是一种以促进人的全面发展为目标、通过采取生动直观形象的方法来激发情感、陶冶性情、培养人的高尚情操和理想追求的一种教育形式。请同学们重点关注书中以下方面：

1.《苏菲的世界》体现了“古典之美”

《苏菲的世界》内容的选择和组织构架体现了“古典之美”，唤醒每个人灵魂深处对生命的赞叹与对人生终极意义的关怀和好奇。作者乔斯坦将带领读者从古希腊爱琴海的自然派哲学，到雅典城师徒三人燎原的智慧之火，从神权当道的漫长中世纪，到人性复苏的文艺复兴；从启蒙运动里为人权进行的斗争，到百科全书派对理性所作的推崇……苏格拉底、柏拉图、亚里士多德，这些哲人毕其一生都是在追求智慧之源，直到书的最后也并不是所有的问题都得到了解答，一个谜团揭开一个谜团又赫然出现，不完美，一切都不完美，哲学的所有终极问题也都没有完美的答案，那么这个探寻过程的意义何在？苏菲可以告诉你：“思考的过程本身即意义所在”。正是在思考的过程中，苏菲得以存在，像书的开篇笛卡尔所说：“我思故我在”，人类也正是在思考的过程中才变得睿智。

《苏菲的世界》因其主要内容介绍了哲学这一艺术门类，天然具有艺术通识课程的性质，其背后蕴含的通识理念和通识背景，符合马克思主义的基本原理之一“人的全面发展”，课程以多角度、多元素化的方式，让哲学隐性包含的美、智慧以及其体现的高尚品质，都通过对哲学思想的分析、讲解等方式，显性表达出来，这一理性的升华，是用完整、全面发展的观念去培育学生，让学生不仅获得哲学知识，还获得优秀的价值观、审美观。

教师引导和讲授方式采用了线上互动问答、直播在线问答等方法，如在介绍第五章《莫名其妙的来信》“当苏菲开始思考有关活着这件事时，她也开始意识到她不会永远活着。她想：“我现在是活在这个世上，但终有一天我会死去，人死之后还会有生命吗？这个问题猫咪也不会去想，这倒是它的福气。”关于死亡的哲学问题，教师通过网络学习平台为学生们直播《苏菲的世界》电影片段，并在观看电影片段之后，对学生进行线上互动“采访”，提问关于家人故去的经历和感受，意义在于激发学生积极思考，帮助学生通过独立思考获取知识，激发学生学习兴趣，专注于课堂，使印象更加深刻、巩固记忆的同时提升教学效果。

2.《苏菲的世界》展示了发展史观之美

《苏菲的世界》展示了几千年来的哲学的发展史观之美。从最初的自然派哲学家，到理性主义，到古典派哲学家，到繁荣蓬勃的希腊文化，印欧文化、闪族文化，黑暗的中世纪时期文化，再到豁然开朗的文艺复兴时期，巴洛克时期，以及现代的笛卡尔，经验主义，浪漫主义，唯物主义，存在主义……丰富的内容带我们走过沧桑，让我们得到一种哲学的洗礼与升华。在授课过程中搭配了丰富的音频、图片资料，作者在文字论述旁都选取了合适的图片，并对图片内容进行解释，这些图片都是对史料的佐证，突出“年代感”，充满趣味性地、通过各种手段让读者在“哲学洗礼”的过程中融入个人的情感，与这些伟大的哲学家进行心灵的对话。假如《苏菲的世界》代表着主流知识分子的哲学观点，它所表达的也极引人注目。这本书对真实的哲学给予了极高的评价：批判的、理性的和公正的评论；去除偏见、迷信和惯例；不做仓促和轻率的判断，一意追求真理、知识、美善和道德。它不仅承载着人类思想的抒发及感情的交流，还是心灵体验的外在媒介，让学生得到心灵上的“滋养”，获得美的体验、情感的升华和精神的力量。浸润心灵的美育效果看似是隐性的，却能在潜移默化中帮助学生树立起正确的人生观与世界观，为将来的人生历程打下坚实的基础。

教师引导和讲授方式采用了书籍文字结合影片短视频、试听分析等方法，丰富了课堂形式，在调动学生积极性的同时加深学生对相关哲学的理解和美感认识。如，讲第一章书一开头的部分，14岁的少女苏菲某天放学回家，发现了一封神秘的信。她从这封写着“你是谁？”的信开始，在艾伯特的指点下，从哲学的摇篮雅典出发，对苏格拉底和柏拉图的哲学有了初步了解，同时达·芬奇的绘画和莎士比亚的戏剧也包括其中。教师为同学们播放视频并结合书中插图讲述了故事背景后的故事，结合小说特有的“悬念”分析方法，探讨出各种哲学历史背景与小说发展的关系，论证哲学的本质意义。这样教学不仅传授基本哲学知识和历史文化，也触及到哲学思想的内涵层面，使学生获得美的感悟。

3.《苏菲的世界》拓展哲学美学视野

在指导学生阅读《苏菲的世界》可增加中西方哲学思想的对比条目，引导学生对比中西方哲学思想的异同，适合教师在课程中以弘扬中华优秀文化、全面提高学生素质为美育目标，引导学生们更加注重中国传统民族文化的发展，树立起文化自信，为国家文化艺术领域的强盛贡献力量。

教师的引导和讲授方式可采用比较分析法，如在讲授最后一章的中西哲学思想比较时，可以用我国春秋战国时期“儒家”的哲学思想与西方哲学进行对比讲解，采用古今结合、中西合并的方式提高学生的哲学理解能力；另外，在网络课程平台中，专门开辟“小苏菲来中国”章节，扩展学生的哲学美学视野、提升学生的综合素质。章节设置有儒学、道学等内容，增强学生的中国古代哲学思辨精神。

4.《苏菲的世界》拓展思辨美学视野

《苏菲的世界》课程将小苏菲的哲学思想之旅和教师分析讲解的内容作为具体媒介，直接通过视听作用于学生，培养学生认识美、体验美、感知美、欣赏美和创造美的能力，实现学生哲学认知能力、哲学思辨能力、哲学美学能力的获得，以及良好哲学观的形成与提高；使学生具有美的理想、美的情操、美的素养和美的品格，从而塑造学生的健全、理想人格，促进学生的全面、自由、和谐发展。

四、出版信息

［挪威］乔斯坦·贾德. 苏菲的世界［M］. 萧宝森，译. 北京：作家出版社，2017.

撰写人：赵震红

《论自由》导读要点

摘　要：《论自由》主张个性自由，认为个性自由是人类进步的重要推动因素。自由在于不损害国家、社会利益和他人合法权益。言论是思想的表达，言论应当享有较为广泛的自由。社会控制个人自由应遵循自我防卫原则。个人的行为只有在关乎他人社会利益时才需要对社会负责。自由与权利一体两面，权利是自由的边界。

一、内容简介

《论自由》作者是约翰·斯图尔特·密尔，英国著名哲学家和经济学家，是19世纪影响力很大的古典自由主义思想家。他对西方自由主义思潮影响甚广，尤其是其名著《论自由》（On Liberty），更被誉为自由主义的集大成之作。《论自由》主要讨论了思想自由、绝对自由和相对自由、自由的责任和原则、自由与权力、功利、道德与法律等系列问题，书中的思想对政治生活产生了无比重要的影响。尽管该书出版至今已有159年，书中的中心思想仍对今天的学者、思想家、社会学家、政治学家等不无学习和借鉴意义。

二、价值概述

《论自由》一书约11万字，分作五章。第一章“引论”阐述自由的概念和范围；第二章“论思想自由和讨论自由”以相对主义的真理观为依据探讨了思想自由和讨论自由乃发展人的个性和智慧所需；第三章“论个性为人类福祉的要素之一”论证个性的多样化发展是个人幸福和社会进步的主要因素；第四章“论社会驾于个人的权威的限度”分析社会干预个人自由的界限；第五章“本书教义的应用”是全书的总结和具体运用的例证。

三、导读要点

1. 美育的目标是培育美丽、丰富的心灵

密尔认为，人要变成高贵美丽的对象，就不应当把一切个性的东西都磨成千篇一律，而应在他人权利和利益许可的限度内努力发展和培养个性。因为个性的自由发展，每个人会变得对自己更有价值，因而对他人也更有价值。这样“他在自己的存在上有更大程度的生命的充实；而当单位中有了更多的生命时，由单位组成的群体中自然也有了更多的生命。”密尔认为，社会存在着一种“习俗的专制”，它是人类进步的一大障碍，它阻挠人类首创精神的发展，不仅使个人沉沦，而且使民族沉沦。密尔用西方的历史证明：“一族人民是会在一定长的时期里前进一段而随后停止下来。在什么时候停止下来呢？在不复保有个性的时候。”因此，密尔认为，允许个性的自由发展，不仅有助于培养个人的活力，而且有助于使社会和民族变得朝气蓬勃。当人们不再保持个性自由的时候，人类才能就枯

萎，前进便会停止。

2. 思政目标之一是深入对于自由社会主义核心价值观的认识

密尔关于“自由”定义的核心在于：其一，个人的行为只要不涉及他人的利害，个人就有完全行动的自由，不必向社会负责，其他人不得对这个人的行为进行干涉，至多只能忠告、规劝或避而不理。其二，只有当个人的行为危害到他人利益时，个人才应当接受社会的或法律的惩罚。在此，密尔论及了法律与自由的关系：个人的行为只要不危害他人就有完全的自由，他人和社会就无权干涉；只有当个人的行为侵害了他人的利益时，社会才能对其行为加以限制，法律才能对其进行阻止和惩罚。因此，法律并不是限制个人自由，而是维护个人自由；只有当个人行动超出了自由的范围，法律才对其加以限制。社会主义核心价值观中的自由也是有边界的自由，这种边界在于国家集体利益和他人的合法权益。

3. 思政目标之二，加深对于宪法规定言论自由的理解和认识

《论自由》第二章对思想自由和讨论自由进行了详细讨论。他认为：思想自由与讨论自由的根本目的是发展人的个性和智慧以促进社会的进步，一种观点或理论是否正确，是否符合真理，需要自由讨论和在思想市场上论战才能得出正确的结论。相反，如果禁锢人的思想，用某种权威或教条压制各种意见，尤其是反对意见的发表，这是妨碍思想和社会进步的，应该制止。密尔尤其强调讨论和思想自由，认为这种自由应是绝对的，“人类应当有自由去形成意见并且无保留地发表意见……这个自由若得不到承认，或者若无人不顾禁令而加以力主，那么在人的智性方面并从而也在人的德性方面便有毁灭性的后果。”

4. 法律专业思维培养目标之一：深入认识法律的功能。

密尔指出，法律具有保障个人自由的功能。法律惩罚也是实行社会控制的一种重要手段。但是，法律惩罚这种强制手段之适用应当严格限制在一定范围内，因为对惩罚的滥用意味着个人自由被侵犯。密尔提出社会控制个人自由应绝对遵循自我防卫原则。密尔认为，“个人的行动只要不涉及自身以外什么人的利害，个人就不必向社会负责交代。”“在仅只涉及本人的部分，他的独立性在权利上则是绝对的。对于本人自己，对于他自己的身和心，个人乃是最高主权者。”意味着个人行为如果与他人利益和社会利益无关，就不应当受到限制。只有个人行为关系到社会和他人利益，才需要对社会负责。“事情一到对于个人或公众有了确定的损害或者有了确定的损害之虞时候，它就被提在自由的范围之外而被放进道德或法律的范围之内了。”

5. 法律专业思维培养目标之二：正确看待权利与自由

密尔总结了两条格言：第一，个人的行动只要不涉及自身以外什么人的利害，个人就不必向社会负责交代。他人若为着自己的好处而认为有必要时，可以对他忠告、指教、劝说以至远而避之，这些就是社会要对他的行为表示不喜或非难时所仅能采取的正当步骤。第二，对于对他人利益有害的行动，个人则应当负责交代，并且还应当承受或是社会的或是法律的惩罚，假如社会的意见认为需要用这种或那种惩罚来保护他自己的话。这也对全书的一个总结，人生活在社会中，必定要受到社会的约束，而这个约束也是让我们的自由得到保障的最好约束。综上可见，权利与自由是一体两面，自由意味着权利，权利也意味着自由。同时，权利也是自由的束缚，他人的权利是自己自由的边界。

四、出版信息：

[英]约翰·密尔. 论自由[M]. 许宝明，译. 北京：商务印书馆，2017.

撰写人：商艳冬

《物种起源》导读要点

摘　要：课程主要讲述以自然选择为核心的进化论对生物界在地史演变、地理变迁、胚胎发育中影响，培养学生创新思维，融入爱国主义和健康中国等课程思政点，培养学生的美育情怀，提升学生的人文素质和变化发展的思想。

一、内容简介

《物种起源》属于通识类必修课，作者根据20多年积累的对古生物学、生物地理学、形态学、胚胎学和分类学等许多领域的大量研究资料，以自然选择为中心，从变异性、遗传性、人工选择、生存竞争和适应等方面论证物种起源和生命自然界的多样性与统一性。全书包括3个部分，第1部分的内容是全书的主体及核心，在此，他首先提出的是随机变异自然选择学说，标志着自然选择学说的建立；第2部分中作者设想站在反对者的立场上给进化学说提出了质疑，并做出针对性解释；第3部分，作者用它的以自然选择为核心的进化论对生物界在地史演变、地理变迁、胚胎发育中的各种现象进行令人信服的解释。达尔文进化学说主要得助于三个方面：一是历史思想财富的继承和精练；二是大量直接和间接科学实践的累积；三是科学灵感的点燃。

二、价值概述

达尔文进化论的诞生得益于两次科学灵感的激发，一次是加拉帕戈斯群岛上鸟雀通过不断变异而产生新物种的事实启发了达尔文“物种可变”思想的形成；另一次则是马尔萨斯的《人口论》使达尔文联想到，生存斗争驱使物种不断因适应环境而演变的主要动力应该是自然选择作用。通过对《物种起源》的阅读，让学生能够了解作者的经历和创作背景，了解小说结构的特点，掌握物种演化的描述内容都有哪些，认识生物进化理论的基本内容。

三、导读要点

1. 变异性的诸原因

就较古的栽培植物和家养动物来看，作者把它们的同一变种或亚变种的各个体进行比较，便是它们相互间的差异，一般比自然状况下的任何物种或变种的个体间的差异为大。栽培植物和家养动物是形形色色的，它们长期在极不相同的气候和管理下生活，因而发生了变异：即此种巨大的变异性，是由于我们的家养生物所处的生活条件，不像亲种在自然状况下所处的生活条件那么一致，并且与自然条件有些不同。又如奈特提出的观点，亦有若干可能性；他认为这种变异性也许与食料过剩有部分的关系。似乎很明显，生物必须在新条件下生长数世代才能发生大量变异；并且，生物体制一经开始变异，一般能够在许多世代中继续变异下去。一种能变异的有机体，在培育下停止变异的例子，在记载上还没有见过。

2. 家养变种的性状

区别变种和物种的困难；家养变种起源于一个或一个以上的物种当我们观察家养动物和栽培植物的遗传变种、即族，并且把它们同亲缘密切近似的物种相比较时，我们一般会看出各个家养族，如上所述，在性状上不如真种那样一致。家养族的性状常常多少是畸形的；这就是说，它们彼此之间、它们和同属的其他物种之间，虽然在若干方面差异很小，但是，当它们互相比较时，常常在身体的某一部分表现了极大程度的差异，特别是当它们同自然状况下的亲缘最近的物种相比较时。除了畸形的性状之外，同种的家养族的彼此差异，和自然状况下同属的亲缘密切近似物种的彼此差异是相似的，但是前者在大多数场合中，其差异程度较小。我们必须承认这一点是千真万确的，因为某些有能力的鉴定家把许多动物和植物的家养族，看作是原来不同的物种的后代，还有一些有能力的鉴定家们则仅仅把它们看作是一些变种。

3. 人工选择的有利条件

高度的变异性显然是有利的，因为它能大量地向选择供给材料，使之顺利发生作用；即使仅仅是个体差异，也是充分够用的，如能给予极其细心的注意，也能向着几乎任何所希望的方向积累起大量变异。但是，因为对于人们显著有用的或适合他们爱好的变异只是有时偶然出现，所以个体如果饲养的愈多，变异出现的机会也就愈多。因此，数量对于成功来说，是高度重要的。马歇尔曾依据这一原理对约克郡各地的绵羊作过如下叙述：“因为绵羊一般为穷人所有，并且大都只是小群的，所以它们从来不能改进。”与此相反，艺园者们栽培着大量的同样植物，所以他们在培育有价值的新变种方面，就比业余者一般能得到更大的成功。一种动物或植物的大群个体，只有在有利于它们繁殖的条件下才能被培育起来。如果个体稀少，不管它们的品质怎样，都得让其全部繁育，这就会有效地妨碍选择。但最重要的因素大概是，人类必须高度重视动物或植物的价值，以致对品质或构造上的最微小偏差都会给予密切注意；要是没有这样的注意，就不会有什么成效了。曾见到人们严肃地指出，正好在艺园者开始注意草莓的时候，它开始变异了，这就是极大的幸运。草莓自被栽培以来，无疑是经常发生变异的，不过对微小的变异未曾给予注意罢了。一旦艺园者选出一些个体植株，它们具有稍微大些的、稍微早熟些的或稍微好些的果实，然后从它们培育出幼苗，再选出最好的幼苗，并用它们进行繁育，于是，许多可赞美的草莓变种就被培育出来了，这就是近半世纪来所培育出的草莓变种。

4. 自然选择

简单讨论过的生存斗争，对于变异究竟怎样发生作用呢？在人类手里发生巨大作用的选择原理，能够应用于自然界吗？我想我们将会看到，它是能够极其有效地发生作用的。让我们记住，家养生物有无数轻微变异和个体差异，自然状况下的生物也有程度较差的无数轻微变异和个体差异；同时也要记住遗传倾向的力量。在家养状况下，可以确切地说，生物的整个体制在某种程度上变为可塑性的了。我们几乎普遍遇见的家养生物的变异，正如胡克和阿萨·格雷所说的，不是由人力直接产生出来的；人类不能创造变种，也不能防止它们的发生；他只能把已经发生了的变种加以保存和累积罢了，人类在无意中把生物放在新的和变化中的生活条件下，于是变异发生了；但是生活条件的相似的变化可以而且确实在自然状况下发生。我们还应记住，生物的相互关系及其对于生活的物理条件的关系是何等复杂而密切；因而无穷分歧的构造对于生活在变化的条件下的生物总会有些用处。既然对于人类有用的变异肯定发生过，那末在广大而复杂的生存斗争中，对于每一生物在某些方面有用的其他变异，难道在连续的许多世代过程中就不可能发生吗？如果这样的变异确能发生（必须记住产生的个体比可能生存的为多），那么较其他个体更为优越（即使程度是轻微的）的个体具有最好的机会以生存和繁育后代，这还有什么可以怀疑的呢？另一方面，我们可以确定，任何有害的变异，即使程度极轻微，也会严重地遭到毁灭。我把这种有利的个体差异和变异的保存，以及那些有害变异的毁灭，叫作“自然选择”，或“最适者生存”。无用也无害的变异则不受自然选择的作用，它或者成为彷徨的性状，有如我们在某些多形的物种里所看到的，或者终于成为固定的性状，这是由生物的本性和外界条件来决定的。

5. 变异的法则

以前有时把变异—在家养状况下的生物里是如此普遍而且多样，在自然状况下的生物里其程度稍为差些—说得好像是由于偶然而发生的。当然这是一种完全不正确的说法，但是，它足以表明我们对于各种特殊变异的原因的无知无识。某些作家相信，产生个体差异或构造的轻微偏差，就像使孩子像他的双亲那样，是生殖系统的机能。但是变异和畸形，在家养状况下比在自然状况下更常发生，并且分布广的物种的变异性，比分布狭的物种为大，这些事实便引导出一个结论，即变异性一般是与生活条件相关联的，而各个物种已经在这样的生活条件下生活了若干世代。在第一章里，我曾试图阐明，改变了的外界条件按照两种方式发生作用，即直接地作用于整个体制或只作用于体制的某几部分，和间接地通过生殖系统发生作用。在一切情形里，都含有两种因素，一是生物的本性，二者之中它最为重要，一是外界条件的性质。改变了的外界条件的直接作用产生了一定的或不定的结果。在后一种情形里，体制似乎变成可塑性的了，并且我们看到了很大的彷徨变异性，在前一种情形里，生物的本性是这样的，如果处于一定的条件下，它们容易屈服，并且一切个体，或者差不多一切个体，都以同样的方式发生变异。

6. 自然选择

鱼类的鳔是一个好的例证，因为它明确地向我们阐明了一个高度重要的事实：即本来为了一种目的—漂浮—构成的器官，转变成为了极其不同目的的呼吸的器官。在某些鱼类里，鳔又为听觉器官的一种补助器。所有生理学者都承认鳔在位置和构造上都与高等脊推动物的肺是同源的或是理想地相似的：因此，没有理由可以怀疑鳔实际上已经变成了肺，即变成一种专营呼吸的器官。

按照这个观点就可以推论，一切具有真肺的脊椎动物是从一种古代的未知的具有漂浮器即鳔的原始型一代一代地传下来的。这样，正如我根据欧文关于这些器官的有趣描述推论出来的，我们可以理解为什么咽下去的每一点食物和饮料都必须经过气管上的小孔，虽然那里有一种美妙的装置可以使声门紧闭，但它们还有落入肺部去的危险。高等脊椎动物已经完全失去了鳃，——但在它们的胚胎里，颈两旁的裂缝和弯弓形的动脉仍然标志着鳃的先前位置。但现今完全失掉的鳃，大概被自然选择逐渐利用于某一不同的目的，是可以想像的；例如兰陀意斯曾经阐明，昆虫的翅膀是从气管发展成的。

四、出版信息：

达尔文著，刘连景译. 物种起源［M］. 新世界出版社，2014.

撰写人：宋土顺

《梦的解析》导读要点

摘　要：《梦的解析》是精神分析的经典著作，也是释梦史上的重量级巨著。它的问世开创了新的释梦思维，其理论基础精神分析更是开创了心理治疗领域中新的并且具有强大影响力的流派。直到今日，精神分析及其梦的解释技术仍然是心理咨询与心理治疗领域非常重要的流派及实用技术。梦的解析是通往人类潜意识的重要途径，其原理更是反应出了人类本身具有的“道德之美、”“和谐之美”“人性之美”。

一、内容简介

《梦的解析》一书从独特的视角，对于梦产生的机制、其代表的意义以及释梦的原理进行了阐述。作者西格蒙德·弗洛伊德，奥地利著名精神科医生，精神分析创始人。他在这本书中通过大量的实例，带读者探索梦这一日常生活现象，通过对梦的一些背后机制的分析，引导读者通过释梦来了解人类自身的内心。

《梦的解析》一共分七章，第一章首先为读者讲述有关梦的问题的科学文献，包含梦与生活的关系、梦的遗忘、梦的心理特征、梦的道德感、梦的理论、功能以及梦与精神疾病的关系等内容，这一部分作者从多个角度对于梦进行阐述，让读者对于梦的一些基本知识有更为详细的理解；第二章主要讲述梦的解析方法，该部分内容通过案例的形式对于梦的分析方法进行了详细的讲述，使读者清晰明了在梦的解析过程中所用到的方法技巧，同时这些梦的分析的方法也反映出作者关于梦的意义深刻的理解以及分析思路，给读者以思维上的启迪。第三章主要讲述梦的愿意的达成这一根本性的原理，从这一原理出发，读者可以更好的理解梦，了解梦的机制、目的以及对于我们身心健康的重要意义，同时结合精神分析理论，这一部分可以帮助读者更为深入的了解自己的你内心世界。第四章主要讲梦的伪装，作者通过对于梦的伪装手法的讲解，使读者深刻理解到精神分析中关于潜意识、意识的区分以及两者之间的关系，并在理解这一关系的基础上，对于梦的伪装手段有更为清晰的认识。第五章主要讲述梦的材料以及梦的来源，这一部分作者通过对具体梦的分析，指出梦中近期的材料以及童年期的材料在梦形成中的作用，可以帮助读者更为深刻的理解当前的经验以及童年的经验对于我们心理的影响。第六章讲述梦的几个形成机制，包含浓缩、移置、象征、润饰等等，通过结合具体的梦境，对梦的机制进行详细描写，作者可以了解光怪陆离的梦的形成过程，也可以了解梦境背后真正的含义，深刻理解人类的心理特点，体会人性之美。第七章对于做梦的一些过程进行了深入讲述。在这一章里，作者对梦的功能与机制进行了回顾与总结，可以使读者对梦的解析及其背后的精神分析有更为深入的理解。

二、价值概述

《梦的解析》是第一部基于精神病学临床实践的释梦巨著。书中以精神分析为理论基础，通过大量生动的临床的案例深入分析了梦产生的原理、梦的含义以及释梦原则，对于人类心理的探索独特而深入，在这整个释梦文献中尚属首次。因此，本书可以帮助精神医学领域的学生掌握精神分析的技能，同时也可以帮助广大读者深入人心、深入已心，了解人类的理性、情感以及道德相互交织在一起组成的道德之美、和谐之美、人性之美。

三、导读要点

《梦的解析》书中对梦的产生机制进行了分析，并揭示了该机制背后的人性之美，请同学们重点关注书中以下三个方面：

1. 人性中的道德之美

《梦的解析》内容的选择和组织构架体现了“道德之美”，遵循了人类社会化过程中表现出来的社会化与道德化。作者通过大量的案例，对于梦的产生机制以及解析方法进行了讲解，在讲解的过程中，引人深思为什么梦会如此特别，为什么隐梦不能直接以原型表现出来。通过对这一问题的深思，读者会意识到人类社会的一个非常重要的属性，那就是社会化，道德化的过程，正是由于人类将社会道德进行内化，从而产生了道德感，驾驭了自己的本能欲望，人才能有如此灿烂的文明，同时，这种道德感已经内化成了人最本质的内容，时刻规范着人类的行为，违背道德的行为将首先引发内部心理的不和谐，进而产生一系列的心理问题。

道德感在产生过程中与超我这一人格结构密切相关。超我包含两方面的内容，一个是良心，一个是自我理想。作者虽然在《梦的解析》中未对这两个概念进行详细的解释，但是梦的解析中原理反映出了这两个成分在人类心理中的重要作用。其中良心对应着做错事的内疚感，而自我理想则对应着自己理想中的道德模型，这两个人格成份是理解梦的产生机制的关键，在授课过程中，对于本部分内容的详细讲解可以让学生感悟道德与人类本能欲望之间相互碰撞所反应出的人性之美。

《梦的解析》虽然读起来有些晦涩，但是其方法、原理背后折射出的心理学思维，使其天然具有通识课程的性质，而其中的道德之分析又赋予了其道德之美，符合符合马克思主义的基本原理之一“人的全面发展”，课程以多角度、多元素化的方式，让梦的解析中包含的道德之美、梦的分析的智慧，通过对一个个案例的分析，完整而全面的表达出来，使读者不仅获得了知道，也明了了如何做人，在价值观、人生观、审美面上获得内在提升。

2. 人性中的和谐之美

《梦的解析》展示了人类的本能欲望与道德观念之间相互矛盾、相互平衡的过程，体现了将个体自身的需求与社会规范相融合的过程，这是一个协调自身与环境的过程，也是个体从生物学意义的人成长为社会人的过程，在这个过程中，个体会获得内心的和谐，既能体会到需求的满足，也能让这种满足以一种有益社会的方式来进行，进而达到人与社会的和谐，体现出一种和谐之美。

梦是愿望的象征性满足，这是梦的解析中最为核心的观点之一，在这种愿望的满足过程中，因为与个体自身的道德不相符，梦将改头换面，以意识无法识破的方式表达出来，对于梦的解析可以帮助我们认识到梦中内容的本来面目，明白的自己的真正需求，对于这些需求，如果视而不见，或者压抑，则可能产生一系列的心理问题，只有明悟这些需求，采取符合社会道德规范的方式获得满足，个体将会达到内心的平衡，并从中获得真正的快乐。本书通过对于梦的解析的讲解，使读者认识到，和谐不仅体现在宏观的人与环境、人与社会中，内心的和谐同样重要，这种和谐是身心健康的标志，同时也是一种人性之美，健康之美，和谐之中有大美。

为了更为深入的理解本书的内容，读者需要进一步了解精神分析的原理，了解本我、自我、超我的概念及其相互关系，如此可以结合梦的解析中隐梦的伪装原则，认识到如何通过分析梦的技术发现自己内心的需求，使其接纳自己的内心需求，并且强大其自我，使其可以协调本我与超我之间的关系，能按照社会道德规范来满足自己的内在需求，进而达到内心的和谐。

3. 梦的真实之美

梦是虚幻的，这是人们对于梦的普遍认知。但是历代先哲都试图从梦的虚幻中发现真实。有人认为梦有预测作用，代表了未来的真实，有人认为梦是自己真实意愿的表达，代表了现在的真实，也有人认为梦可以告诉我们另一个世界中的发生的真实，但是这些梦的解释均无法像《梦的解析》这样富有体系，不仅有着丰厚的理论基础并且用大量的临床实践来支撑。读者通过学习这本书不难发现，该书与其他解梦的书的最大的一个不同便是他的真实性更富有逻辑，更经得起推敲，可以说是一面认识自己的真实与他人的真实的镜子，前提是你知道如何透过这面镜子来观察人心。

从虚幻到真实，《梦的解析》给出了一条路径，但并不是所有人都要以通过这种路径来找到自己或他们的真实之美，因为大多数情况下我们只能依赖于自己狭隘的经验来判断真实与虚幻，从而只相信自己想看到的真实。唯有在本书略有艰涩的陈述中，甚至是在与自己的生活经历脱节的案例中去体会如何运用特殊的技巧拨开意识的迷雾，用真实之眼去观看人心的本来面貌，而不在只依赖于自己带着局限性的经验来理解自己与他人，才能真正的感受到真实所带来的美感。

4. 返璞归真，弘扬人性之美

对于人性的论述，从性善论到性恶论，再到人之初、善恶无，不同的哲学家对于人性有着不同的理解。《梦的解析》提供了一个更为综合性的视角，既不否定个体自身的欲望，也将人类的道德感的产生机制纳入进来，通过自我与现实的交互作用，实现将自身欲望与道德感完美的整合在一起，在矛盾中保持和谐，有一种返璞归真的意味，体现出了人性之美。

四、出版信息

《梦的解析》：［奥］西格蒙德·弗洛伊德（著），方厚升（译）；出版社：浙江文艺出版社；出版时间：2016 年。

撰写人：吕少博

《精神分析引论》导读要点

摘　要：《精神分析引论》是了解和研究弗洛伊德精神分析学说的一部入门性读物。1917年，该书在维也纳出版后，彻底改变了人类传统的思想观念，对当代人们了解自我和认识世界产生了深远的影响，展现出深邃之美、关怀之美、勇敢之美、创新之美和人格之美。

一、内容简介

《精神分析引论》是奥地利心理学家西格蒙德·弗洛伊德创作的心理学著作，全书共计28讲，对精神分析理论具有全面且系统的概括性论述。

《精神分析引论》是了解和研究弗洛伊德精神分析学说的一部入门性读物。在《精神分析引论》一书中，弗洛伊德首先假定他的读者绝没有任何关于精神分析的基础知识，所以写得浅显易懂，其基本目的就是为了把精神分析的思想传播给普通的读者。1917年，该书在维也纳出版后，被认为是标准的精神分析教科书和入门读物，曾被译成17国文字。《精神分析引论》出版以后，彻底改变了人类传统的思想观念，对当代人们了解自我和认识世界产生了深远的影响。在精神分析理论的基础上，弗洛伊德创造了治疗精神病的方法，并逐渐形成心理学的理论，开创了现代心理学一个重要学派，对心理学、人类学、医学、甚至文学、史学和哲学都产生了不可估量的影响。

二、价值概述

《精神分析引论》可以说是弗洛伊德系统表达精神分析理论的重要代表作，是其著作中除《日常生活中的心理病理学》外流传最广的一部作品，也是其对早期思想的一次全面系统的梳理和总结。其内容概括了《梦的解析》《日常生活中的心理病理学》《性学三论》三部经典著作中的精华，是其思想在经历了早期发展后逐渐向后期过渡的代表作。

随着社会发展的脚步不断加快，人们生活的节奏也越来越快，人们的生活充满了无形的压力。所以人们只愿意关注眼前，而不愿意进行深入的思考。《精神分析引论》告诉我们，不要只看到眼前的事物，更要关注现象背后的东西。而深入的思考能力对于学生未来的成长发展是非常有益的。

三、导读要点

《精神分析引论》这本书以富有逻辑和充满感情的语言讲了精神分析的基础理论，精神分析理论为人类打开了潜意识的世界，对人类认识自我和世界产生了深远的影响，本书有着十分丰富的美育价值，请同学们重点关注以下几个方面。

1. 深邃之美

我在18岁那年第一次读到这本书，当时我被深深地震撼了，竟然有人能把世界看得如此通透。我们更愿意去看人性中的美好，然而有阳光的地方，也会有阴影，《精神分析引论》就是要带你去看世界的另一面。这本书会挑战你的认知，也许还会揭开你内心的隐秘。有勇气坚持读完这本书的学生一定会被它的深邃吸引。

弗洛伊德理论的核心就是潜意识，他曾把人的心理比作一座漂浮在水面上的冰山，露在水面上的是意识心理活动，掩在下面的不易看到的则是潜意识领域。与传统观念不同，他认为，潜意识是意识的基础，是一切行为的最终动力。而潜意识源于人们不被社会所接受的内心冲动，以性冲动为核心内容。

《精神分析引论》十分适合精读、重复读，在读书的过程中最好记一些笔记，特别是记下自己的问题，在答疑时和老师同学交流。根据以往的教学经验，学生在读完本书后，普遍感觉自己认识事物更加深刻了，这就是名著的深邃带来的影响，它会把我们的思考引向深入。

2. 关怀之美

精神分析理论及由其发展而来的流派在心理咨询中非常受欢迎，原因之一在于精神分析理论是一种有爱的理论。它关注人的需求，努力去发现人内心被压抑而不能释放的本能，努力同自身和解，让人感受到温暖和支持。我们在读这本书的时候，要去体验精神分析理论对人的关怀，能否关怀人，是评价一个心理学理论有效性的重要指标，而学会关怀人，是我们学习心理学的最重要的目的。

3. 勇敢之美

这本书共分三部分。第一编《过失心理学》主要讲述生活中的过失，诸如口误、笔误、遗忘、放错东西等日常生活中的过失现象，绝非偶然，而是有自己的意义。第二编《梦》较为系统地阐述了梦的实质、内容、梦的检查作用和象征作用、工作原理、释梦的技术等，通过梦的分析来探讨潜意识。第三编《神经病通论》在阐明精神分析有关神经病的理论与治疗技术之余，还深入讨论了精神分析心理学的基本原理。

每个部分的理论都是对传统的突破，能够提出这样的理论需要极大的勇气。精神分析理论需要分析家对自身的分析，弗洛伊德勇敢面对自己内心的隐秘，并以此来作为自己理论的研究素材，这是十分需要勇气的。比如，在梦的解析部分，弗洛伊德就举了自己的例子，勇敢地分析了自己对弟弟的嫉妒。

读《精神分析引论》是很有挑战的事情，也是非常需要勇气的。这本书讲的理论，单单记住是没有用的，在读书的过程中，要去结合自己的成长经历思考，勇敢面对自己的过往，这样才可能在以后的生活用学会使用这些理论分析问题。

4. 创新之美

在这部著作中，弗洛伊德以“心理冲突”和“泛性论”观点对日常生活中人们的过失行为、梦及神经病三项专题进行了深入的分析和系统的阐述。在他看来，人们日常生活中的过失现象是有意义的，是心灵中两种相反的倾向相互牵制而趋调和的心理行动。书中弗洛伊德指出，对自我的分析和研究是精神分析的入门，精神分析不同于别的医药方法，它是治疗神经错乱的一种方法，主要靠谈话。

同样，弗洛伊德认为，梦是健康人所具有的、被忽视的心理现象。梦也是有意义的，梦的研究不但是研究神经病的最好的准备，而且梦本身也是一种神经病的症候，有显义和隐义两种。记得的、可以说出来的梦是梦的显义，被伪装了的、由释梦的工作所揭示出来的是梦的隐义。梦的隐义常常是被压抑的，他通过种种伪装才能在梦中表现出来。儿童的梦未经化装，其显义和隐义一致。

第三部分《神经病通论》讨论了比较复杂的问题，即神经病的精神分析和治疗。弗洛伊德指出，神经病的症候背面都有意向，症候是有意义的，与病人的内心生活有密切的关系。书中他讨论了神经病症候的意义，症候和潜意识欲望的关系；讨论了心理历程中潜意识、前意识和意识问题；讨论了精神分析学对性的认识，性的冲动与精神病、文化的关系；讨论了性本能和自我本能的关系，它们各自的特点；并讨论了神经病治疗中的病原学及一些技术问题等。

总之，《精神分析引论》中充满了创新之处，同学们在阅读本书时，除了要认真学习理论，还要注意体会这种创新的精神。创新是未来社会发展中非常需要的一种素质和能力，对于各专业的学习都是十分必要的。

5. 人格之美

在阅读本书的时候，我们也需要更多的了解本书的作者弗洛伊德。由于他的泛性论主张，很多人认为他的私生活非常混乱，其实他对婚姻非常忠诚，他与妻子相伴57年，养育6个孩子。前面说过精神分析理论是一种有爱的理论，而这种理论风格，正是来自于作者本人在日常生活中的爱。他对亲人关爱，对朋友友善，他把病人当作贴心伙伴，发现他们的“天才”长处，正因如此，他才能更多深入人的内心，才能有更多的研究素材。他教会我们研究理论不能丧失日常欢愉，执着事业不应淡忘家庭温情。弗洛伊德的人格魅力也是我们在阅读中细细体味的。

四、出版信息：

［奥］弗洛伊德. 精神分析引论［M］. 高觉敷，译. 北京：商务印书馆，2010.

撰写人：宋新宇

《万物简史》导读要点

摘　要：本书是一本有关现代科学发展史的通俗易懂的普及类读物，作者用清晰明了并且幽默风趣的笔法，将宇宙大爆炸到人类文明发展进程中所发生的繁多妙趣横生的内容一一收入笔下。书中回溯了科学史上那些伟大与奇妙的时刻，引用了近年来发现的最新科学史料，几乎每一个事件都被作者描述得奇特而且惊人。

一、内容简介

《万物简史》是一部有关人类科学发展史的具有里程碑意义的科普名著，作者比尔·布莱森以超常的智慧、幽默风趣的笔法，结合有关现代科学的发现，勾勒了自然的演化史和人们认识宇宙、探索万物的科学历程。惊奇和感叹组成了本书，历历在目的天下万物组成了本书，益于人们了解大千世界的无穷奥妙，掌握万事万物的发展脉络。

《万物简史》书籍内容总共分为六大部分，即：寥廓的空宇、地球的大小、一个新时代的黎明、处境危险的行星、生命本身、通向我们的路。第一部分主要介绍了宇宙的形成、太阳系以及超新星等天体。第二部分介绍了地球大小、重量、年龄、形成过程的探索历程，同时也提及了一些古生物界的事，以及对基本物质（元素、粒子等）的探索。第三部分介绍了宇宙的碰撞、量子学说、放射现象、基本粒子、大陆漂移与地质学（顺便提到了含铅汽油和氟氯烃）。第四部分生动地描述了地球曾经遭到、即将遭到以及可能遭到的各种危险。第五部分从地球的环境入手，描述了生命的起源、进化、灭绝直到现在丰富多彩的生命，而后深入到细胞层次，介绍了进化论以及构成生命的基本物质。第六部分介绍了从冰河时代起，类人猿向人类的进化过程，以及科学家们的探索历程。

二、价值概述

《万物简史》是一部不可多得的科普作品，以漫谈的方式介绍了宇宙哲学、古生物学、物理学、化学、气候学、地质学的基本常识以及许多其他的知识，几乎囊括了所有重要的科学分支。

该书内容丰富，几乎是上天入地无所不包，让读者在读后有一种纵横于大千世界遍览万物豁然开朗的感觉。从表面上看，似乎作者是在有些随心所欲地侃侃而谈，想到哪里就讲到哪里。但实际上，全书却是有着鲜明的线索，即围绕着对宇宙和地球以及生命的发展演化的自然史的回顾，穿插了人类认识自然的科学史，在介绍人类到目前已经取得的关于自然界从微观到宏观、从无生命世界到生命世界的重要知识（甚至包括了许多最新的前沿知识）的同时，也介绍了人类认识这些知识的过程。该书通过讲述各种历史逸事把难懂的科学概念写得生动有趣，让读者在轻松与愉悦之中，与科学巨匠进行心灵对话，遨游科学的海洋，探索宇宙和世界的奥秘，思索人类的未来。

三、导读要点

《万物简史》书中对音乐要素、西方音乐、中国音乐进行了综合和凝练，请同学们重点关注书中以下五方面：

1. 科学的探索之美

《万物简史》回溯了科学史上那些伟大与奇妙的时刻，引用了近年来发现的最新科学史料，几乎每一个事件都奇特而且惊人。宇宙起源于一个要用显微镜才能看得见的奇点；全球气候变暖可能会使北美洲和欧洲北部地区变得更加寒冷；字母“i”上的点这样大小的一滴墨水，竟然拥有约5000亿个质子；美国黄石国家公园是“世界上最大的活火山”…… 而那些沉迷于科学的科学家们也是千奇百怪：达尔文居然为蚯蚓弹起了钢琴；富兰克林不顾生命危险在大雷雨里放风筝：卡文迪许在自己身上做电击强度实验，竟然到了失去知觉的地步；发现第一批陆地动物甲龙化石的瑞典古生物学家贾维克居然数错了手指、脚趾的数量，还把化石藏了48年，不让别人看……

本书通过通俗易懂的科学发展史，意在引领人们去认识宇宙、地球、生命和人类的产生，变化和发展的历程。经过那么漫长而艰苦的实验、讨论、证实才找到相对的真理！甚至是牺牲生命换来的。这一切都使得读者对人类永不停止的探索精神充满了崇拜。

2. 敬畏生命之美

在书籍中“生命本身”这一章，作者描述了地球的生命起源。地球出现了生命，是因为地球具备非常优越的条件：在太阳系中具有优越的位置，合适的行星，地球和月亮是双子星，合适的时间。这四条缺一不可，地球离太阳近一点或远一点，温度就会变得极端，我们就不可能出现。

在“通往我们的路”这一章节中，作者描写了1816年那个可怕的灾难，仅仅是因为全球气温下降了不足1摄氏度，1816年的爱尔兰的春天就停止了她的脚步，夏天也不再温暖，饥荒和伤寒的流行致使65000人失去生命。

我们生活在这暖融融、蓝莹莹、水灵灵的地球家园中，享受这春天和煦的微风、夏日清凉的海水、秋天累累硕果、冬天皑皑白雪，这一切都是那么美好。我们应在惊讶了解万物生存和发展的同时，感叹生存的不易、生命的幸运与脆弱。我们应当感谢地球“收留”人类，对待地球，少做破坏，对做保护，多添色彩。

3. 科学的哲思之美

《万物简史》因其主要内容天然具有科普通识书本的性质，其背后蕴含的通识理念和通识背景，符合马克思主义的基本原理之一“人的全面发展”，本书以多角度、多元素化的方式，让科学隐性包含的美、智慧，都通过科学描述等方式，显性表达出来，这一理性的升华，是用完整、全面发展的观念去影响读者，让读者不仅获得科学知识，还获得优秀的价值观、审美观。

4. 科学的人文之美

《万物简史》在讲述科学的奇迹与成就的同时，还浸润着浓郁的悲天悯人的人文关怀。全书从科学发展史的角度对“我们从哪里来？我们是谁？我们到哪里去”这一千古命题做了极为精当的阐释。读者在阅读此书后，都会对生命、对人生、对我们所生活的世界产生全新的感悟。

5. 科学浸润心灵之美

阅读《万物简史》的过程，是发现美、接近美、认识美的一道“窗口”，让读者得到心灵上的“滋养”，获得美的体验、情感的升华和精神的力量。浸润心灵的美育效果看似是隐性的，却能在潜移默化中帮助读者树立起正确的人生观与世界观，为将来的人生历程打下坚实的基础。

四、出版信息

［美］比尔·布莱森. 万物简史［M］. 严维明，译. 南宁：接力出版社，2017.

撰写人：王　新

第三编 传统文化之美

《诗经》导读要点

摘　要：《诗经》是我国第一部诗歌总集，是古代劳动人民对现实生活愤懑、悲愁的表达以及对美好生活的追求和向往，是周代社会生活的一面镜子，传递出人民的“保持初心之美”，“追求美好生活向往”以及“深切爱国之美”。

一、内容简介

《诗经》是我国第一部诗歌总集，收集了自西周初年至春秋中叶五百多年的诗歌，共计三百零五篇，又称《诗三百》。先秦称为《诗》，或取其整数称《诗三百》。西汉时被尊为儒家经典，始称《诗经》，并沿用至今。

《诗经》内容上分为风、雅、颂三部分，其中“风”是地方民歌，有十五国风，共一百六十首；“雅”主要是朝廷乐歌，分大雅和小雅，共一百零五篇；“颂”主要是宗庙乐歌，有四十首。表现手法主要是赋、比、兴。《诗经》就整体而言，是周王朝由盛而衰五百年间中国社会生活面貌的形象反映。其中有先祖创业的颂歌，祭神鬼的乐章；也有贵族之间的宴饮交往，劳逸不均的怨愤；更有反映劳动、打猎、以及大量恋爱、婚姻、社会习俗方面的动人篇章。

二、价值概述

作为我国第一部诗歌总集，《诗经》内容丰富，反映了劳动与爱情、战争与徭役、压迫与反抗、风俗与婚姻、祭祖与宴会，甚至天象、地貌、动物、植物等方方面面，是周代社会生活的一面镜子。孔子说：《诗经》一共有三百零五篇，每一篇讲一个故事，每一个故事有一个道理，然而用其中的一句话就可以涵盖《诗经》中所有的义理而没有丝毫遗漏，这就是《鲁颂 駉》中说的：思无邪。意思是人的思想念头都是由天理中生来的，而不是由私欲所扭曲的，就是要保持人们善良的念头，除去人们丑恶的思想，使得人们的性情温和纯正。

三、导读要点

1. 体会诗歌的语言美、意境美、形象美

《诗经》中的诗歌常常将显意与寓意相结合，使诗歌的涵义得以扩充，给人以解读的无限想象和空间。

诗歌的显意是指诗歌的表面意思，就《诗经》来说，这种显意可能是作者最初的意思，也是读者能从文本表面领会到的意思。比如，“关关雎鸠，在河之洲，窈窕淑女，君子好逑”，人们耳熟能详、传唱千载的诗歌，虽只寥寥几句，却形象生动地刻画出了那一

份对少女的倾慕。河水细流，荇菜参差，道出了在水一方的思绪，道出了翻来覆去的挂牵。再比如，硝烟漫天，烽火连连，又有谁知叱咤风云的背后，却是深深的无奈，深深的思念。“执子之手，与子偕老。”百年前，千年前，又是谁在刀枪铠甲之下，脑海中浮现出妻与子的笑颜。只愿弃甲归田，与你漫步庭间。

中国的诗歌本身就具有象征意义，所以，一首诗歌往往不仅表现为显意，常常也包含文本之外的意义，也就是具有言外之意，这种言外之意就是诗歌的寓意。例如，《毛诗序》把《关雎》看作是表现后妃之德的作品，这与诗歌的显意貌似有很大的差别，但是仔细品读就可以发现，一首诗歌的显意和寓意又存在着内在的联系，《关雎》表面来看时确实是描述爱情的，但是《诗经》的编选者将其选入诗集的动机确实把它作为一种两性关系的典范以供人们学习效法的。一首诗歌既有寓意又有显意，就赋予了诗歌内涵上的层次感，也为读者提供了更广阔的理解空间。所以，充分理解和体会《诗经》中诗歌语言美、意境美、形象美，就能更好地体悟古代先民的奇思妙义。

2. 体悟古代先民对美好生活的向往与追求

风、雅、颂三部分中，反映人民生活的《国风》篇占比最大，达到了160篇。足足的半壁江山，生动而又有趣的记录了当时人民生活的景象。既有对爱情的美好向往与追求，也有对当时社会不公正待遇的反馈诉求。

当时的人们什么都写，也什么都敢写。那时的少男少女该是怀有清澈纯净的心，女子看到心仪的男子，便直白的唱“青青子衿，悠悠我心”，哪里管什么大家闺秀那大门不出二门不迈的做派。《关雎》里，“求之不得，寤寐思服。悠哉悠哉，辗转反侧”，把少年人的心绪写的淋漓尽致。还有《邶风•静女》里“静女其姝，俟我于城隅。爱而不见，搔首踟蹰”的悠悠情愫，还有脍炙人口的“蒹葭苍苍，白露为霜；所谓伊人，在水一方”的千古名句。诗经写爱情，写的如此动人，写出了独有的情怀，让那一分懵懂的喜悦跨越千年，依然能打动读者的心。

透过《诗经》这本史册，可以看到那时代的爱情是纯真的，那时代的人民是纯朴的，那时代的灵魂是高尚的。所载满的回忆里，最令人难忘的情感是“投我以桃，报之以李”的真诚，是“月出皎兮，佼人僚兮”的心动，是“一日不见，如三秋兮”的遥思与悸动，是“求之不得，吾寐思服”的心神不宁，是“我思古人，实获我心”的悲怆哀思。

3. 感受深切的爱国精神

《诗经》的爱国主义精神，首先表现在歌颂抵抗外族的入侵与压迫，维护华夏民族的统一方面。《诗经・小雅・六月》：“六月栖栖，戎车既饬。四牡骙骙，载是常服。猃狁孔炽，我是用急。王于出征，以匡王国……”就是记述和赞扬尹吉甫奉周宣王之命，北伐猃狁并取得胜利的优秀篇章。从“猃狁孔炽，我是用急”两句中，不仅可以看出军情之紧急，犹如烈火，而且还可以凭此断定这必是一场“以匡王国”的自卫反击战争。由于是反侵略的正义战争，因此深得人民拥护，将士们上下一致，斗志旺盛，情绪昂扬，“戎车既饬，四牡骙骙”，最后终于赢得了这一场战争的巨大胜利，“薄伐猃狁，以奏肤公’，“以定王国”此外，人民的爱国精神，不仅表现在其参军参战，直接投入反侵略战争方面，同时，还表现在对正义战争的全力支持方面。《秦风》中的《小戎》和《无衣》便是很有代表性的例子。

《诗经》的爱国主义精神，还表现在对于一切美丽善良，神圣而又崇高事物的向往与追求，对祖国、对故乡的深情的爱。春秋时期许穆夫人的《载驰》就是一篇充满着爱国激情的伟大爱国诗篇，诗生动而深刻地反映了许穆夫人冲破礼俗束缚，立志救国的非凡胆识和真知卓见及其爱国精神，受到了历代人们的赞许。

四、出版信息：

《诗经》：骆玉明（解注），细井徇（撰绘）；出版社：三秦出版社；出版日期：2018。

撰写人：孟　琦

《老子》导读要点

摘　要：《老子》被誉为“万经之王”，内容涵盖哲学、伦理学、政治学、军事学等诸多学科，曾被后人尊奉为治国、齐家、修身、为学的宝典。它对我国的哲学、科学、政治、宗教等都产生了深远的影响，体现了古人的一种世界观和人生观。先秦诸子以及国人的文化思想等都或多或少受到《道德经》的影响，而且它的影响是多方面的，包括文化、科学、宗教等各方面。经常读诵《老子》，可以不断提升道德修养、洞明自然规律、激发内在的智慧，引发新时代全心全意为人民服务之心！

一、内容简介

《老子》，又称《道德经》。共八十一章，五千余言，分上下篇。老子著。老子姓李名耳，字聃，春秋时期人。老子曾任周守藏史，后来迁为柱下史。周朝衰落之际，老子辞官离去，经函谷关时，县令尹喜恳请他著书传世，于是老子写下五千余言，即传诵千古的《道德经》。

《老子》原文分上下两篇，上篇《道经》从第一章到第三十七章，下篇《德经》从第三十八章至第八十一章。《老子》的全部内容，主要是阐述“道”与“德”的深刻含义，代表了老子的哲学思想。老子所描述的“道”，是从本体的角度出发，阐明宇宙观，也包括人生哲学和修养方法的原理。他认为“道”是无形无相的，是宇宙的本源，万物生化都出于它的运动与变化。“德”的基本内涵，是本体的“道”具体到天地万物所表现出来的一种特性。老子对“道”与“德”的描述，是从立体面的多层次剖析了宇宙、万物、人类以及人本身的种种内涵。

二、价值概述

《道德经》的真正价值在于不断地开启人生境界。“人法地，地法天，天法道，道法自然。”这句话包含了道学的三重境界，即人生的三重境界。老子的道学引导我们要不断超越，以止于无为。

《道德经》开启人生的天地境界。天地境界即天地的创生境界。老子主张，地球人要向天地学习。天地搭配，一阳一阴，创生万物，生生不息。天地不是为了自己的存在而存在，所以天地能够恒久地存在，万物依附于天地，遵照天地规律而显现出物性。

《道德经》开启人生的道德境界。道德境界即万物（包含天地）的创始境界。来源于易学中"元"的境界。万物生于有，有生于无。元的境界即无的境界，道的境界，自然界的一切活动，创造、创新、创生、创始等都源于道，道是人生的源头，是世界的源头。

《道德经》开启人生的自然境界。道是伟大的，而从不以伟大自居。道创始万物而不被觉察，创生万物而不占有，创造万物而不自居其功，供养万物而不统治。道德的最高境界就是无为，顺应天地而为，顺应大道而为，顺应自然而为。道学让我们的精神有所往有所归，有所止有所待，你进或者不进，入或者不入，道德境界、自然境界永远是人类的精神家园，她每时每刻就守护在我们身边，守望着我们的一言一行，一举一动。

三、导读要点

《道德经》的主要内容可以概括为五个部分：第一，哲学思想；第二，治国理政思想；第三，为人处事思想；第四，国防军事思想；第五，修道养生。

1. 老子哲学思想之美

（1）道生万物。“道可道，非常道。名可名，非常名。无名天地之始，有名万物之母”。“道生一，一生二，二生三，三生万物”。道是天地之母，道生万物，宇宙的万物是互相依存的，有无相生，道处在运动变化之中。

（2）道法自然。道法自然，即人要按照自然规律办事。“道大，天大，地大，人也大。域中有四大，而人居其一焉”。宇宙中有四个“大”，人居其一。“人法地，地法天，天法道，道法自然。”老子把天、地、人、道这四样东西比作是宇宙中最大的。所以，人的宝贵就在这里，老子把人提到很高的地位。

（3）柔弱胜刚强

柔弱胜刚强，就是柔软、弱小的东西，最后能够战胜坚硬、刚强的东西。“天下莫柔弱于水，而攻坚强者莫之能胜，以其无以易之也。柔之胜刚，弱之胜强”。天下最柔弱的东西，莫过于水，但是水能够把石头滴穿，让铁生锈。所以柔能胜刚，弱能胜强。

2. 老子的治国理政思想之美

老子的治国理政思想，总的方针原则是什么？“以正治国，以奇用兵，以无事取天下”。

（1）“无为而治”——治国之道。“无为而治”是老子最有名的治国安邦思想，也是他的治国之道。无为而治，不是说什么都不干，而是要去除极端、奢侈、过度的行为，“去甚、去奢、去泰”。“治大国，若烹小鲜。”治理大国就像煎小鱼似的，第一，火不能太大了，太大会烧糊；第二，不能来回翻。来回折腾，翻来翻去，最后就一团糟。政策不能朝令夕改。

（2）“以百姓之心为心”——理政之道。老子说：“圣人恒无心，以百姓之心为心。”最好的领导者，个人不能有私心，应该以老百姓的心为心，即毛主席所倡之“全心全意为人民服务”。

（3）“圣人不积”——从政之道。“圣人不积”，当领导的不要积累财富，不要积累金钱，要“见素抱朴，少思寡欲”。老子认为私欲是罪恶之源，“罪莫大于多欲，祸莫大于不知足，咎莫大于欲得”。

3. 老子的为人处世思想之美

老子的为人处事思想体现在五个方面。

大气做人。怎么大气做人？老子提倡上善若水，最优秀品德的人，特别是领导者，应该有像水一样的品质。上善若水，水善利万物而不争。同时，大气做人还要“谦下”，做人要谦虚，学江海做百谷之王。

小事做起。成就事业要从小事做起。“合抱之木，生于毫末；九层之台，起于累土；千里之行，起于足下。”凡是做大事都要从小事做起。

谦虚谨慎，低调做人。老子反对自见、自是、自伐、自矜和逞强、逞能、逞勇。“自是者不明，自是者不彰，自伐者无功，自矜者不长。”就是说：固执己见的人，不能明察事物的真谛；自以为是的人，明辨不了是非；自我夸耀的人，不能建立功勋；自命不凡的人，不能担任领导，或者当了也不会长久。

曲则全，枉则正。“曲者全，枉者正。”受得了委屈，才能保全自己；经得起冤枉，错误的事情才能纠正。一个人要有忍辱负重的心态。

以德报怨。“和大怨，必有余怨，安可以为善？是以圣人执左契，而不责于人。”人的胸怀要像江海那么宽广。

4. 老子的国防军事思想之美

老子的国防军事思想是什么？老子是军事理论家、战略家，《道德经》里的国防军事思想几乎全部都是战略层次的。

不以兵强天下，反映了老子的战争观和社会理想，他提出要建立太平世界。“不以兵强天下”，反对用战争或者军事手段解决国家之间的争端。

不为天下先。老子说：“我有三宝，持而保之：一曰慈，二曰俭，三曰不敢为天下先。”老子认为：因为柔弱，所以勇敢；因为节俭，所以能扩大；不为天下先，所以能成为天下的首领。如果抛弃这三宝，则必死无疑。

5. 老子的修道养寿思想之美

生命高于一切。老子说：“贵以身为天下，若可寄天下；爱以身为天下，若可托天下。”一个人，爱自己的身体好像天下似的，把天下当成自己的身体来爱护，那么，可以把天下托给他。

养生之道。老子提出，“以其不能自生，故能长生”。要道法自然，顺其自然，注意规律，自然就会“长生”了。

养生的最佳状态。提倡精神的养生。老子提出物我两忘，“致虚极，守静笃”。人一定要经常处在安静的环境中。“致虚极”，气沉丹田，就不会心慌意乱，心态比较平和。养生的要旨就是引天地万物精气以养丹心，以充实人体内的腹中元气；而且要绵绵不断，以达到心和、形安、致虚、守静的长寿养生之道。

四、出版信息

《老子》诵读本：老子（著）；出版社：中华书局；出版时间：2019年6月。

《老子他说》：南怀瑾（著）；出版社：复旦大学出版社，2019年4月。

撰写人：柳月娟

《老子》导读要点

摘　要：道家思想是中华文化的精华之一，对儒家、法家、医家、兵家、纵横家的思想都有深刻影响。《老子》作为道家思想的集大成和系统论述的经典，它文约义丰，内容博大精深，被后人尊奉为治国、齐家、修身、为学的宝典。全面地体现了古代中国人的一种世界观和人生观，无论对中华民族性格的铸成，还是对政治的统一与稳定，都起了不可估量的作用。

希望同学们通过阅读掌握道家的思想核心义理和体系，以及如何以道修身、以道齐家、以道治国、以道平天下，确实增强文化自信，并通过文化自信，进一步增强道路自信、理论自信、制度自信；同时感悟《老子》一书中所蕴含的“自由之美”、“真朴之美”、“辩证之美”。

一、内容简介

《老子》，又名《道德经》、《道德真经》、《五千言》、《老子五千文》，是中国古代先秦时期的一部著作，为其时诸子所共仰。是春秋时期的老子（即李耳）所作，是道家思想的主要来源。《道德经》分上下两篇，原文上篇《道经》、下篇《德经》，不分章。后分为81章，上篇《道经》从第1章到第37章，下篇《德经》从第38章至第81章。

《老子》阐述“道”和“德” 的深刻含义、代表了老子的哲学思想。 是中国历史上首部完整的哲学著作，论述修身、治国、用兵、养生之道，而多以政治为旨归，被称为“内圣外王”之学。思想内容微言大义，一语万端。被华夏先辈誉为“万经之王”。

二、价值概述

1. 道家思想是中国优秀传统文化的核心

一个民族文化的精华与核心部分是该民族对宇宙、对人、对治国理政的思想理论体系。在中华文化里，“内圣外王”是个体最高的追求；“治国平天下”是最伟大的事业；“为万世开太平”是最伟大的成功。道家思想发源于三皇上古时期，其主旨是立天道，道法自然、天人合一、无为而治，老子则是集大成者；到五帝时期，随着农业的发展，必须开天立人，开人立物，是以天人两分，从此人失其天，道德不一，天下始乱，于是圣王开人之天，立人之道，使天下齐之以礼，这便是儒家的思想源头，孔子是继承者；到春秋时期礼崩乐坏，法家以权道戡乱治平。

因此从中华五千年的文明史来看，我们的古圣先贤是这样治国平天下的：天道坏，则行人道；人道坏，则行权道（权道坏，则天下皆盗）。

天（道家）、人（儒家）、权（法家）三道正是中华文化的核心。道、儒、法三家同源一体，其道为一，而用之各异。未乱用道，将乱用儒，已乱用法。欲治天下，不通天，则无以立人；不知人，则无以正纲；不执权，则无以戡乱。

2. 该著作是我国优秀传统文化的经典代表，对古今中外的影响巨大

鲁迅说："不读《道德经》，不懂中国文化。不知人生真谛。"

托尔斯泰说："孔子对我的影响很大，老子对我的影响巨大。"

在哲学范畴内，老子的辩证法无疑是一笔宝贵的财富。

尼采曾这样评价《道德经》："老子思想的集大成《道德经》，像一个永不枯竭的井泉，满载宝藏，放下汲桶，唾手可得。"

老子的哲学观点对后世影响深远，尤其对西方哲学思想产生了深刻影响。

三、导读要点

1.《老子》所蕴含的美学

（1）自由之美

道法自然是《老子》一书的主旨，"自然"就是"本来如此、自然而然"之义，是指天地万物以及人类社会发展的一种理想状态，是出于自己本性的本来如此而不受外来任何的干扰，因此"自然"蕴含了"自由"之美。

（2）真朴之美

《老子》所倡导"无为"之中包含着"无伪"，"朴"就是"真"的表现形式；《老子》的美学蕴含在"道"德范畴之中，其本质特征在于朴素自然。

（3）辩证之美

《老子》一书中，辩证法是其最可贵、最美之处，书里面处处体现了诸如矛盾的对立统一、事物发展从量变到质变等典型辩证思想。

2.《老子》其人其书

老子为我国先秦道家学派的集大成者，《老子》一书也是道家思想的重要著作。然而，由于年代久远，史料保存不足，国内外对其人其书的相关问题素来争议很大。主要集中在如下方面：

（1）关于老子其人

比较可信的资料是司马迁在《史记.老子列传》中的简略记载：

老子者，楚苦县厉乡曲仁里人也，姓李氏，名耳，字聃，周守藏室之史也。

孔子适周，将问礼于老子。老子曰："子所言者，其人与骨皆已朽矣，独其言在耳。且君子得其时则驾，不得其时则蓬累而行。吾闻之，良贾深藏若虚，君子盛德容貌若愚。去子之骄气与多欲，态色与淫志，是皆无益于子之身。吾所以告子，若是而已。"孔子去，谓弟子曰："鸟，吾知其能飞；鱼，吾知其能游；兽，吾知其能走。走者可以为罔，游者可以为纶，飞者可以为矰。至于龙，吾不能知其乘风云而上天。吾今日见老子，其犹龙邪！”

老子修道德，其学以自隐无名为务。居周久之，见周之衰，乃遂去。至关，关令尹喜曰：“子将隐矣，强为我著书。”于是老子乃著书上下篇，言道德之意五千余言而去，莫知其所终。

或曰：老莱子亦楚人也，著书十五篇，言道家之用，与孔子同时云。

盖老子百有六十余岁，或言二百余岁，以其修道而养寿也。

自孔子死之后百二十九年，而史记周太史儋见秦献公曰：“始秦与周合，合五百岁而离，离七十岁而霸王者出焉。”或曰儋即老子，或曰非也，世莫知其然否。老子，隐君子也。

老子之子名宗，宗为魏将，封于段干。宗子注，注子宫，宫玄孙假，假仕于汉孝文帝。而假之子解为胶西王昂太傅，因家于齐焉。

世之学老子者则绌儒学，儒学亦绌老子。“道不同不相为谋”，岂谓是邪？李耳无为自化，清静自正。

（2）关于《老子》其书

《老子》其书，历来也是纷争不断。争论的焦点在于此书是否是老子所著以及成书的时间。在这些争议中，比较有代表性的的是下面几种看法：

第一种：传统看法，《老子》就是老子所著；

第二种：思想是老子的，但《老子》一书则是其弟子们记录整理完成；

第三种：《老子》的作者是战国州的太史儋；

第四种：《老子》成书秦汉、甚至晚至西汉文景时期

第五种：幸运的是，1973年底，长沙马王堆三号墓出土了大批简帛古书，其中有帛书《老子》甲、乙本；1993年，湖北荆门郭店一号楚墓又出土了《老子》竹简甲、乙、丙三组；2009年，北京大学又藏入了一批汉武帝之前的竹简，其中有比较完整的《老子》竹书，因此可以确定《老子》成书于战国中期。

3.《老子》主要讲了什么

（1）《老子》一书的定位问题

大家可能听身边的人说过，读《老子》，要人清静无为，但我照着做，怎么越来越消极呢？生活越来越不好了呢？或者，你也听人说过这样的话，《老子》就是故意讲反话的智慧；还有说《老子》就是讲人们生活中的一些智慧，尤其是要人做老好人，遇到事就要明哲保身，要上善若水。诸如此类的理解，诸如此类的困惑，都是在把握《老子》这本书的定位，这个问题上弄错了。实际上，《老子》是写给君王看的书，它讲的是帝王之学。当普通读者把用在帝王身上的这层道术，硬套在自己身上的时候，这种错位，就会带来一

系列认知上，和运用上的偏差。

（2）《老子》提出了什么样的主张和思想

在老子那个时期，天下开始乱了，当时对怎么治国这件事，出现了比较大的分歧。既然说到天下大乱，那是和什么相比，是乱的呢？没有参考标准，我们就无从判定，什么是乱的，什么是太平的。在道家思想中，这个标准就是天道。天是万物的最高主宰，人应该遵循天道，他的行为，才是最优的，也就是道家说的善。

人的行为，和天相一致，相同步，秩序就是平的。人的行为和天不一致，互相违背，秩序就是乱的。简单的来说，道家认为，人对天的僭越，是天下大乱的原因。儒家认为，人对礼的僭越，是天下大乱的原因。法家认为，人对法度的僭越，对君权的僭越，是天下大乱的原因。

在这个大乱世中，儒家主张，应该克己复礼，恢复礼教秩序，天下就能太平了。而老子认为，天下之所以乱，就是脱离了天道，才导致出现混乱。所以，应该绝弃人道，恢复天道。

怎么治理这个乱世，老子不仅提出了治理思想，还给出了详细的治理方案。《老子》整本书，都是在说明这个事情，怎么让反自然的人重新回归自然，和自然再完全的融为一体。也就是人们常说的天人合一。

在完全自然状态下，万物都遵循最完美的秩序，天定的秩序运转，这样的秩序是不可能紊乱的。而在天人两分之后，人从自然中脱离出来了，就像我们把一棵树，从土里拔出来一样。这种状态的社会，就无法和整体的自然，完全相同步了。这就导致了一个后果，人的行为，失去了绝对标准，失去了自然法则这个规范，甚至渐渐不再能理解，作为绝对标准的天道。

天下失去了绝对标准，人们的行为就不再规范，大家想做什么就做什么，完全没有了秩序，这个社会就乱套了。

君主治国，最关心的是治和乱两件事。治是什么呢，那就是我们刚才说的天下太平。乱是什么呢？那就是我们刚才说的天下大乱，甚至是亡国亡天下。君主们，都希望国家能治理好，所以，他们最关心的问题，就是确立一套治国之道，用咱们现在的话来说，就是确立一套国家治理模式。

治国是这样，治身也是这样。对应在我们个体的人身上呢，其实也是最关心两件事。治，就是身体的健康，事业的成功。乱，则是身体生病，事业失败。所以说呢，好好学习《老子》这本书，几乎每个层面的问题，都是可以解决的。

我们古人认为，天人同构，天下即人身，人身即天下。国家生病了，也就是乱了。就好比是身体生病了，乱了。遇到这种情况，大家可能想都不想就会说，生病了吃点药，把病看好不就行了吗。不光少数人人这么想，绝大多数的人，都是这么想的。然而，老子却不是这么想的。那么，老子在《老子》一书中，提出的是什么治国之道呢？老子认为，病了之后再治病，这是很糟糕的治国之道，只能不得已而为之，没有办法的办法。怎么才能让国家永远不生病，这才是君王应该奉行的治国之道。在中国历史上，阐述治国之道的学说那么多，道家思想，是主张人不生病的，而其他的各派思想，多数都是主张生病了之后再治病的。

是想永远不生病，还是想生病了之后再治病。相信每一个人，都会选永远不生病。能理解这个问题，对于理解老子的思想是非常关键。老子思想的主旨，它讲的是让天下永远不会乱的道术。

君王怎么做，才能让天下保持永远不乱呢？接着，老子阐述了更深刻的道理，那就是保持天地万物的完全自然状态，人和天保持完全的相同步，相一致，天下就不会乱。万物的秩序，也是最完备的。

反过来呢，如果人类，以人为规定的法则和秩序，破坏了天定的自然法则，和自然秩序，扰乱了万物的行为，万物失去了自然法则，行为和法则相冲突，天下必然会乱，秩序必然会崩溃。任何事物要能够存续，必须得有底层的支撑法则，否则它无法正常运行。就好比说开发一款应用程序，这个应用就不能和操作系统相冲突，否则它就无法正常运行。从这点来说，老子说的天道是什么呢？天道就是万物得以正常运行的操作系统。万物的运行，和天道恰合，这就是善，善就能存续。如果万物的运行，和天道不恰合，这就是恶，恶就会被天罚，就会无法正常生存和发展。

老子把天下为什么会乱，和怎么才能不乱，这两个问题的原理，以及问题的解决思路和方法，都给说清楚了。因为人把天定的法则和秩序破坏了，所以天下才会乱。人如果能够恢复万物的完全自然状态，就能保持国家治理的最极致最完美的状态，恢复了天定的万物秩序。也就是道家所讲的天下太平。

治理的原理讲清楚了，那么再具体到操作层面上，应该怎么做呢？一方面要求君主，行不言之教，清静无为，恢复人们的纯真天性，和完备的道德状态；另一方面，要着手治理，对于不合天道的存在，老子主张绝圣弃智，把和天道相违背的思想，全部禁绝和消灭掉；如果还有人继续违背天道，又应该怎么做呢？老子的解决方法是，把他们杀掉，“敢为奇者，吾得执而杀之，孰敢？”这就是老子的对策。如果拒绝被杀，就得用战争的手段去铲除他们，所以《道德经》里面，很多地方都在讲兵法。

天下治理好了，天道恢复了。君主还要保持长期的自我修炼，让自己不要出离天道。要不拔不脱才行，要深根固柢才行。所以呢，《道德经》用很大一部分的篇幅，讲君王怎么修身合道，与天同德的。

总结一下，《老子》这本书，它讲的是帝王之学，而且是最高级的那一类治国之道。主张恢复到完全自然状态，就能让天下不乱。怎么恢复到这种状态呢？一方面要靠教育，另一方面要靠治理。在治理过程中，如果遇到抵抗，就要运用一些战争的手段。如果君主能做到修身合道，与天同德，这样治天下，那么天下就能达到人类文明最完美的状态，和人类社会最完美的形态。在《老子》的最后一章，讲的是至治之极，描绘的就是这种社会图景。

4. 阅读时需注意的几个问题

（1）阅读需借助的辅助材料：《说文解字》、《尔雅》等字典工具；一些经典的《老子》注疏等辅助读本；道家另外的经典著作，如《庄子》、《列子》等加以综合解。

（2）从个人修养、治国理政等角度理解《老子》中"道法自然"的核心要义；

（3）不要拘泥于《老子》的版本繁多，但究其核心义理是一样的；

（4）感悟道家美学；

（5）头脑中建立起中华文化的思想脉络，并通过其应用于修身齐家治国平天下的思想，树立文化自信。

四、出版信息

《老子》：汤章平，王朝华，译注. 出版社：中华书局，出版时间：2014年7月 第1版。

撰写人：金殿川

《大学》导读要点

摘　要：《大学》是一部儒家经典著作，也是一篇结构严谨的说理散文，据考证为曾参所作。两千多年来，它以独特的文学美、章法美、哲思美滋润着中国历代文人墨客的精神世界，并且常读常新。今天，它依旧能完美契合时代环境，当代价值之美熠熠生辉。

一、内容简介

《大学》是一篇论述儒家修身齐家治国平天下思想的散文，原是《小戴礼记》第四十二篇，相传为春秋战国时期曾子所作，实为秦汉时儒家作品，是一部中国古代讨论教育理论的重要著作。

北宋程颢、程颐竭力尊崇此书，南宋朱熹作《大学章句》，最终和《中庸》《论语》《孟子》并称“四书”。宋、元以后，《大学》成为学校官定的教科书和科举考试的必读书，对中国古代教育产生了极大的影响。《大学》提出的“三纲领”（明明德、亲民、止于至善）和“八条目”（格物、致知、诚意、正心、修身、齐家、治国、平天下），强调修己是治人的前提，修己的目的是为了治国平天下，说明治国平天下和个人道德修养的一致性。

《大学》全文文辞简约，内涵深刻，影响深远，主要概括总结了先秦儒家道德修养理论，以及关于道德修养的基本原则和方法，对儒家政治哲学也有系统的论述，对做人、处世、治国等有深刻的启迪性。

二、价值概述

《大学》作为《礼记》中的一篇，它对于汉儒的思想有直接的启发。宋代理学勃兴后，借助科举的力量，它又发挥了极大的作用，宋以后几乎每一个读书人都阅读并受到《大学》的影响。《大学》所提出的“修身、齐家、治国、平天下”思想，几乎成为历朝历代读书人的唯一标准理想。这种思想主张积极入世，注重自身修养，关心人民疾苦，努力改善民生，维护社会安定，拥护统一，对社会的繁荣稳定发挥了重要作用。

《大学》作为儒家“四书”之首，将道德与教育紧密融合，提纲挈领地阐明了道德教育的思维模式、价值目标和实现路径，彰显出鲜明的层次性和规律性，对中国传统的道德教育产生了很大影响，并展现了强大的生命力和恒久的智慧；时至今日依然发挥着润物无声般的作用。对当今中国大学的道德教育的根基追本溯源，必及于古典儒家的“大学之道”。

《大学》内含丰富，包含内圣外王、修身为本、推己及人、德本财末、慎独自省等德育思想。本课坚持古为今用、推陈出新，深入挖掘《大学》中“德育”元素，创造性转化、创新性发展中华优秀传统文化，引导学生完善人格修养，关心国家命运，自觉把个人理想和国家梦想、个人价值与国家发展结合起来，坚定为实现中华民族伟大复兴的中国梦不懈奋斗的理想信念。

三、导读要点

《大学》自身发端于中国传统文化的宏大体系，其方方面面散发着传统文化的独特魅力，同学们可从文学特色、章法结构、哲学思想、传统学术和当代价值等方面进行赏析。

1. 文学特色之美

《大学》作为先秦说理散文的代表作品之一，其文学特色很具研究价值，可以从出彩的说理技巧、较强的散文节奏性、匠心独运的引用结构三个方面进行分析。首先，《大学》作为说理散文，其出彩的说理技巧令人称赞，这体现在：作者对逻辑推理的娴熟运用，比如连锁推理结构；同时，全文条理清晰，论证严密，以“三纲八目”铺陈全文；擅于运用浅近贴切的例子与比喻说理。其次，《大学》的作者运用修辞手法与变化多端的句法组织使文章既有节奏性，同时达到突出主题思想的效果。例如，对偶，讲求字数相等，句式相似；排比，排比的运用增强了句式的变化，追求变化中的统一。《大学》作者善于运用排比来增强文章的气势，又不同于后世的辞藻堆砌，真实自然，毫无匠气；错落有致的句式安排，《大学》不仅具体的句子花样繁多，在整体的句式安排上更显现出错落有致的美感。长短句交错使用，间或用排比、对偶加以修辞，使得文章有“远近高低各不同”（苏轼《题西林壁》）之美。第三，匠心独运的引用结构。作者对《诗》《书》两部经典引用颇多，《大学》引《诗》后，大都附以阐释性的文句，将所引诗句与本文论点进行结合。《尚书》的引用则增加了《大学》的文采与说理性，使论证更有理有据。

了解了《大学》文学特色，同学们应当认识到中国儒家散文，在两千年前就已达到说理散文成熟的初级形态。作为一部儒家经典，它不仅在儒家思想传承方面具有重要意义，在先秦散文发展史上更具有特殊地位。

2. 哲学思想之美

曾子著写《大学》之目的就是“在明明德，在亲民，在止于至善”。《大学》包含丰富的儒家思想，后人研究总结为“三纲八目”。“三纲八目”既有修身的格言，也有治国的道理，以修身为本，而达到“至善”的最高标准和境界。“三纲领”讲明白了儒家的形而上之道，“八条目”又给出了形而下的，具体修学、训练和运用的方法。把中国文化强调的“知行合一”的价值体现出来了，所以《大学》在一定的意义上，就是儒家“忠恕之道”的训练教程。《大学》将儒家文化的世界观和方法论，高度地融合在了一起。这在中国古代传统教育体系中，是具有开创性意义的。

3. 章法结构之美

《大学》作为“四书”之首，是由“句＜章＜书”三级组合的袖珍型书本，其思路清晰，章法严密，句间关系和章间关系贯串了“修齐治平”“内圣外王”的人生理想之道。

《大学》流传至今，主要有两种版本：一是经朱熹编排整理，划分为经、传的《大学章句》本；二是按原有次序排列的古本，即《礼记》中的《大学》原文。不同的版本有不同的章法结构分析。朱熹《大学章句》本，流传最广、影响最大、结构工整。本课取朱熹版《大学》为例，它由“句＜章＜书”三级章法单位组合而成。当它由戴圣编入《礼记》第四十二篇的时候，还属于“文篇型”结构；当它经朱熹抽出独立成为“四书”之首时，便变形为“书本型”结构。本来是“一篇文”，为什么不增加多少篇幅就能转变成“一本书”呢？这是值得思考的。与《孝经》十八章从“句＜章＜篇”三级换成“句＜章＜书”三级一样，是因作品内容的精深博大和社会影响的持久广远而特殊形成的，并不是所有的“文篇”都能变成“书本”。

《大学》是由“句＜章＜篇”转换成“句＜章＜书”的特殊情况，篇间关系不复存在，明白了“句间关系”和“章间关系”两个层面的章法结构，同学们可触类旁通，领略古籍文献行文布局之美，同时，知晓古籍阅读入门路径，为进一步学习古文夯实基础。

4. 传统学术之美

中国历代学术史是采用传统方法编修而成的，从内容到形式均具有鲜明的传统性质：内容上，它所概括和总结的历代学术思想及其源流属于以儒学为主体，儒、佛、道诸家兼综的传统文化范畴；形式上，它基本采取“寓论于史”的实证方法，并体现为编年体、纪传体和纪事本末体这三种编纂体例。

《大学》从《礼记》中普通文篇到“四书”之首的发展的历程，折射出中国传统学术史的发展脉络。《大学》是《礼记》四十九篇中的第四十二篇。《大学》作为《礼记》中普通的篇章，汉代郑玄解题曰：“大学者，以其记博学可以为政也。”唐代孔颖达云：“《大学》之篇，论学成之事，能治其国，章明其德于天下。”按郑玄、孔颖达的说法，《大学》的性质应是政治哲学文献，在《礼记》中地位并不突显。唐代，《大学》开始受到关注。唐代韩愈、李翱等因维护道统而大力推崇《大学》《中庸》后，《大学》逐渐为世人所关注。宋代程颢、程颐兄弟把《大学》从《小戴礼记》中析出，与《中庸》《论语》《孟子》一并称为“四书”。《大学》被称为“初学入德之门”，地位重要。朱子后来以理学大家的身份为四书章句进行注释，于《大学》用力尤多，朱注《大学》成为士子必读之书。明中叶，王阳明通过对《大学》重新解读与阐释，建构了他心学思想的基础，并提出用《大学》古本即《礼记》中的原本，取代朱子的改本。清学与宋明以来的儒学传统相衔接，经学考据直承宋明理学内部争辩而起，发展蔚为大观，对《大学》的研究，开始有清代学术的品格，也呈现出不同于前人的地方，在礼学视野下说解《大学》成为主流。

从《大学》发展史中，同学们可了解中国传统学术史兴起于战国后期社会变革之际，形成于汉代儒学独尊之时，发展于宋明理学一统之世，全盛于清代两次经世致用思潮高涨之间，衰落于清末民初学术文化新、旧转型之秋的壮阔发展历程。同时，科学地研究中国传统学术史，揭示其特质，赓续、扬弃传统，从而创制新时代所需要的新的中国学术史，对有志于学术研究的学生科研素质培养也同样意义重大。

5.《大学》之道与当代大学生

经典之所以称为经典，就是因为在不同的时代环境下有着不同的解读方式。以《大学》经文为例，将其思想文化与当代价值相融通，服务学生树立和培育社会主义核心价值观的转化、创新的方式作以例示。

《大学》经文第一层“大学之道，在明明德，在亲（通新）民，在止于至善”解读：大学是一个研究学问、探索真理的地方，以人为本、德育为先、立德树人是大学的根本任务。从我做起，崇德尚善，影响他人，凝聚推动社会发展的正能量，坚定社会主义、共产主义的理想信念。其价值取向是，引导学生从我做真人开始，影响他人做好人，为实现中华民族伟大复兴的中国梦和共产主义奋斗终生。

《大学》经文第二层“知止而后有定；定而后能静；静而后能安；安而后能虑；虑而后能得”解读：明确目标，坚定不移，平心静气，专心研习，勤于思考，学有所成。其价值取向是，要求学生忌浮戒躁，潜心治学，胸怀大志，求真务实。

《大学》经文第三层“物有本末，事有始终，知所先后，则近道矣”解读：事物有规律，规律可认识，遵循规律，完善自己。其价值取向是，要求学生在学习中按学习规律治学，持之以恒，求实求是、探索真知，善始善终。

《大学》经文第四层“古之欲明明德于天下者，先治其国；欲治其国者，先齐其家；欲齐其家者，先修其身；欲修其身者，先正其心；欲正其心者，先诚其意；欲诚其意者，先致其知，致知在格物”解读：这一层是以果推因的逻辑论证，即德行天下←天下大治←家庭和美←完善自我←公正无私←心诚意真←博学多识←探究钻研。其价值取向是让学生懂得中国梦的实现源于社会、家庭和个人的上下一心、共同奋斗。大学生要自觉地把当前的学习、个人理想、国家梦想结合起来，立足当前，放眼未来，专心学习，丰富自己。

《大学》经文第五层“格物而后知至；知至而后意诚；意诚而后心正；心正而后身修；身修而后家齐；家齐而后国治；国治而后天下平”。解读：这一层是以因推果的逻辑论证，即刻苦钻研→博学多识→心诚意真→公正无私→完善自我→家庭和美→天下大治→德行天下。用现在的话就是“教育兴国”。其价值取向是，引导学生以“格物、致知、诚意、正心”内修私德与学识；以“修身、齐家、治国、平天下”，外修公德与才干。外修又分为三个层面：以“修身”树立和培养“爱国、敬业、诚信、友善”公民层面的价值要求；以“齐家”树立和培养“自由、平等、公平、公正”社会层面的价值要求；以“治国”“平天下”树立和培养“富强、民主、文明、和谐”国家层面的价值要求。

《大学》经文最后一层是“自天子以至于庶人，壹是皆以修身为本。其本乱而末治者，否矣，其所厚者薄，而其所薄者厚，未之有也”解读：这是对以上五层的归纳，强调人不论地位身份，都要以修身为本，不能本末倒置。其价值取向是做毛泽东主席提出的“五种人”，教育大学生要做社会主义合格的建设者和接班人，是当代大学生立身做人的坐标。国无德不兴，人无德不立。习近平总书记一贯高度重视培养社会主义建设者和接班人，把立德树人作为教育德中心环节。毛泽东同志在《纪念白求恩》中号召：“一个人能力有大小，但只要有这种精神（毫无自私自利之心的精神），就是一个高尚的人，一个纯粹的人，一个有道德的人，一个脱离了低级趣味的人，一个有益于人民的人。”以修身为本，知行合一，重在践行。

四、出版信息：

王国轩. 大学·中庸［M］. 北京：中华书局，2016.
［宋］朱熹. 四书章句集注. 北京：中华书局，1983.

撰写人：时翔坤

《黄帝内经》导读要点

摘　要：《黄帝内经》是现存最早的中医学典籍，其成书标志着中医理论体系的成型。历代医家均是在研读《黄帝内经》的基础上建立各家学说，被尊称为“医家之宗”。经典的生机长存，在现代仍彰显出“中国传统哲学气、阴阳、五行之美”“自然生命之美”“意象思维之美”“文化传承之美”，引导着中医人感悟、前行。

一、内容简介

《黄帝内经》是我国早期医学理论及治疗经验的总结，是一部众多医家医学经验的汇编。成书时间在《史记》之后、《七略》之前的西汉中后期。现存的《内经》包括《素问》《灵枢》两部分，各九卷八十一篇，共一百六十二篇。《素问》多论“医道”，进行理论的阐发，重在阴阳五行、天人相应、脏腑及其病证；《灵枢》多讲“医术”，进行技术的传授，重在形体官窍、精气神、经络俞穴及其病证、刺灸法。

主要选读的篇章有《素问·上古天真论》《素问·四气调神大论》《素问·生气通天论》《素问·阴阳应象大论》《素问·灵兰秘典论》《素问·六节藏象论》《素问·异法方宜论》《素问·脉要精微论》《素问·平人气象论》《灵枢·天年》《灵枢·本神》《灵枢·五味》等。

学习内容主要分四个部分，第一部分《黄帝内经》的成书年代、作者及流传，感受历史长河中古文字的韵律之美，体会经典的传承之美；第二部分感悟中国传统哲学气、阴阳、五行等思想；第三部分在古圣贤的智慧哲学思想的指引下，体悟生命之美；第四部分挖掘文学艺术价值和语言学价值，沉淀出独特的思维特征。

二、价值概述

《黄帝内经》是中华医学的奠基之作，是中医理论的源流，是历代医家学术思想的本体和发端，是被数千年医疗实践证实的迄今为止仍然先进、确实有效、指导现代医学理论和临床的科学巨著，并被当代世界医学充分肯定而广泛运用的神奇医学理论。历代医家无不重视内经的研究和学习，甚至终生手不释卷，视为圭臬。

本导读引导学生通过《黄帝内经》的美感体验，能够对中医学的多学科融合特质有深入的了解，产生对自然和宇宙生命的敬畏之心。感受和理解中药文化的博大精深、树立文化自信、提升古代和谐的审美素养的同时，培养勤学善思、关爱生命、形神兼养和当代健康中国理念精神，初步体会《黄帝内经》的价值及意义。

三、导读要点

1.《黄帝内经》传承之美

《黄帝内经》最早出现在《汉书·艺文志》，其成书时间大约在战国至西汉之间。

《内经》包括《素问》和《灵枢》两个部分，各十八卷、各八十一篇。这是一部我国现存最早的医学典籍。

《黄帝内经》理论体系的学术特征有以下几个层次：从功能角度把握生命规律；从整体角度把握生命规律，普遍联系的观念看待事物；从运动角度把握生命规律，生命随着时间的流转而变化，有生长壮老运动过程，人体脏腑、经络、气血永不休止地运动，生理病理、现象与论治的相应变化。体会《黄帝内经》的传承之美。历代医家均用自己的才智将《内经》诠释出来，使其在不同的时代闪烁出灿烂的光辉，创造出了中医文化与实践的传承之美。几乎所有的医者均是《内经》的传承者，而《内经》也为中华民族的繁衍生息作做了巨大贡献。

2.《黄帝内经》哲学之美

涵盖了中国传统哲学的主要思想，如天人合一思想、气、阴阳、五行等。

《内经》认为气是一种非常精微的物质，它构成了自然万物，所以气是构成人体的最基本物质。在正常情况下人体生命活力取决于气的盛衰，在致病因素作用下，人体是否发病取决于正气的强弱。《内经》认为世界的本原是气。

《内经》认为天地万物分阴阳，而且阴阳分类具有层次性与无穷性。阴阳二气共处一个统一体中，性质相反却又彼此相互依赖，作用各异而协调配合，共同实现统一体的整体功能。阴阳二气彼此消长，增长与消减同时进行，是同一个事物的两个方面。阴阳二气在一定的条件下可以相互转化。四季的循环、昼夜的更替便是这一转化最好的例证。

木、火、土、金、水五行，自然及人体通过五行的相生相克保持动态的平衡。古代医家在解剖与医疗实践基础上将人体的内脏肝、心、脾、肺、肾依次对应木、火、土、金、水五行系统，五个系统也存在相生相克及制化关系。

3.《黄帝内经》生命之美

《内经》坚持以阴阳平衡和五行动态循环为编写原则，受中国传统美学即天人合一、以生命为本的自然生命美学观影响，把生命美学思想贯穿人体的审美实践中，实现了生命美学理论与实践的完美结合，是中医美学思想发展的理论源泉。将生命美学思想归纳为生命构成的自然之美、生命过程的动态之美及生命实践的和谐之美三个部分。

各种养生理念贯穿全书，目的是要生命健康长寿，享受美妙的生命过程，追求理想的生命之美。受中国传统美学天人合一观念以及以生命为本的生命美学观念的影响，《内经》倡导一种形神兼备、强调健康的个体行为与生活方式的养生思想，启发我们树立正确的健康养生观。《内经》追求人的生命健康与完美，即恢复、更新和创造和谐的人体之美。这是医学审美的终极目标，也是生命美学的终极目标。《内经》实现了生命美学理论与实践的完美统一，因而涵盖了中国传统生命美学完整的理论体系。

4.《黄帝内经》意象思维之美

《内经》形成于以意象思维为主导的中国古代文化的思维环境。语言表达体现着中国文化的特征。主要体现在三方面：

自然型意象：此类意向与天地万物自然界有关，借助自然界形象生动的事物或熟悉的现象来说明人体各种脏器的机能、作用，以达到通俗易懂，易于理解的目的。

社会型意象：在表达上参照社会时代背景，根据人们所熟知的各种社会关系和社会行为，如“空间、事件、事物、关系、感觉、心理、情绪”等主观、客观的描述，或者具体、抽象的概念，如“上下、左右、男女、父母、君臣、战争、寒热温凉、酸苦甘辛咸”等，深刻形象地来说明。

哲学型意象：用“阴阳五行”的概念说明人体的生理、病理，并且用其关系来表达人体内在的关系。从古代哲学思想中吸收了重要的概念及思想，说明事物之间内在的联系。

5. 中国传统文化之美

中医药文化因具有服务社会、提高人类生命及健康质量的作用，一直散发着灿烂的光芒，沿袭着古代圣贤的医道精神，在当代社会，更是具有历史的责任，继承和发扬中国传统文化的责任。2010年6月20日，习近平总书记在澳大利亚出席皇家墨尔本理工大学中医孔子学院授牌仪式时指出：“中医药学凝聚着深邃的哲学智慧和中华民族几千年健康养生理念及其实践经验，是中国古代科学的瑰宝。也是打开中华文明宝库的钥匙。”2015年12月18日，习近平总书记在致中国中医科学院成立100周年贺信中再次强调：“中医药学是中国古代科学的瑰宝，也是打开中华文明宝库的钥匙。”2016年4月18日，中国国家科技部、中宣部联合印发了关于《中国公民科学素质基准》的通知，其中有一条就是“知道阴阳五行、天人合一、格物致知等中国传统哲学思想观念，是中国古代朴素的唯物论和整体系统的方法论，并具有现实意义。”从科学角度认同了阴阳五行的科学意义。可见中医药文化是文化自信的重要一部分，散发着中国传统文化之美。

四、出版信息：

黄帝内经素问［M］.北京：人民卫生出版社，2020.（梅花版本）

黄帝内经灵枢［M］.北京：人民卫生出版社，2020.（梅花版本）

翟双庆，黎敬波.内经选读［M］.北京：中国中医药出版社，2016.

撰写人：马会霞

《苏轼词集》导读要点

摘 要： 苏轼词开豪放一派，内容广阔，气魄雄伟，语言朴素，开创了宋词的豪放流派，本书包含苏轼词全部作品及后人的评论，另外还加以简单的注释和编年，为读者欣赏苏轼词提供了较多的方便。

一、内容简介

1. 作者生平：

《苏轼词集》作者：苏轼（1037—1101），字子瞻，号东坡居士。诗、词、文俱佳，是宋代重要的文学家，宋代文学最高成就的代表。苏轼词开豪放一派，内容广阔，气魄雄伟，语言朴素，一反过去绮罗香泽及离情别绪的局限，是宋词划时代的革新，正所谓不读东坡之词不谓读词。

2. 写作背景：

苏轼年少成名，20岁中进士，文章名动京师、43岁因乌台诗案入文字狱险些被杀、62岁还被放逐海南，65岁遇大赦归途中去世。苏轼一生宦海沉浮，饱经忧患颠沛流离却始终保持乐观豁达广阔胸襟。他的诗词体现了经历人生大起大落始终胸怀天下、心系百姓，不计较个人荣辱得失的人生态度。《苏轼词集》选取苏轼词及后人的评论，加以简单的注释和编年。

3. 主要内容：

课程讲解从苏轼词作展开，细微处入手，追古溯今；以作品为蓝本、个人经历为注解，展现有血有肉、有情有趣、丰富立体的苏轼，领会苏轼思想、艺术与人格的魅力。

二、价值概述

华夏五千年文人不计其数，何以东坡如此受人们爱戴？并不只因其文采斐然，也不是诗、词、散文、书、画等方面的卓绝艺术成就，而是因他饱经忧患颠沛流离却始终保持乐观豁达的处世态度（莫听穿林打叶声，何妨吟啸且徐行。竹杖芒鞋轻胜马，谁怕？一蓑烟雨任平生）。“问汝平生功业，黄州惠州儋州”（苏轼的谪贬之地）不尽失意，又尽显坦然，开阔的胸襟。

苏轼不唯书、不唯古、不唯上、不唯势，只唯民、唯实、唯善、唯美……他的人格精神是永远值得我们现代人学习的。

通过了解苏轼的经历，学习他身处逆境乐观豁达的精神。通过赏析苏轼作品，掌握欣赏词的知识和方法，领略古诗词的无穷魅力，陶冶情操、提升境界、培养情怀，以苏轼词为载体，欣赏苏轼词中哲学思想之美、语言表达之美、历史传承之美、传统文化之美。感受中华优秀传统文化的深厚底蕴和无穷魅力，增强文化自信和对国家的文化认同感。

三、导读要点

1. 从欣赏苏轼词作的艺术之美到欣赏苏轼的人格之美。

苏轼在中国历史上的地位不仅限于诗词书画，他的人格魅力和不计个人荣辱一心为民的精神永远值得后世学习。

课程学习以作品为蓝本、个人经历为注解引入，学习他身处逆境乐观豁达的精神，学习他的修养修为之道。从春风得意受皇帝赏识的科场奇才，到乌台诗案险些被杀的戴罪犯官，经历人生大起大落的苏轼始终乐观豁达胸怀天下、心系百姓，不计较个人荣辱得失的人生态度为后代文人所景仰。

2. 引导学生理解苏轼身上体现的宋代的文化精神，领略艺术之美。

苏轼成就不仅在文学，他在书法、绘画等领域内的成就都很突出，对医药、烹饪、水利等技艺也有所贡献。了解以苏轼为代表的宋代的文化精神，学习苏轼的修养修为之道能培养大学生高雅的生活情趣。

苏轼作为北宋中期文坛领袖、宋代文化艺术集大成者，诗文书画皆精，更是宋词登峰造极的成就者，通过鉴赏苏轼作品，带领学生走近宋朝文人圈，理解宋代文人精神。

3. 通过学习鉴赏苏轼词作，了解词的精神气韵、陶冶情操、培养情怀，学会欣赏词的境界之美、音乐韵律之美。

感受中华优秀传统文化的深厚底蕴和无穷魅力，增强文化自信和对中国文化的认同感。

通过学习苏轼的哲理诗、理趣诗，学习如何将自然现象上升为哲理、将人生感受转化为理性的反思，感性转化为理性，欣赏苏轼词中的哲学思想之美。

4. 欣赏苏轼词作的语言之美。

纵观苏轼的三百余首词作，前期作品大气磅礴、豪放奔腾，反映苏轼积极仕进的心态；经历乌台诗案贬谪之后作品空灵隽永、朴质清淡如深柳白梨花，香远益清。“不读东坡之词不谓读词”。掌握欣赏词的知识和方法，领略古诗词的无穷魅力，陶冶情操、提升境界、培养情怀，感受中华优秀传统文化的深厚底蕴和无穷魅力，增强文化自信和对国家的文化认同感。

5. 培养学生的发散思维，跳脱出原有的知识框架站在更高历史维度思考问题。用其他的艺术形式打开理解苏轼艺术思想的多元路径。

（1）欣赏苏轼在书法、绘画、诗歌、文章等其他艺术领域的作品，用其他艺术形式打开理解苏轼艺术思想的多元路径。

（2）通过和苏轼和往来唱和的同时代文人中感受到有血有肉、有情有趣、丰富立体的苏轼，苏轼一生留下大量的词作，反映了苏轼生活、交友、情感的方方面面，在苏轼和他的文人朋友们身上了解宋代的文化精神，通过苏轼朋友圈交流理解中国历史上最伟大繁荣的朝代宋朝文化精神。

6. 学习苏轼爱国爱民的高尚情操，行为之美。

国人对苏轼的认识更多地停留在“唐宋八大家”“文学家”等文学艺术上的成就，苏轼为官政绩和治水贡献鲜为人知。

通过学习苏轼忧国忧民的词作，深植学生的爱国主义情怀；学习苏轼经历宦海沉浮却始终爱国爱民的处世态度，培养大学生奉献报国、以学强国的崇高理念；引导大学生关切时代，担当中华民族伟大复兴的重任。

了解苏轼为官一方、造福百姓的事迹，这也是苏轼受后世人民爱护拥戴的重要原因之一。补充课外阅读四篇，分别取自《宋史·苏轼传》《栾城集·东坡治水》，苏轼在徐州治水时誓与百姓共存亡：“富民若出，民心动摇，吾谁与守？吾在是，水决不能败城。”

四、出版信息：

［宋］苏轼. 苏轼词集［M］. 上海：上海古籍出版社出版，2009.

撰写人：冯　华

《西游记》导读要点

摘　要：《西游记》热情赞美了孙悟空的反抗精神和英雄主义，辛辣地嘲讽了貌似威严、实则无能的天宫玉帝及诸神，深刻地揭露、批判了封建社会的黑暗腐朽和统治阶级的昏庸残暴。同时启示人们，为了实现某一崇高的目的，必须艰苦奋斗，长期坚持，勇敢地战胜一切敌人。

一、内容简介

《西游记》中国古代第一部章回体长篇神魔小说，作者明朝文学家吴承恩以浪漫主义风格讲述了唐太宗贞观年间，孙悟空、猪八戒、沙僧、白龙马保护唐僧西行取经，沿途历经磨难，一路降妖伏魔，化险为夷，最后取得真经的故事，加以作者的不同创作手法和艺术加工，深刻地描绘了明代社会现实。

《西游记》通过对取经途中师徒四人的各种经历的描述，表达了渴望摆脱传统束缚，追求精神自由的强烈愿望，表现了强者为尊，高扬个性的精神；同时又形象地喻明纵心入妄，摄心成真的道理。作品主张应当约束磨炼人的心性，投身于正义事业，在“普济众生”的伟业中实现自我价值，实现美好理想，达到至善的境界。

二、价值概述

《西游记》是四大名著之一，开辟了神魔长篇章回小说的新门类。书中将善意的嘲笑、辛辣的讽刺和严肃的批判巧妙结合，直接影响着讽刺小说的未来发展。《西游记》是古代长篇浪漫主义小说的巅峰之作，是世界文学史上浪漫主义的杰作。《西游记》的内容庞杂，它融合了佛、道、儒三家的思想和内容，既展现了现实社会的人情世态，又在故事中体现着人生的哲理，丰富的精神内涵对读者高尚品质的养成有着积极的正向作用。

三、导读要点

1. 向往自由的人性之美

《西游记》一书是作者吴承恩对当时社会的写实。《西游记》在某种程度上反映了世人们对自由的精神诉求，封建社会中严格的制度限制着底层的人民，无以排遣的压抑感从作者的文字中得以体现，抨击了封建社会的黑暗腐朽，统治者的昏庸无道。小说中以孙悟空为代表的守护使者乃至各路妖魔鬼怪都表现出了对自由的强烈愿望。作者以不同的表现手法对封建社会人人敬畏的天庭、地府、神圣的皇权、庄严的神佛、庞大的官僚机制、法律乃至许多世俗哲学都进行了揶揄讽刺，以各种各样的形式强调“自由”二字对于人民的重要性，在人性发展角度影响读者，让读者切实体会向往自由的重要性。

2. 不畏艰难的雄心壮志之美

唐僧师徒四人，一路跋山涉水，降妖伏魔，历尽千辛万苦，前往西天取经。途中多次迷茫，不知路在何方，期间徒儿多次曾想放弃西天取经的任务，唐僧一人坚定自己的信念，一直在坚持，最终带领徒儿们取得真经。这不言放弃、不惧险阻的坚持是极为难得的宝贵精神，通过解读唐僧一行人的心理变化，让学生感受不畏艰难的雄心壮志之美，体会唐僧一行人持之以恒的坚持，对于学生品质的培养有着积极的正向的意义。

3. 团结协作的精神之美

《西游记》是唐僧和他的四位徒弟共赴西天取经的故事，整个取经过程就是一个团队的合作经历。唐僧是团队的核心，他对取经的目标异常执着，自我控制和自我约束能力极强，这种执着和坚持带领团队、秉持不忘初心的精神取得了成功。孙悟空武艺高、能力强、渠道广，资源丰富，是取经任务的主力，克服困难的核心力量，但是比较任性，容易情绪化偏离团队目标，唐僧是约束其行为的主要力量。猪八戒虽然好吃懒做，但是善于活跃气氛，让整个团队充满了生气与活力，是团队的润滑剂，让工作变得更加有趣。沙和尚平和、冷静、任劳任怨，甘于奉献，做好了团队后勤保障，虽然一路上默默无闻，但正是有他团队才可以无后顾之忧一路向前。师徒四人缺一不可，团队任务必须要有个性、气质、能力各异的人互相配合协作完成，每种性格都有其不可替代的优势，团队战斗力也最强。团队协作是宏观存在的，九九八十一难面前，唯有四人协作制衡才可以度过磨难，阅读《西游记》能帮助读者树立起正确的人生观与世界观，为将来的人生历程打下坚实基础。

4. 哲学精神的传承之美

《西游记》是在佛、道、儒三家思想的融合，以儒教思想写成的，以佛教为主线，道教为辅线的魔幻小说。其中蕴含着诸多人生哲学，也处处体现着儒家思想。小说中讲究的忠诚守信，正是儒家的观念。唐僧忠于职守，矢志不渝，“心虔志诚”。孙悟空、猪八戒、沙僧虽然前期有争议，后来有些小矛盾，但基本上都认真完成了任务。特别是孙悟空，从一个法力高强的散仙，到后来成为一个凡夫俗子的徒弟，走过了一个从反抗到服从，从被迫到真心，从叛逆到忠诚的过程，这也是切合儒教精神。在讲授时要引导学生理解小说中的儒家思想，感受其中优秀的精神，取其精华，弃之糟粕。

《西游记》天然具有思想融合性质，其背后蕴含的思想理念和思想背景，促进了佛、道、儒三家思想传承，推动人的全面发展，该书以多角度、多元素化的方式，让三大家哲学思想隐性包含的美、智慧以及其体现的高尚品质，都通过“九九八十一难”的分析等方式，显性表达出来，这一思想的升华，是用完整、全面发展的观念去影响读者，让读者不仅获得文学知识，还获得优秀的价值观、审美观。

5. 名著经典永恒之美

《西游记》的创作手法与展现的内容体现了“经典之美”“永恒之美”，这部作品主要告诉人们，对信仰要执着追求，即使在求知的路上我们面临数不尽的诱惑、险阻，都不要轻言放弃，理想信念是导航的灯塔，是冲锋的号角，只有对信仰坚定必胜的信念，才会取得成功，就像是把文化的根基、枝干、叶冠、果实全都展现给读者。透过西游记可知佛道文化，也可以看到当时的佛道文化在中国的社会地位，促使西游记有了很强的宗教和历史价值，《西游记》中用宗教人物和主角碰撞产生火花，通过这些故事来表明作者对两种宗教的认知，以及作者所处阶层对宗教的态度，同时产生政治映射和社会映射。

所有艺术作品的所谓经典其实指的是艺术作品本身传达的一种精神，经典作品在时间流逝中也不改它优秀与美的本质，选择这样的作品作为授课内容，有着向经典致敬的意义，同样也有向后代传播以及普及优秀的思想精神的重要内涵。

该导读贯穿式介绍“唐僧取经”历程，提问人格特点和读者的聆听感受，意义在于激发读者积极思考，帮助读者通过独立思考获取知识，激发读者学习兴趣，使印象更加深刻、巩固记忆。

四、出版信息：

［明］吴承恩. 西游记［M］. 杨爱群，李兵. 哈尔滨：黑龙江人民出版社，2001.

撰写人：马姣阳

《西游记》导读要点

摘　要：《西游记》主要描写了孙悟空出世，后遇见了唐僧、猪八戒和沙僧三人，一路降妖伏魔，保护唐僧西行取经，完整地经历了九九八十一难，终于到达西天见到如来佛祖，最终五圣成真的故事。与一般古代小说不同，它是一部具有神话、童话性质特点的小说，是四大名著中的经典代表作，人物形象生动，语言诙谐幽默，用艺术的加工形式，尽显中国文化之美。

一、内容简介

《西游记》取材于《大唐西域记》和民间传说、元杂剧。宋代《大唐三藏取经诗话》（本名《大唐三藏取经记》）是西游记故事见于说话文字的最早雏形。民间对玄奘法师家喻户晓，为《西游记》的民间故事形成发挥了积极的作用。

《西游记》主要描写了孙悟空出世，后遇见了唐僧、猪八戒和沙僧三人，一路降妖伏魔，保护唐僧西行取经，完善地经历了九九八十一难，终于到达西天见到如来佛祖，最终五圣成真的故事。

《西游记》与一般古代小说不同，他是一部具有神话、童话性质特点的小说，是四大名著中的经典代表作，人物形象生动，语言诙谐幽默，用艺术的加工形式，充分反映了封建社会的现实。

二、价值概述

《西游记》是古代长篇小说浪漫主义的高峰，在世界文学史上，它也是浪漫主义的杰作。《美国大百科全书》认为它是“一部具有丰富内容和光辉思想的神话小说”，《法国大百科全书》说：“全书故事的描写充满幽默和风趣，给读者以浓厚的兴味。”

《西游记》通篇体现着强烈的爱国主义精神，当唐太宗李世民送别唐僧时送给他一包故乡的土作为纪念，并且说：“宁爱家乡一捧土，不爱他乡万两金。”唐僧师徒之所以能够克服让人难以想象的种种困难最终取回真经，就是因为有爱国主义精神在支撑着他们勇往直前。

虽然从故事形式和内容上来看是一部“儿童文学”小说，但是在生动的故事背后包含着丰富的人生哲理，因此才能够成为四大名著之一。中、小学阶段阅读此书能够丰富阅读，大学阶段再次阅读此书一定会带来更多的人生思考，对培养和提升读者的人生阅历、审美能力和坚韧的人格品质有很大的帮助。

三、导读要点

《西游记》书中对人物的描写是有轻重之分的，每个人物都具有鲜明的特点，请同学们在阅读过程中重点关注以下几个方面：

1. 感悟游戏与西游

《西游记》是中国最受欢迎的古代小说之一，几乎每年都有关于《西游记》的改编作品出现，人们很少对它的改编、演绎有忠诚度上的苛求。为什么呢，因为人们本来就将《西游记》视为“游戏”，所以，不管它被改编成什么样，只要有五圣的人物形象，还是西天取经的使命，就能够得到观众的基本认同。成功的故事改编在一定程度上还会比原著更为深入人心，尤其是86年版《西游记》电视剧中的孙悟空的形象和言语，如“俺老孙”“你外公”等。

不管《西游记》爱好者是否愿意，它隔三差五就会被重新搬演于电影、电视、游戏中。家长们将之视为名著中的儿童文学，一代又一代的儿童也跟随着新科技的发展不断适应着“西游”故事新的叙事形式。

胡适说《西游记》至多不过是一部很有趣的滑稽小说、神话小说，它并没有什么微妙的意思；鲁迅也说“作者虽儒生，此书实出于游戏”。所以，它既是游戏，又何必当真？

《西游记》的生命力，在于历经了时间的检验，它始终不退潮流，每个时代，各人有各人的读法，各人有各人的偏见。很多在阅读中的疑惑伴随着我们的成长，如孙悟空大闹天宫后普天神将都不能擒拿，但在取经路上一些“跳梁小妖”都打不过；菩萨多次出手帮忙，最擅长的战术是“许败不许胜”，这些看似无意识的设计，是不是都潜藏着人情事实之理呢？

《西游记》虽然描写是魔幻故事，呈现的依然是人间的世情伦理，它发迹于民间，展现的是一种世俗却实用的“生活力”，这种“生活力”与其是放之四海皆准的人间常识，不如说是中国人的社会文化生态及其幽默、缓慢的互动方式，涉及了家庭生活、士绅、官场、市场、司法审判、社会流动等各个领域。希望我们在阅读过程中遵循它的脉络，从魔幻故事的深海中打捞出属于自己的人生答案来。

2.《西游记》中的矛盾与辩证

《西游记》文中所呈现的“术”与“能”是相对于“无术”与“无能”而言的。

最早的取经故事没有神异，玄奘作为一个历史人物，去印度求经，他私自出境学法，偷渡跨境，并未得天恩眷顾。在交通极为不便的年代，玄奘的行为可谓壮举，在佛教史上也是一个奇迹，毕竟他的引进和翻译对后世的佛教作品影响深远。

在《西游记》故事中，孙悟空所具备的“术”与“能”映照了唐三藏的“无术”“无能”，这样的设计，从一定程度上起到了辩证的镜像作用。许多人会很疑惑，孙悟空那么厉害，却不是取经之旅的核心人物。孙悟空自从花果山走出后，学本领、看世界、求知识，这一切令他对自己的生命、对宇宙有了新的认知与困惑，随着他的“能”越强大，他的“欲望”越大，“心魔”越大。

而唐三藏在取经路上学到的唯一本领——紧箍咒，能够迅速制服孙悟空，这一本领就只能用来管理孙悟空，没有其他意义。但是，西天取经所能得到的大道是超度亡者、难者，就是扶危济困。

在《西游记》中，唐僧的“无所不会”是抽象的会，是宗教的领会，他最大的“无能”是他既无法术神异也无基本的判断力，他是因“至诚”而盲目不识，却独有对苦难无穷尽的容忍以及大道的信念。

3. 感悟中国文学和文化之美

文学作品的流行有自己的命运，经典化也是一个非常复杂的历程，《西游记》给我们提供了一种看待人生的方式。《西游记》历经了几百年的考验，不管什么年龄阅读都能够有所收获。

书中有一种特别神秘的力量，通过阅读，能够强化人的心志，战胜各种困难，让人对自己的人生产生反思，这就是中国文学和文化的魅力。

《西游记》就是一个人成长的经历，战胜自己的经历。比如说火焰山，火是孙悟空自己在大闹天宫时从太上老君的炉子里踢下来的天火，因为他知道这一难是他自己造成的，所以他去找铁扇公主求借芭蕉扇。很像我们的人生，自己造成的困难，只有自己去面对、克服它。

希望通过《西游记》中的故事鼓励到阅读的你，燃起战胜困难、顽强不屈的斗志，这就是阅读经典的重要价值。

4. 将《西游记》当作一面镜子，透过镜子反观自己

《西游记》构筑了一个宏大的神魔世界，本质上是各路神仙、妖魔的斗争的战场与江湖，但是这些神魔的人物设定与现实宗教有很多不相同的地方，是作者借助神魔世界对现实世界的反映。因此在阅读过程中需要将时代背景带入故事中，理解故事中的“人事”与“事人”。

清代张书绅对《西游记》评论为“人生斯世，各有正业，是即各有所取之经，各有一条西天之路也。”如果人生自是都有正业，而人生正业又各有其道，则《西游记》就与我们每个人有关，希望我们都能够将这部小说当作一面镜子，透过这面镜子时刻反观自己，反省自己。

《西游记》中的故事有对人情世道的借题发挥，有对历史事件的叙说与评论，看似嬉笑怒骂，实则苦心孤诣。

四、出版信息：

［明］吴承恩. 西游记［M］. 北京：人民文学出版社，2010.

撰写人：闫海波

《红楼梦》导读要点

摘　要：《红楼梦》一书是中国古代文学的集大成之作，是中国章回体小说艺术成熟的标志，具有极高的艺术价值和无穷的品鉴魅力。通过品鉴阅读《红楼梦》以美育人、以美化人、以美培元，通过启发读者感悟《红楼梦》名著之美，可以使学生具有美的理想、美的情操、美的素养和美的品格。

一、内容简介

《红楼梦》课程是面向我校本科学生开设的“名著之美”美育必修课程，本课程旨在邀请大家共读名著经典，提升文学素养、激发人文情怀。

中国古典文学名著《红楼梦》由清代作家曹雪芹所著，它是一部百科全书式的小说，它涉及中国传统文化的方方面面。读红楼，品诗词，游览大观园；讲红楼，谈文化，看百味人生。

本人之所以选择《红楼梦》作为名著阅读必选书目来讲授，是因为《红楼梦》名著阅读深入浅出地指导读者从文学自身表现力出发去欣赏古典名著的美，感受作者所传达的价值观念，对培养和提升大学生的审美能力、审美情趣有很大帮助。

二、价值概述

《红楼梦》是中国古代文学的集大成之作，是中国章回体小说艺术成熟的标志。作为中国古典小说的巅峰之作，其具有极高的艺术价值和无穷的魅力。因此，通过对名著《红楼梦》的学习，引导学生走近《红楼梦》并逐步了解喜欢上这部中国文学史上的伟大作品，有助于学生人文素养的提升。本课程特色主要体现在师生共同体验小说诗词曲赋之美，聚焦于小说的语言、结构和情节等多方面的艺术成就，力求发掘诗情画意，品味传神之笔。

三、导读要点

《红楼梦》名著阅读的教学目标是能够使学生感受到更多的中国优秀传统文化、古典诗词曲赋之美，通过思考中国传统文化如何走向世界、如何让世界更好地了解中国，使其更加自信地做弘扬中华文化的传播者。致力于将“引领学生树立正确的审美观念，陶冶高尚的道德情操、塑造美好心灵，弘扬中华美育精神，以美育人、以美化人、以美培元”的课程美育目标融入其中，贯穿于课程教学大纲的各个单元，实现课程美育实施与教学目标的契合，与教学内容的融合，与教学素材的整合，与教学过程的结合。请同学们注重关注书中以下三个方面：

1.《红楼梦》以美育人，引领学生树立正确的审美观念

《红楼梦》是一部诗化了的中国古典小说巅峰之作，其结构宏大，叙事动人。作者曹雪芹在其中运用了大量经典的诗词曲赋，具有丰厚的文化底蕴。《红楼梦》中的诗词曲赋具有高度的个性化和情感化，不仅有效地推动着小说情节的发展，而且使人物个性更为鲜明。

教师引导和讲授方式采用了线上互动问答、直播在线讲授等方法，并对学生进行线上互动“采访”，提问学生们的学习和审美感受，意义在于激发学生积极思考，帮助学生通过独立思考获取知识，激发学生学习兴趣，专注于课堂，使其印象更加深刻、巩固记忆的同时提升教学效果。

2.《红楼梦》以美化人，陶冶学生高尚的道德情操

《红楼梦》中塑造典型人物形象、隐寓人物命运的诗词共有130余首。可以说《红楼梦》是通过诗词曲赋塑造了一个个活灵活现的人物。红楼第一才女，当推林黛玉。林黛玉的诗词写得非常唯美，其中一曲《葬花吟》、一首《秋窗风雨夕》，无不透露出其缠绵悲戚的个性，尽显沉郁哀婉之美；薛宝钗的《咏白海棠》则体现出她的端庄大气之美，而“好风凭借力，送我上青云！”更突显出她个性中的飒爽与洒脱；史湘云是一位极具浪漫主义色彩和中性之美的女子，其最著名的诗句“玉烛滴干风里泪，晶帘隔破月中痕。幽情欲向嫦娥诉，无奈虚廊夜色昏” 有一种魏晋名士之风，显露出她的情致与妩媚，豪气与豁达；而质本洁的妙玉怨恨红尘事，却陷红尘中，她的《世难容》写尽了她对红尘俗世的不满，也隐寓了她与宝玉之间的一场空缘，极具人物命运的悲剧美。

作者曹雪芹把小说情节中确有必要交待的诗词，根据要塑造的人物形象来描摹，以人物自己作的诗来刻画人物自己的个性。这也是《红楼梦》中的诗词曲赋之所以富有艺术生命力的主要原因。《红楼梦》的诗词曲赋之美是它较于其他古典小说在审美上的一个独特之处，大量诗词曲赋的运用既刻画出了不同人物鲜明的个性特征，又帮助了情节叙事谋篇布局。

诗词曲赋往往与“美”“情感”等联系在一起，品味诗词的过程，是发现美、接近美、认识美的一道“窗口”，不仅承载着人类思想的抒发及感情的交流，还是心灵体验的外在媒介，让学生得到心灵上的“滋养”，获得美的体验、情感的升华和精神的力量。浸润心灵的美育效果看似是隐性的，却能在潜移默化中帮助学生树立起正确的人生观与世界观，为将来的人生历程打下坚实的基础。

教师引导和讲授方式采用了书籍文字结合网络视频、音频讲解等方法，丰富课堂形式，在调动学生积极性的同时加深了学生对相关诗词曲赋的理解和美感认识。这样教学不仅传授了基本的诗词曲赋知识，也触及到了文学的内涵层面，使学生获得美的感悟。

3.《红楼梦》以美培元，弘扬中华美育精神

《红楼梦》的品读以及《红楼梦》中诗词曲赋的品鉴非常适合达成弘扬中华优秀文化、全面提高学生素质的美育目标，能引导学生们更加重中国传统民族文化的发展，树立起文化自信，为国家文化艺术领域的兴旺发达贡献自己的力量。

本人希望《红楼梦》的品鉴阅读可以使学生具有美的理想、美的情操、美的素养和美的品格，从而塑造学生健全、理想的人格，促进学生全面、自由、和谐的发展。通过学习能够使学生感受到更多的中国优秀传统文化、古典诗词曲赋之美，通过思考中国传统文化如何走向世界、如何让世界更好地了解中国，使其更加自信地做弘扬中华文化的传播者。

四、出版信息

［清］曹雪芹（著），［清］高鹗（续）. 红楼梦［M］. 北京：中央编译出版社，2014.

撰写人：丁　涵

《红楼梦》导读要点

摘　要：《红楼梦》是一部从各个角度展现中国古代社会风貌和中国古代女性美的史诗性作品。这是一部具有世界影响力的人情小说。它是世界公认的中国古典小说巅峰之作，是中国封建社会的百科全书，是传统文化的集大成者，用创造性的语言描述了一群闺阁佳人的生活，展现了人性的真实美和悲剧美。

一、内容简介

《红楼梦》以贾、史、王、薛四大家族为背景，以贾宝玉、林黛玉的爱情为中心，写出了一个封建贵族家庭由繁荣昌盛走向彻底衰败的故事。以贾宝玉、林黛玉为争取爱情自由、婚姻独立和人格解放而斗争的思想同封建制度和封建伦理的矛盾为线索，以贾、林对封建制度和封建伦理的彻底背叛和爱情的悲剧性结局而告终。

《红楼梦》诞生于18世纪封建社会末期。当时清政府闭关锁国，举国上下都陶醉在康乾盛世和天朝上国的迷之梦想中。表面上看，这一时期看似太平，但骨子里的各种社会矛盾却在激化，整个王朝已经到了由盛而衰的转折点。作者所要表达的是揭露封建社会后期的黑暗与罪恶以及不可逾越的内部矛盾，对腐朽的封建统治阶级进行有力的批判。同时，小说还通过对封建叛逆者的歌颂，表达了一种新的朦胧理想。在中国文学史上，没有一部作品能写出像《红楼梦》那样激动人心的爱情悲剧，没有哪部作品能像它那样全面而深刻地揭示爱情悲剧的社会根源。

二、价值概述

近代以来，学界有甲骨学、敦煌学、红学三大显学。然而，前两个学派仅限于少数在冷僻书斋内学习研究。但“红学”既有毛泽东等政界领袖，又有王国维、蔡元培、胡适等学者参与其中，更受广大群众的关注和喜爱，《红楼梦》寓意丰富，思想深刻，远远超过中国古代任何一部文学经典，“红学”被公认为当代显学，形成了一门世界性的学问。很多西方人看中国，其实不是从《十三经》或《二十四史》等纷繁复杂的经史子集中去考察，而是通过相对通俗的艺术美文《红楼梦》来了解和把握中国人的思维方式和生活状态。

《红楼梦》是封建社会的百科全书，甚至是中国文化的全息图。它就像一座艺术宝库，诗词歌赋、琴棋书画、酒令灯谜、建筑园林、医卜星象、栽花种果、针凿烹调无所不包，是了解中国传统文化的最佳途径。曹雪芹以其细致而深刻的现实主义，对当时社会的道德规律、思想观念、风土人情、文化教育等方面进行了深刻的剖析，生动地再现了封建社会的全景，启迪人们破除迷茫，提醒人们做精神的守望者。曹雪芹作为一个具有高度思辨能力的知识分子和悲剧命运的承担者，已经成为了一个永恒的话题。

三、内容简介

1. 纷繁复杂的人物性格之美

曹雪芹美学思想的主要观点和成就是使人物性格充满生机和光辉。曹雪芹的时代没有“性格理论”之说，但他的思想无不关注“人性品格”。人物性格之所以丰富和深刻，是因为源远流长的生命源泉，总是处于运动变化中。这使得曹雪芹塑造了丰富统一的性格，层次分明，容量适当。人物性格在发展变化中不断成长和丰富；人物的负载不能超越生活逻辑，使人物成为“善行或恶行的容器”。在现实生活中，没有集某种性格之大成的人物，只是有一些有某种个性光彩的人。当人物性格在作家心中成熟时，便成为一个内心丰富复杂、性格完整的生命个体。就要根据自己的“吞吐量”来选择相关素材，而不能超过性格过程中的有限容量，“问渠那得清如许，为有源头活水来”。曹雪芹对自己创造的人物的尊重超过了以往的圣贤，他明白，人物一旦创造出来，他就是一个独立的个体，作家只能拥抱他，呵护他，在他的指引下左右他的心灵和气质。世情百态，异如人面，所谓“世事洞明皆学问 人情练达即文章”，这是一句至理名言，也是一个可望而不可及的高标准。在学习的过程中，正是人物性格的多样性和复杂性使世界多姿多彩，需要深刻理解和理性对待。

2. 草蛇灰线的文体结构之美

《红楼梦》所展现的日常生活画面，郁郁葱葱，气势磅礴，具有很高的审美价值。惊心动魄的“掀天之浪”易观，平凡状态的“细密水网”难书。在曹雪芹的笔下，那些涓涓细流的生命流淌，仿佛是漫不经心的游荡，看不到预备的设计，找不到苦心孤诣的安排；然而，注目沉思，细细品味，又觉得平淡中蕴含着强烈的诗意和深刻的必然性。这无疑是一个非常困难的艺术工程。它要求作家仔细分析日常生活的肌理，厘清复杂的生活网络，自然安排文本，使整部小说的结构不受陌生的限制，简单如现实生活，从而焕发出“清水出芙蓉，天然去雕饰”的艺术光彩。课堂教学应该是知识智慧和情趣愉悦的结合，教学的过程就是培养合格的人的过程。美的体验、美的感受，是现代快节奏、高强度社会生活的补充和缓压剂。

3. 丰富的情节演进之美

情节是人物成长的历史。《红楼梦》情节的发展是人物成长的必然结果。曹雪芹的创作心态始终与人物的成长过程相协调。中国传统小说的情节演变通常是“链式”的，往往用几章来描述一个中心人物，从而完成了其长篇艺术卷，《红楼梦》则不同，它是日常生活的全息投影，带有散文和诗意，《红楼梦》的情节看似零散，但在经纬度上也是纵横交错的，是一个编织得很精致的生活网络，视野开阔。曹雪芹运用渐变染色的方法，从多方面、多渠道展现了情节演变的轨迹和过程。由于每一条线索都“融化”在《红楼梦》的整个人生图景中，那就没有办法单独把它清理掉而不去破坏其他的生命经纬。学习的过程是愉悦情绪、提高情趣、丰富精神世界的过程，教学过程中注意让学生通过学习，获得理性智慧和审美体验。

4. 诗人气质的创作心态之美

曹雪芹以诗人的气质和冲动投入创作，使《红楼梦》达到了精神饱满的艺术境界。曹雪芹在描写现实生活时，既忠于自己的主观生活，又忠于客观世界的真实本质。他“有自然之理，得自然之趣”，以极大的丰富性、真实性和复杂性呈现给读者。曹雪芹在创作艺术形象时，既没有因为他的现实感而脱离现实生活，也没有因为他的情感取向而“净化”他丰富复杂的世情和人情，也没有因为他的命运观而忽视事物的内在矛盾和发展趋势。曹雪芹的主观意蕴与《红楼梦》的客观意蕴是一致的，但又有区别。在曹雪芹的作品中，真实是故事的基础和酵母，故事是真实的发展和深化。原本从真实故事中获得的主观意义，逐渐被故事所蕴含的客观意义所淹没和融化。曹雪芹的现实主义，是对自我的严格分析，对自我的严峻挑战，对未来的认真审视，揭示了许多深刻的人生哲学，曹雪芹辛苦“敷演”的生动故事，创造了《红楼梦》纷繁复杂的思想意蕴，为后世读者提供了一幅封建末世的广阔社会历史画卷。在学习过程中，既向学生展示了文学的生命力，又给学生以广阔的想象空间，既使学生感受到语言的优美，又受到优秀文化、高尚情操的感染和启迪。

5. 壮丽凝重的思辨哲学之美

《红楼梦》作为中国古典小说中最伟大的作品之一，创造了一种新的哲学精神，它以其独特的形而上学境界和艺术创造，成为一种美学。曹雪芹以其高超的艺术技巧，使心灵的内容感性化；在天才的艺术创造下，无限的艺术世界得以展现和发展，《红楼梦》的美学意蕴集中在曹雪芹的美学创作上，而不是中外现成理论在《红楼梦》中的“体现”。《红楼梦》最根本的审美意蕴是它的灵性与智慧。因此，在哲学的视野中，更多地渗透着这一精神感知的审美智慧，这既是对《红楼梦》审美结构的深刻剖析，也是曹雪芹创作心态和创作意图的反映。这种还原不仅集中在审美思维的探索上，而且体现在整个作品的主旨和论述上。只有这样，《红楼梦》的审美意蕴才能得到另一种体现。读《红楼梦》可以在潜移默化中陶冶学生的高尚情操，这就需要教师通过课程的系统学习，提高学生文化修养和人文素质，在教学中把审美训练及人文素质教育和谐统一在一起。

四、出版信息

［清］曹雪芹. 红楼梦［M］. 北京：中华书局，1998.

撰写人：张丽丽

《红楼梦》导读要点

摘　要：《红楼梦》一书是中国古代文学的集大成之作，是中国章回体小说艺术成熟的标志，具有极高的艺术价值和无穷的品鉴魅力。通过品鉴阅读《红楼梦》以美育人、以美化人、以美培元，通过启发读者感悟《红楼梦》名著之美，可以使学生具有美的理想、美的情操、美的素养和美的品格。

一、内容简介

《红楼梦》，又名《石头记》，中国古典四大名著之一，作为最优秀的古典长篇章回小说的代表，《红楼梦》全书共有120回，前80回是清代曹雪芹著作，后40回一般认为是高鹗续写。整部小说涉及人物众多，诗词歌赋数不胜数，从历史发展到日常生活，内容丰富，包罗万象。

《红楼梦》的故事内容以贾、史、王、薛四大家族的兴衰为背景，以富贵公子贾宝玉为视角，以贾宝玉与林黛玉、薛宝钗的爱情婚姻悲剧为主线，描绘了一批举止见识出于须眉之上的闺阁佳人的人生百态，展现了真正的人性美和悲剧美，可以说是一部从各个角度展现女性美以及中国古代社会世态百相的史诗性著作。

二、价值概述

《红楼梦》是一部具有世界影响力的人情小说，举世公认的中国古典小说巅峰之作，中国封建社会的百科全书，传统文化的集大成者。小说以“大旨谈情，实录其事”自勉，只按自己的事体情理，按迹循踪，摆脱旧套，新鲜别致，取得了非凡的艺术成就。“真事隐去，假语村言”的特殊笔法更是令后世读者脑洞大开，揣测之说久而遂多。二十世纪以来，学术界因《红楼梦》异常出色的艺术成就和丰富深刻的思想底蕴而产生了以《红楼梦》为研究对象的专门学问——红学。

《红楼梦》能够让读者对社会与人生进行全面的观察、细腻的体味和深入的思考，并在丰富的审美体验中培养良好的价值观念、高尚的人格，提升文学素养，为读者提供了优质的审美教育范本。

三、导读要点

《红楼梦》突出的艺术成就，就是“它像生活和自然本身那样丰富、复杂，而且天然浑成”，作者把生活写得逼真而有味道。《红楼梦》里面大事件和大波澜都描写得非常出色，故事在进行，人物性格在显现，洋溢着生活的兴味，揭露了生活的秘密。它的细节描写、语言描写继承发展了前代优秀小说的传统。请同学们重点关注书中以下五方面：

1. 文学语言之美

红楼梦经曹雪芹十年如一日的批阅，几度校对和删减，最终尘埃落定，如同那一块沉重的“补天石”，重重的落在了文坛，成为了新秀，并作为代表步入新的境界。

《红楼梦》语言文学艺术价值令人欣慰，语言流畅有情趣，自然规范生动，有诗意和美学的高度，生动形象精炼，含蓄委婉，多处隐笔来表达深层意思。文中的诗歌朗朗上口，思想明确，用词恰当，符合人物特征，并展现人物个性，情景交融，用意深刻，回味无穷。

《红楼梦》的语言精湛、凝练，给读者带来阅读美感和快感，每篇章节在微波涟漪的文学线条若即若离，涤荡读者心湖之音婉约动听。譬如：“两弯似蹙非蹙罥烟眉，一双似泣非泣含露目”，惜墨如金的文字就淋漓尽致地刻画出林黛玉多愁善感、温文尔雅的形象，宛如一块香玉活灵活现地印在读者的内心世界。《红楼梦》第二十七回，宝玉因见不到黛玉，心情郁闷，“因低头看见许多凤仙石榴等各色落花……锦重重地落了一地”“便把那花兜了起来，凳山渡水，过树穿花，一直奔了那日同林黛玉葬桃花的去处来。”“各色落花”“凳山渡水”“过树穿花”，错落有致、泉水叮咚般的节奏韵音，给人带来充满魅力的语言艺术美感，快慢流动的语言，为读者带来曲线阅读感，丰富小说强弱节奏的更替。这正是曹雪芹语言艺术的魅力所在，帮助读者通过阅读激发学习兴趣，体会文学语言的艺术之美。

2. 思想价值之美

《红楼梦》反映了封建礼教下的压抑与痛苦，用各种琐碎的矛盾体现社会现状和社会矛盾，用意极为深刻，具有思想的空间跨越和年代跨越，阐述一个末世的到来，借仙人之口，石头之录诉说了一个盛世中存在的末世情缘。

《红楼梦》全面而深刻地反映了封建社会盛极而衰的时代特征。它所描写的不是“洞房花烛、金榜题名”的爱情故事；而是写封建贵族青年贾宝玉、林黛玉、薛宝钗之间的爱情与婚姻悲剧。小说的巨大社会意义在于它不是孤立地去描写这个爱情悲剧，而是以这个爱情与婚姻悲剧为中心，写出了当时具有代表性的贾、王、史、薛四大家族的兴衰，其中又以贾府为中心，揭露了封建社会后期的种种黑暗和罪恶，及其不可克服的内在矛盾，对腐朽的封建统治阶级和行将崩溃的封建制度作了有力的批判，使读者预感到它必然要走向覆灭的命运，用完整全面的观念去影响读者，让读者不仅感受到了文学的魅力，同时还获得了优秀的价值观和审美观。

3. 人文历史之美

《红楼梦》一书所反映的是清代康熙、雍正、乾隆时代的社会生活画面，正是历史上的乾隆盛世，其实在王朝鼎盛的背后存在着种种的矛盾，也隐藏着重重的危机。《红楼梦》内容丰富，包罗万象，被誉为中国封建社会的百科全书。

清代学者王希廉曾评价说：“一部书中，翰墨则诗词歌赋，制世尺牍，爰书戏曲，以及对联匾额，酒令灯迹，说书笑话，无不精善；技世则琴棋书画，医卜星相，及匠作构造，栽种花果，营养禽鱼，针黹烹调，巨细无遗；人则方正阴邪，贞淫顽善，节烈豪侠，刚强懦弱，及前代女将，外洋诗女，仙佛鬼怪，尼僧女道，娼妓优伶，黠奴毫仆，盗贼邪魔，醉汉无赖，色色具有；事迹则繁华筵宴，奢纵宣淫，操守贪廉，宫闱仪制，庆吊盛衰，判狱靖寇，以及诵经设坛，贸易钻营，事事皆全；甚至寿终夭折，吞金服毒，暴病身亡，药误，以及自刎被杀，投河跳井，悬梁受逼，撞阶脱精等等，亦件件皆有。可谓包罗万象，囊括无遗，可谓才大如海，岂是别部小说所能望其项背。”

总结而言，《红楼梦》包罗了中国封建社会的物质文化、制度文化、精神文化这三个基本层面，《红楼梦》是对整个中国古代文化的回顾、总结、浓缩和艺术的表现，是中国封建社会生活文化的集大成者。正如鲁迅先生所说的：“单是命意，就因读者的眼光而有种种经学家看见《易》，道学家看见淫，才子看见缠绵，革命家看见排满，流言家看见宫闱秘事……”

一部作品，它所含的文化积淀越是深厚，它所储存的信息量越大，也就越能引起人们强烈的关注和探讨的热情。研读《红楼梦》就是在研读中国的传统文化，它已经成为民族传统文化的化石和标本，这是中国任何一部其他小说难以达到的成就。

4. 诗词之美

古典小说区别于现代小说的显著之处就在于其中大量诗词的使用，而《红楼梦》正是诗词运用的翘楚之作，通过130多首诗词（包括诗歌、词曲、对联、歌谣等）的创作，曹雪芹将每一个人物的形象完整地勾勒出来，同时，暗含人物最终命运的伏笔，其笔法之巧妙令人叹为观止，可谓是几点妙笔，点缀无尽的人物命运，悲欢离合。

譬如，这一回中，贾宝玉遇到了林黛玉，他吟咏了一首《西江月》：“无故寻愁觅恨，有时似傻如狂……行为偏僻性乖张，那管世人诽谤。”在如此的对自己的嘲讽中，贾宝玉完成了对自己性格的展现，他是随性的，他是诗意的，他是与那个门规森严的家族格格不入的。在这个夫为妻纲，男权至上的时代，贾宝玉虽为男儿身，却更欣赏女子，他开始脱离于所处时代，开始成为这个家族中的逆流。

相较于宝玉的反抗似的诗词描写，《红楼梦》中女子们的诗词则含蓄了很多。“黛玉葬花”是作者对于人物性格描写的高峰，其中不仅仅体现出林黛玉的性格，更隐喻了林黛玉的最终命运。在《葬花吟》中，林黛玉吟唱：“质本洁来还洁去，强于污淖陷渠沟……一朝春尽红颜老，花落人亡两不知!”看似林黛玉悲吟自己命运不公，感慨自己生活不顺。但纷纷飘落的花瓣却已经将她日后的命运隐隐地呈现在了观者的眼前。“质本洁来还洁去”，黛玉的高洁与这个时代格格不入，“出淤泥而不染”之人，大多被世界所抛弃，黛玉就是如此，她的坚持已经注定她最终命运的悲剧。终究是红颜薄命，一朝春尽红颜老。

作者在诗词中处处留以伏笔，并暗含人物的最终命运，将红楼女子的个性描摹得恰到好处，当人物的最终命运揭晓之时，又会让人有恍然大悟之感。《红楼梦》读的不仅仅是故事情节，还有潜移默化之中影响人们的诗词之美。

5. 中华传统文化之美

《红楼梦》是中华民族的文化圣经与美学圣经，凝聚了中国文化的精髓，是对中国传统文化的继承和发展，其中的文学、音乐、建筑、绘画、雕塑、风俗人情、宗教祭祀、衣食住行中蕴含着的中华传统文化之美令人叹为观止。

文学上，其中的诗词曲赋深深体现我国古代文学中的幽、雅、朴、深得特点。其中的描写秦可卿一句："气质美如兰，才华馥比仙"语言虽朴质无华，但其中的意味无尽。将抽象的，难以形容的"气质""才华"用可嗅可视的兰、仙比喻，淡雅贴切。而更为重要的是，曹雪芹对汉语有深刻的造诣，游刃有余地运用了文字的意境，这当然也得益于汉字的简而深，朴而广的特点。我们的祖先留下了如此宝贵的财富，而曹雪芹超乎常人且游刃有余的将其达到极致。而将中国古典艺术之美运用如此者，前无古人，后无来者。

从胡适先生《红楼梦考证》到周汝昌先生所著《红楼梦新证》，红学人物及红学著作如午后春雨，下的大又下的急，就当今作家写的《红楼梦》续集就好几十部，更别提《红楼梦》点评，解说这一类的书籍和作品，其影响力不仅仅在国内，国外也颇受关注，可谓影响深远，为中华传统文化的发展、为中华文化艺术领域的强盛贡献力量。

四、出版信息

《红楼梦》：［清］曹雪芹，［清］高鹗著；出版社：人民文学出版社；出版时间：2005。

撰写人：金春玉

《纳兰词》导读要点

摘 要：纳兰词是清代著名词人纳兰性德的作品，他的诗词在清代享有很高的声誉，在中国文学史上，“纳兰词”光彩夺目，体现出“离恨情感之美”“忠厚友谊之美”“边塞愁思之美”以及“咏物情怀之美”。纳兰本人超逸才华，诗词创作呈现独特的个性特征和鲜明的艺术风格。

一、内容简介

纳兰词涉及内容广泛，按题材可分为爱情词、友情词、边塞词和咏物词四大类。对纳兰词进行详细的情感分析，以反映纳兰性德的情感特征，无论从艺术风格、客观形象、语言形式、审美意境等方面，都呈现出各自不同的风格特征。因此，需要选取具有代表性的词作，从诗人的思想倾向、艺术手法等方面进行深入的探讨。在探究纳兰性德词审美特征形成的原因时，可以发现，纳兰性德词审美特征的形成与人物性格、人生阅历、民族文化和时代背景密切相关。需要从审美思维的角度探讨纳兰性德的文学思想，其文学思想的核心是儒家的功利美学思想和道家的非功利美学思想。“情”字贯穿于纳兰性德词的始终，对情的崇尚是纳兰性德文学创作的基本原则。

二、价值概述

年仅三十岁的纳兰性德，一生经历悲欢离合太多。他不是康熙皇帝，无法拥有帝王那样的雄才大略，无法坚定地面对命运给他的种种挫折，所有的曲折，引得百种悲戚，化作一篇篇感人的篇章。他作品中的爱情是美丽而悲伤的，是深情而绝望的。坎坷的爱情之路让他对这个世界充满了感慨和无奈。因此，词作中常常充满了伤感情绪，只能用“哀感顽艳”来形容；他很真诚，为人处事不带偏见，他的友谊之词真诚而有意义。此外，他的写作技巧高超，语言婉约生动。所咏之物是自然的，没有矫揉造作；他的边塞词雄浑苍凉，既激荡着立功之心，又充满着隐逸之情。不同于传统边塞词，表现出既豪放又温婉的审美效果；他吟咏的对象虽然平凡，却有着独特的魅力，体现了他深沉的幽情和理想情怀。纳兰性德的早逝极大地限制了他的文学造诣，如果他的人生经历更加完整，加上他与生俱来的文学才华和对文学的不懈追求，他的文学成就便不会在这里终结。纳兰性德去世后，其父纳兰明珠被判有罪，失去政权，纳兰家族开始衰落。如果上天给他更多的时间，他的悲剧意识可能会被进一步建构，但他终究“不是人间富贵花”，上天不忍心让这个多愁善感的天才再次承受人间的种种苦难。他的真情如同一片片雪花，短暂的逗留为中国文学增添了别样的光彩。通过学习纳兰词，能使学生了解语言文化的实用性、多样性和丰富性，开阔文学文化视野，陶冶情操，塑造健全的人格和良好的道德情操，弘扬人文精神，继承中华民族优秀传统文化，培养他们高尚的思想素质和道德情操。

三、导读要点

1. 情深不寿的离恨情感之美

自古以来，爱情一直是文学作品中经久不衰的主题。文人作品中的爱情是美与艺术的结合，无论时代如何变迁，人们对爱情的歌唱从未停止过。纳兰性德一生中经历了几次难忘的爱情，这已成为他生命中不可磨灭的喜悦和痛苦。正是因为他尝到了各种各样的爱情，这些情感才成为他文学创作的重要源泉，他写了很多关于爱情的作品。据统计，纳兰性德诗歌中有七十多首爱情词，反映了其曲折的情感体验和超越时代的爱情观念。在那个婚姻要遵循父母之命的年代，世俗伦理不允许自由恋爱。尤其是纳兰性德出生于满族贵族阶层，这种身份对他来说有着沉重的障碍。在家庭的干预下，他无权选择自己的爱情，"予生未三十，忧愁居其半。心事如落花，春风吹已断。"通过阅读《纳兰词》中的爱情词，让学生们意识到：封建礼教可以禁锢身体，却不能禁锢心灵，纳兰性德的心总是向往自由的爱情。让学生正确树立爱情观和婚姻理念，爱情有幸福有痛苦，有美满也有失落，而婚姻有温暖也有责任，是归宿也是开始，如水如茶，爱情与婚姻关联，家庭是社会的缩影，从而使学生产生共情，有净化心灵的美，能够提升学生的审美品位。

2. 莫逆于心的忠厚友谊之美

在纳兰性德的词作中，有42首关于友谊的诗，说明友谊是他生命中不可缺少的一部分。他天性热情，没有任何功利主义，不看重对方的地位，与他人交朋友时也没有任何民族偏见。相反，他关注的是他们是否有共同的兴趣和精神交流。只要有空余时间，他就会与朋友写诗作对，文人雅集，互相倾诉，甚至在妻子去世后，只有和朋友在一起，他才能暂时摆脱痛苦。清朝统治下，满汉民族矛盾尖锐，民族隔阂和民族偏见根深蒂固。然而，作为满族贵族，纳兰性德从不怀有狭隘的偏见。纵观纳兰性德的好友顾贞观、朱彝尊、陈维崧、严绳孙、姜宸英、翁叔元、梁佩兰等，他们大多是仕途上郁郁不得志的汉族文人。纳兰性德理解和欣赏他们的才华，尽最大努力为他们实现理想和抱负提供政治、经济等资源。而且，纳兰性德还多次慷慨地帮助他们的朋友摆脱困境。通过阅读纳兰词中的友谊词，让学生认识到友谊是心灵的需要，没有朋友，人们会感到孤独。真诚的友谊是人生最宝贵的财富，可以帮助学生树立正确健康的人生观。

3. 天涯羁旅的边塞愁思之美

边塞词是边塞生活的艺术反映，具有十分丰富的思想内涵。在纳兰性德的词作中，边塞诗有57首，占其创作总量的五分之一，这使得边塞题材在其创作中占据了非常重要的地位，这与他长期的羁旅生活密不可分。纳兰性德在康熙十五年（1674年）担任康熙御用侍卫。在他去世前的九年里，出塞次数达十多次，因此有机会欣赏到塞外独特的自然风光。

不管塞外的条件有多差，他都坚持创作。正是这种执着和热爱，造就了一大批优秀的边疆作品问世。塞外幅员辽阔、风景秀丽、长河落日、古道西风、大漠孤烟，这些独特的塞外风情无不让人深深震撼。这些风景在纳兰性德的作品中创造了一道壮丽的边疆景观。读这些边塞诗，不是要表达“思古之幽情”，而是要强调历史意识和文化传统，其中包括山水之美的享受和天人合一的哲学启示，使学生在诗歌中体验民族意识和爱国主义精神。

4. 涅而不缁的咏物情怀之美

纳兰性德和大多数文人一样多愁善感，在普通人眼里，平凡的事物被他赋予了自己的情感色彩。当时康熙皇帝曾在《佩文斋咏物诗选》序言中对咏物诗进行了界定，认为咏物作品应以忠孝义气为文章主题，但这种以政治为重的文学观念是纳兰绝对不能接受的。他吟唱的东西极其平凡，不符合主流，但却体现了自己不同的心声。封建官僚集团庞大，集团内部利益相互联系，形成了庞大而复杂的关系网络。官员之间经常互相保护。封建官僚阶级的权力高于普通民众，官僚甚至用暴力搜刮民脂民膏，腐败现象屡见不鲜。清代中叶，不仅派系之间不断争夺利益，而且社会阶级矛盾尖锐。虽然纳兰性德能够进入权力核心，但他仍然无能为力。因此，他只能要求自己在官场上不被污染。我们不难认识到，纳兰性德厌弃财富，鄙视世俗和黑暗，但“人间正道是沧桑”，选择独立自主，不随波逐流，等于选择了一条孤独而落拓的路。通过学习《纳兰词》，帮助学生突破思维定式，激发创造精神，建构开放灵活的思维方式，确立学生对真、善、美的认知、辨别和鉴赏，提高文学鉴赏能力，培养学生成为一个真正有“文化根”的中国人。

四、出版信息

[清] 纳兰性德. 纳兰词 [M]. 安意如. 西安：三秦出版社，2018.

撰写人：张丽丽

《儒林外史》导读要点

摘　要：《儒林外史》是我国古典长篇小说讽刺艺术的高峰，开创了我国古代讽刺小说的先河。真实地描绘了清朝时期知识分子生活的沉浮，境遇的顺逆，仕途的升降，情操的高尚与卑劣，理想的倡导与破灭等。以其深刻的思想批判和高度的讽刺艺术的完美结合，赢得了文学史上的崇高地位，并为讽刺艺术在我国小说的发展做出卓越的贡献。

一、内容简介

《儒林外史》作者吴敬梓（1701—1754年），字敏轩，安徽全椒县人。吴敬梓，少时刻苦研书，热衷科举，23岁中秀才，久困科场，晚年生活贫困。由于由富变贫的生活变故，他尝尽世态炎凉，从而弃绝功名。由自身经历和观察所得，对八股取士制度和官僚制度，有痛切深刻的认识，集毕生精力写就《儒林外史》。

《儒林外史》以真人为模特儿，以当代发生的事为素材加以概括。从儒林入手，对民族文化长期积淀下来的霉烂因素进行深入的解剖和批判。以封建时代知识分子为主要描写对象，以批判科举制度为中心内容，描述了封建社会广阔的社会生活，揭露了封建社会末期各种丑恶现象，从而揭示了这个社会必然灭亡的命运。

二、价值概述

《儒林外史》作者从儒林入手，对民族文化长期积淀下来的霉烂因素进行深入的解剖和批判。主要通过对丑恶现象的批判揭示其理想，作者抨击的人物活跃其中，成为光彩的艺术形象。从这个意义上讲，《儒林外史》不仅是清中叶唯一一部长篇儒林小说，而且是我国古代文学史上最杰出的长篇讽刺小说，标志着我国古代讽刺小说艺术发展的新阶段。鲁迅对于《儒林外史》的讽刺艺术给予了高度评价，认为是中国小说史中讽刺艺术的里程碑。

三、导读要点

1. 正面人物形象体现的人格美

正面人物形象身上体现的人格美是综合了儒、道、佛三家的审美品格，也是吴敬梓所极力表现的在封建礼教思想下高蹈个人魅力，卓然独立的美好人物的典型。

明贤真儒人物体现儒家积极进取，勇往直前，奋发向上的人格魅力。代表人物虞育德，杜少卿道：“这人（虞育德）大是不同，不但无学博气，尤其无进士气。他襟怀冲淡，上而伯夷、柳下惠，下而陶靖节一流人物”

浊世君子身上体现性情的真，行为的善和道德的美。书中的君子代表杜少卿，他追求独立，讲究传统美德，讲究“文行出处”和高洁品行的人格美。杜少卿的君子人格是全书最为辉煌耀眼的部分，寄予着作者的美好理想。

清官、好官身上体现儒家积极进取，“修齐治平”思想和对人民的挚爱情感。安东知县向鼎知恩图报，他对下层百姓的关怀和爱戴是其对人民挚爱情感的体现，折射出美好的人格。

平民百姓身上体现勤劳善良，宽厚仁德，独立自尊和不畏豪强的人格精神。王冕母亲的勤劳善良，秦老爹对王冕的照顾和体贴，甘露寺老和尚为素昧平生的牛布衣料理丧事，牛、卜老爹之间的真诚友谊以及伶人鲍文卿的自力更生、朴实真诚都体现了下层平民百姓的美好人格，这种人格美的光辉在平淡中透出了人间的真情。

2. 整体感知，把握结构之美

《儒林外史》的结构艺术美，正如鲁迅言“虽云长篇，颇同短制”。全书没有一线到底的人物和情节，而以同一主题贯串全书。有时这一回的主要人物到下一回就退居次要。“事与其来俱起，事与其去俱迄”。这种独特形式主要还是出于作者的艺术构思。全书以反对科举制度为主干，通过这一点，运用自如地安排各类人物和故事，从而达到较广泛地反映社会生活的目的。因此，尽管这种结构形式难免有些松懈，但对它所反映的特定内容来说是和谐的。

本书结构：第1回，以王冕开篇，笼罩全局。第二至三十回，揭露科举考试制度下士人的丑态及灵魂的扭曲。第三十一至四十六回，树立真儒典范。第四十七至五十五回，作者在事实面前无奈，开始理性思考。第五十六回，以四大奇人为理想的探索，自食其力，不受功名富贵牢笼的新人物。呼应第一回。

主要人物梳理：王冕、周进、范进、严贡生、严监生、匡超人、马静、鲁编修、杜少卿等。

3.《儒林外史》的讽刺艺术美

《儒林外史》的讽刺艺术正是体现了鲁迅所说的“讽刺的生命是真实”“非写实决不能成为所谓讽刺”的精神。《儒林外史》运用把相互矛盾的事物放在一起，突出它的不合理的讽刺手法，其讽刺艺术不仅分寸掌握恰当，而且能将矛头直接指向罪恶的社会制度，而不是人身攻击。写实手法、自然流露、夸张手法、对照手法的综合运用，体现了现实主义讽刺艺术的高度成就。

4.《儒林外史》的语言艺术美

《儒林外史》被称为“白话之正宗”“白话文学的典范”，其重在绘出人物角色的精髓。它的语言艺术具有言简意赅、寓庄于谐、感情冷峻、气韵生动等语言特色。语言在作者运思层面上的表现，往往出现许多不同以往的气韵格调，体现在感情色彩、形象描写、遣词造句、意趣等诸多方面，这是不流于俗套的语言倔强和语言颠覆。

例如这段对胡屠户的描写“把银子攥在手里紧紧地，把拳头舒过来”作者想表明胡屠夫的吝啬和贪婪却不以直接写出，而是通过一“舒”一“攥”两个动词的“形”，把胡屠夫虚伪的心理和贪财做作的“神”，刻画得活灵活现，栩栩如生。其他的写到人物灵魂深处的还有严监生为省两根灯草临死还“伸着两根手指头不肯断气”。在《儒林外史》第十四回中出现的马二先生，“一顶高方巾，一幅乌黑的脸，腆着个肚子”的形象，使得“女人也不看他，他也不看女人”。尤其是马二先生机械僵硬的动作，紧张而又严肃的表情着实让人捧腹大笑。马二先生的性格与外表同出一辙，他对八股文痴迷使人怜悯，一生执着于自己错误的观念还凭借着这些教条影响了更多的人。吴敬梓用“戚而能谐，婉而多讽”的手法将美与丑、高尚与低俗等极具对立色彩的特点融为一体，将各种人物形象栩栩如生地展现在读者面前。作者曾在文中插话说道：“嫁与人家做妾即便满头白发还要唤作‘新娘’。”冷言冷语，传达着功利圈子的冷酷无情和森严的等级，仿佛一把利剑裹挟着寒冷凛冽之意深深地插入封建礼教之中。

5. 转变视角，品析作品叙事艺术之美

俗话说“横看成岭侧成峰，远近高低各不同”，同一事物从不同角度看会有不同的收获，更何况是复杂多变的人。《儒林外史》从不同视角进行描写，人物形象更加真实，人物性格更加鲜明，成就艺术佳作。

例如：第二回中，薛家集居民想请周进来教村里的孩童。先通过夏总甲之口称赞周进教的如何好，如何有本事。只三个年头就让学生怎样怎样。过了几天，当周进亲自来到薛家集，又从众人视角来写“众看周进时，头戴一顶旧毡帽，身穿元色绸……”同一人物在两次不同视角中出场，耳闻与眼见差别之大，活化人物，增强讽刺效果，起到创造性的审美效应。第三回中，周进作为主考官，在他眼中进来的考生“也有小的，也有老的，仪表端庄的……”可见，他并没重视。而范进在他眼中却很不同，“面黄肌瘦，花白胡须，头顶一顶破毡帽”，神态“乞乞缩缩”，还询问他年纪，考过几回，可谓非常注意，周进眼里的范进，体现“以我观物，物皆我色彩”，给读者更强真实感。

四、出版信息：

［清］吴敬梓. 儒林外史［M］. 刘乐里. 北京：民主与建设出版社，2017.

撰写人：张淑卿

《聊斋志异》导读要点

摘　要：《聊斋志异》是我国古代文言短篇小说之巅峰。《聊斋志异》意境创造美、语言典雅美、浪漫温馨艺术美、光怪陆离恐怖美，弘扬真善美、抨击假恶丑，值得我们细细品读。

一、内容简介

《聊斋志异》，简称《聊斋》，俗名《鬼狐传》，是我国古代文言短篇小说集，全书分为12卷，共有短篇小说491篇，有传奇、志怪、轶事等，题材广泛，内容丰富。它不仅取材于现实生活中的人和事，还大量取材于有关花妖鬼狐的各种传说；它的艺术构思“驰想天外，幻迹人区”，人奇、事奇、景奇、情奇，如梦似幻，变幻莫测。题材的怪异性，构思的奇幻性，寓意的深广性，构成了这部奇书有别于其他任何一部小说的独有的特征，形成了它前不见古人，后不见来者的独特创造。

作者蒲松龄（1640—1715），字留仙、号柳泉居士，自称异史氏，山东省淄博市淄川人，清代著名文学家、小说家。祖上“科甲相继”的蒲松龄，在他长达七十六年的生命中，不仅目睹了清兵攻破济南城、血洗齐鲁大地的人间浩劫，而且经历了清兵击溃李自成，建立清王朝的朝代剧变。他早年欲以科举入仕，可惜屡试不第，31岁时应好友孙蕙邀请，到江苏扬州府宝应县做幕宾一年，这段经历对其创作具有重要意义；北归后又只能以到缙绅家设馆为生，61岁撤帐归家。时代的更迭、人间的苦难、个人的遭际，遂纷纷涌入笔下。蒲松龄从22岁开始撰写《聊斋志异》，40岁始集结成书，后又经逐年增补，前后历时40余年，可谓半生心血倾尽。

二、价值概述

《聊斋志异》用浪漫主义的创作方法，造奇设幻，描绘鬼狐世界，从而形成了独特的艺术特色。从诞生至今的400年多里，依然没有志怪小说可以撼动它的地位，堪称中国古典短篇小说之巅峰。十九世纪中叶传播到国外，已有英、法、德、日等二十多个语种的译本，聊斋学也已成为世界性的学术研究课题。

《聊斋志异》反映了广阔的现实生活，提出了许多重要的社会问题，表现了作者鲜明的态度，它们或揭露封建统治的黑暗，或抨击科举制度的腐朽，或反抗封建礼教的束缚，具有丰富深刻的思想内容；其中包含最多的描写爱情主题的作品也大都表现了强烈的反封建礼教精神，极具文学价值、社会价值和历史价值。

三、导读要点

《聊斋志异》作品构思曲折离奇，故事情节跌宕起伏，结构布局严谨巧妙，幻化形象刻划独具特色。书中虽为文言，但凝练之外又极形象传神，富有表现力。该书至少具有以下五个方面的特征：

（1）意境创造之美

打开《聊斋志异》，我们仿佛走进了一个神奇迷离的艺术世界。它所展现给读者的生活画面，既有凄风苦雨的人间，又有琼楼玉宇的天堂，既有昏天黑地的地狱，又有晶莹碧透的龙宫，既有幽艳朦胧的鬼域，又有虚无缥缈的梦境。就在这境界中，活动着许多美丽的花妖狐魅，她们不仅外表超凡，而且大都有着一颗美丽的心灵，作者蒲松龄在她们身上倾注了浓重的感情。例如：《山市》篇既有对城郭的勾勒，也有对层楼中人物的描绘，就象一篇优美的写景散文。《公孙九娘》开篇用“碧血满地，白骨撑天”画出了一幅阴森恐怖、惨不忍睹的图画。《晚霞》仿佛是一幅幅色调各异的画面组成的画廊：开始是一幅端阳节江南赛龙舟的风俗画，接下来是浓墨重彩的龙宫诸部歌舞图和清雅幽静的莲屏图，最后是一幅生活气息浓厚的人间团圆画。

（2）语言典雅之美

《聊斋志异》既有小说的离奇，同时兼具诗歌的美丽和散文的流畅。作品文笔简练，描写细腻，引用了上千种经典，近万条典故；大量提炼和融汇进了当时的方言俚语，形成了一种既典雅严整又生动活泼的语言风格；文字清新自然，词汇异常丰富，富有诗意，真正把文言写得出神入化，读起来赏心悦目，听起来音韵铿锵；无论是抒情写景，还是叙事状物，都绘声绘色，多彩多姿，曲尽形态。人物语言雅中有俗，俗中见雅，雅俗结合，更生动活脱，谐谑有趣。如《邵女》中媒婆的声口，《刘姓》中恶霸的流氓腔调，《小翠》中姑娘们斗嘴的神态，《阎王》中村妇的口吻，都写得神采飞扬，声口如闻。尤其是《翩翩》中翩翩和花城娘子的一段对话，把古语典故和俚语方言熔铸一起，运用自如，不着痕迹。

（3）真善美慧人性美

《聊斋志异》有众多篇章以女子为主角，她们或为花妖，或为鬼狐，或为仙子神女，或为鸟精兽怪，或为世间奇女子。她们真——真纯、真诚、情真、意真；她们善——善良、热情、心善、行善；她们美——美得如月如花、如诗如画，貌美心也美；她们慧——聪慧伶俐， 多才多艺，在多个方面展示她们的巧思和奇能。她们以各自不同的形貌言语、气质、才情、行动，演绎出一个个神奇而曲折的优美故事，令人神往，引人遐思。例如：《黄英》中的菊花仙黄英勤劳致富，《小二》中的小二富而不忘慈善，《阿纤》中的老鼠精阿纤贤德善良，《连锁》中的孤魂野鬼连锁美丽而多才多艺，《花姑子》中的香獐精花姑子为报救父之恩家破人亡。

（4）浪漫温馨艺术美

《聊斋志异》里没有叱咤风云的英雄，没有惊天动地的事业，也少有动人心魄的故事；它有的多是一些文质彬彬的书生或娇弱秀美的少女，多是一些缠缠绵绵的爱情故事，或明丽或幽静的环境，洋溢着浪漫温馨的艺术色彩。象淡淡的烟雾笼于水面，象轻柔的微风吹拂荷塘，象皎洁的月光洒满花园，带给人一种优美的享受。

（5）光怪陆离恐怖美

《聊斋志异》在恐怖形象的描写中，加入了大量的民俗和传奇色彩，把一部分作品当中的死亡与鬼魂描写得阴森恐怖，又将人死后的生活描写得活灵活现，使生与死在时间上的延续转化为人间与冥间在空间上的旅行，满足读者的恐怖趣味。人的形象可触可感，但又添加了可憎可怖的外形。《画皮》中抱袱独奔的二八姝丽，却原来是用彩笔画人皮的面翠色、齿如锯的狞鬼，文中悚异的画皮情节增强了视觉感，如在眼前，迫人神经。《水莽草》则把死者本身赋予了最危险的性质，加强了恐惧成分。文章开篇道出南方某地民俗，误中水莽草毒的人即为水莽鬼，必再有毒死者，始代之。而《商妇》中某少妇自缢而死后鬼魂来到某商妇房中“妇乃授带， 起悬梁上，引颈自缢。”从反面折射出对死者的恐惧。

《聊斋志异》大部分是引人入胜的故事，但点评家冯镇峦偏偏说:“读《聊斋志异》仅作故事读，不作文章看，便是呆汉。”这就是说:读聊斋，可以了解人生，学习写作，掌握语言。北京大学教授吴组缃先生说:读聊斋，一定要一篇一篇细读。希望同学们通过对《聊斋》逐篇细细解读，不仅可以学到其中的中国优秀传统文化教育内容，而且可以读出一幅历史长卷，读出一些小说章法，读出一些人生况味。

四、出版信息：

《聊斋志异》，（清）蒲松龄（著），孙通海等（译）；出版社:中华书局；出版时间:2010年10月。

撰写人：宋雪梅

《聊斋志异》导读要点

摘　要：《聊斋志异》有传奇、志怪、轶事等，诸体兼备，为中国文言小说集大成之作。内容十分广泛，多谈狐、魔、花、妖，以此来概括当时的社会关系，反映了17世纪中国的社会面貌。

一、内容简介

《聊斋志异》是一部具有独特思想风貌和艺术风貌的文言短篇小说集。多数小说是通过幻想的形式谈狐说鬼，但内容却深深地扎根于现实生活的土壤之中，曲折地反映了蒲松龄所生活的时代的社会矛盾和人民的思想愿望，熔铸进了作家对生活的独特的感受和认识。蒲松龄在《聊斋自志》中说："集腋为裘，妄续幽冥之录；浮白载笔，仅成孤愤之书：寄托如此，亦足悲矣！"在这部小说集中，作者是寄托了他从现实生活中产生的深沉的孤愤的。因此我们不能只是看《聊斋志异》奇异有趣的故事，当作一本消愁解闷的书来读，而应该深入地去体会作者寄寓其中的爱和恨，悲愤和喜悦，以及产生这些思想感情的现实生活和深刻的历史内容。这本书真实地揭示了现实生活的矛盾，反映了人民的理想、愿望和要求。歌颂生活中的真、善、美，抨击假、恶、丑，是蒲松龄创作《聊斋志异》总的艺术追求，也是这部短篇小说集最突出的思想特色。

二、价值概述

在我国古典文学宝库中，《聊斋志异》是一部著名的篇小说集，包含很多瑰丽多彩、脍炙人口的优秀作品，其中不少作品早已被改编为戏曲，在舞台上胜演不衰。今十余年来，许多作品更被改编成电影和电视剧，深受欢迎。《聊斋志异》是蒲松龄的代表作，在他40岁左右时基本完成，此后不断有所增补和修改。"聊斋"是蒲松龄的书斋名，所谓"聊"就是在交谈，话说蒲松龄在他居住的地方附近设一茶棚，凡是进来的人是不收银子的，捧上一壶茶坐下来和客人闲谈，他就专门问一些奇闻异事，蒲松龄的"聊斋"变由此而生。然后，蒲松龄就把听来的这些事情经过自己的加工润色后记录下来。"志"变产生了，即记述的意思，"异"当然就是旨在说明自己所记录的事情都是奇闻异事。"聊斋志异"变由此而生。全书有短篇小说491篇。题材非常广泛，内容极其丰富。多数作品通过谈狐说鬼的手法，对当时社会的腐败、黑暗进行了有力批判，在一定程度上揭露了社会矛盾，表达了人民的愿望。但其中也夹杂着一些封建伦理观念和因果报应的宿命论思想。

《聊斋志异》的艺术成就很高，书中写的是一个花妖鬼狐的世界，既有对如漆墨黑的社会现实的不满，又有对怀才不遇、仕途难攀的不平；既有对贪宫污吏狼狈为奸的鞭笞，又有对勇于反抗，敢于复仇的平民的称赞；而数量最多、质量上乘、写得最美最动人的是那些人与狐妖、人与鬼神以及人与人之间的纯真爱情的篇章。它成功的塑造了众多的艺术典型，人物形象鲜明生动，故事情节曲折离奇，结构布局严谨巧妙，文笔简练，描写细腻，堪称中国古典短篇小说之巅峰。

三、导读要点

《聊斋志异》作品构思曲折离奇，故事情节跌宕起伏，结构布局严谨巧妙，幻化形象刻划独具特色。书中的虽为文言，但凝练之外又极形象传神，富有表现力。从题材内容来看，《聊斋志异》中的作品大致可分为以下五类：

第一类，是反对封建婚姻，批判封建礼教，歌颂青年男女纯真的爱情和争取自由幸福而斗争的作品，如《婴宁》、《青凤》、《阿绣》、《连城》等。这是全篇中数量最多的作品，其中有表现花妖狐魅和人的恋爱的，表现了作者理想的爱情。比如《香玉》中的黄生在崂山下清宫爱上白牡丹花妖香玉，花不幸为人所移，黄生日日临穴哭吊，终于感动花神使香玉复生。还有一部分是表现青年男女的反抗精神的。如《连城》描写了乔生与连城的忠贞感情。史孝廉为女儿连城征诗择婿，乔生的诗得到连城的肯定。史家却以乔生家贫之故不许。后连城病死。乔生前往临吊，一恸而绝。他在阴间找到了连城，并在好友顾生的帮助下， 相携回到阳间。这种相亲相爱的感情， 已远远高于郎才女貌的传统爱情诠释。

第二类，是反映社会黑暗，揭露和抨击封建统治阶级压迫、残害人民罪行，歌颂被压迫人民反抗斗争精神的作品。《聊斋志异》有不少作品写了贪官暴吏、土豪劣绅残害人民的罪行，揭示了人民痛苦生活的原因主要来自贪官污吏。如《梦狼》以白翁的梦境和白翁次子的现实见闻，两相对照，深刻揭露了封建官府吃人的本质，并大胆而尖锐地指出："天下之官虎而吏狼者，比比也。"又如《潞令》写潞城令宋国英"贪暴不仁，催科尤酷"，到任百日，便杖杀58人。这些故事形象地揭示出：当时的社会是一个"原无皂白"的"强梁世界"（《成仙》），"曲直难以理定"的"势力世界"（《张鸿渐》）。百姓的生活可想而知。如《促织》讲述由于"天子偶用一物"，使得平民倾家荡产。主人公成名因买不起应征的促织（蟋蟀）， 被打得奄奄一息，后来历尽艰辛，捕得一头，却被儿子不小心弄死。儿子跳井自杀，其魂化为蟋蟀，得到皇帝欢心，各级官吏因此升官。这反映了皇帝荒淫无道，巡抚县令胥吏横征暴敛的罪恶现实，寄托了对受尽欺凌和迫害的下层群众的深切同情。在暴露统治阶级贪暴不仁的同时，作者也写出了被压迫人民的反抗斗争，对他们表示深切的同情。其中有"大冤未伸，寸心不死"的席方平（《席方平》）；有最终变成猛虎、咬死仇人的向杲（《向杲》）；有直入阴间、杀死两吏卒的王鼎（《伍秋月》）；有敢于衔恨雪耻的郎玉柱（《书痴》）；有任侠刚猛的聂政幽灵（《聂政》）等。特别是一些反抗的女性形象，尤为感人。如《博兴女》写民女被某土豪缢杀，女尸化为神龙，攫豪首而去；《商三官》写年仅16岁的商三官，为父报仇，女扮男装，手刃仇人。还有《梅女》中的梅女、《庚娘》中的庚娘、《侠女》中的侠女，也是些具有反抗精神的妇女。这些人物形象在激发被压迫者的斗争意识方面，有一定的积极意 义。

第三类，是揭露和批判科举考试制度的腐败和种种弊端的作品，如《叶生》、《于去恶》、《考弊司》、《王子安》、《三生》等。蒲松龄还没有像后来的吴敬梓一样从根本上否定科举考试制度，却揭露了科举制度的罪恶。作者指出科举之所以埋没人才，是因为考官都 是“乐正师旷（瞎子）、司库和峤（爱钱）”之流，具有化神奇为腐朽的特殊能力，所以“文章词赋，冠绝当时”的叶生却屡试不中（《叶生》），而贾奉雉把“不可告人之句连缀成文”却能“竟中经魁”，令考生自己“一读一汗”，自觉无颜。而对那些只以功名利禄为念醉心科举的人物，作者也是多加抨击的。《王子安》中的王子安，在考试之后的醉卧中，梦见自己高中， 于是大呼长班，长班稍稍来迟， 便骤起扑打，结果摔倒在地。同时，作者肯定了那些不向科举制度屈服的士子，像绝然“遁迹丘山”的贾奉雉等。

第四类，总结生活中的经验教训，教育人要诚实、乐于助人、吃苦耐劳、知过能改等等，带有道德训诫意义的作品，如《黑兽》、《画皮》、《崂山道士》、《瞳人语》、《狼》三则等。《画皮》教育人要通过外表看到本质。《黑兽》教育人面对强暴不能延颈受死。

另外还有一些作品表现了民间技艺的高超，如《偷桃》、《口技》等，在进步的思想内容中也夹杂着一些落后的成分，如宣扬封建伦理道德观念、鬼神迷信和因果报应思想，追求功名利禄的庸俗倾向等，是我们阅读时应注意分析批判的。

四、出版信息：

《聊斋志异》，（清）蒲松龄（著），丁如明等（译）；出版社：上海古籍出版社；出版时间：1995年10月。

撰写人：程　佳

《晚清七十年》导读要点

摘 要：该课程主要讲述了晚清七十年中太平天国、甲午战争、戊戌变法、义和团与八国联军、袁世凯、孙文与辛亥革命等重要历史事件和历史人物，融入爱国主义等课程思政点，培养学生热爱祖国大好河山和骨肉同胞的情怀。

一、内容简介

《晚清七十年》原是作者唐德刚在海外教授中国近代史和当代史的英文讲义的累积，是作者用英文写的中国近代史的一个“导论篇”，后经不断增删和改写而成一部中国近代史著作。

《晚清七十年》由于作者研究历史的角度与一般历史学家有所不同，也因其极富个性和魅力的语言而在海外有极大的影响。全书由“中国社会文化转型综论”“太平天国”“甲午与戊戌变法”“义和团与八国联军”“袁世凯、孙文与辛亥革命”五部分构成，并附有数十幅相关历史人物、历史事件的原始照片，极富历史震撼和可读性。

二、价值概述

《晚清七十年》这本书启迪我们从新的角度去思考晚清这段历史，这本书以纵横自如、老练诙谐的笔触为我们抹去了蒙在那一段令每一个中国人心头都有千般滋味的历史上面的时空烟尘，对是是非非作了一番清晰有趣的梳理。这本书也因其极富个性和魅力的语言而在海外有极大的影响。

三、导读要点

1. 领略历史人物之美

历史是由人来演绎的，晚清时期涌现出了很多的历史人物，例如以天下为己任的孙中山，在祖国受到侵犯，人民遭到凌辱，民族处于危难之时，发出了震耳欲聋，感人肺腑的呐喊，并为之奋斗，谱写了一曲爱国的篇章。《晚清七十年》将学生视角带进历史表象之内，通过共情和充分展现历史人物和历史事件，有效刺激学生感官体验，帮助学生在历史情境和当代背景下重新思考历史人物，引导学生以公正的角度理解不同的历史解释，以辩证的眼光和客观的态度评判历史人物，从而培养学生叙述历史和形成历史认识的能力。同时引导学生具备积极的人生态度、不断进取的奋斗精神，正视挑战、勇于创新的求知精神，踏实的工作作风、稳重坚定的行为习惯、敢于抗挫、善于自我调控的意志品格。

2. 领略文字之美

人文传统在当代面临巨大挑战和种种危机，历史著作如果不继承“文史不分”的优良传统，不注重文字的可读性，历史会变成“枯燥无味的东西”。在《晚清七十年》，我们可以看到作者对历史事件不仅有自己独特的见解，而且可以在这本书中感受到唐教授心中有人、目中有人、笔端有人，将历史人物描绘得栩栩如生，将历史事件叙述得万分精彩，为读者呈现了美不胜收的历史长卷。《晚清七十年》的文字读起来平实亲切，而又韵味无穷，作者总是从“绝大多数人”的立场出发，让人读起来倍感亲切，那一串串充满人情味的文字，以及作者对于“中国社会文化转型”“太平天国”“甲午与戊戌变法”“义和团与八国联军”“袁世凯、孙文与辛亥革命”历史事件的评点和知人论世，真的是一场美的盛宴。

3. 鼓励学生个性审美

《晚清七十年》是对“中国社会文化转型”“太平天国”“甲午与戊戌变法”“义和团与八国联军”“袁世凯、孙文与辛亥革命”历史事件阐述自己看法的一本著作，需要学生有一定的历史知识的积累，而从学生的选课来看，学生来自不同的专业，基础各不相同，审美能力和审美水平也存在一定的差异，学生的审美个性呈现的多元化、创造性、可塑性，对学生的个体发展和将来社会发展具有一定的积极正面的作用，所以在《晚清七十年》课程的学习过程中，留出一定的空间给学生用以满足不同的审美个性需求，鼓励学生从不同的角度阅读《晚清七十年》这门课程，创造美育的氛围。

对于基础较好的学生，鼓励他们从多角度、多方面、多途径了解历史，培养学生用史料实证历史的能力，使学生了解各地区、各时期的人文情怀和思想，增强时空观念，让学生能够独自审视历史发展必然，拥有挖掘历史背景和辨别历史真相的能力，激活学生的独立思考能力。

4. 领略家国情怀之美

在《晚清七十年》中可以体会到孙中山等伟人的家国情怀，引导学生通过伟人的壮举，激发学生的爱国情怀和努力向前的动力。

引导学生通过历史中的文化美、人物美、精神美，甚至是悲剧美来品味这段历史，通过展现历史美，让学生从历史发展进程中汲取有益的精神财富，养成积极、健康的人生观、价值观。让学生认识中国的具体国情，形成对祖国和中华民族的认同感，形成关注国家命运的情怀。通过展现优秀传统文化和民族精神，让学生理解中华文明的历史价值和现实意义，形成传承和弘扬中华优秀传统文化的信念。通过展现各国文化的精神实质，使学生形成正确的国际理解意识，尊重、理解、包容世界各国、各民族的文化传统，形成面向世界的开放心态和胸怀。通过从更全面的角度展现历史发展的客观规律，形成科学的历史观，提升明辨是非善恶美丑的能力，从而激发学生对历史美德的追求，认识到人生真正的价值在于对社会的贡献。

四、出版信息：

唐德刚. 晚清七十年［M］. 长沙：岳麓书店出版社，1998.

史景迁. 太平天国［M］. 桂林：广西师范大学出版社，2011.

戴旭. 戴旭讲甲午战争［M］. 北京：人民日报出版社，2018.

撰写人：柳晓莉

《人间词话》导读要点

摘　要：《人间词话》沿用中国传统的诗话、词话的形式，将西方的康德、叔本华、尼采的美学观念和中国固有的诗、词、曲创作的丰富材料组合，形成中国诗话、词话发展史上以“境界说”为核心的观点新颖、立论精辟的划时代论著。

一、内容简介

1. 作者生平

王国维（1877—1927），字静安，一字伯隅，号观堂，浙江海宁人。是近代中国最早运用西方哲学、美学、文学观点和方法剖析评论中国古典文学的开风气者。清华研究院开创之初的“四大导师”之一。22岁前，在家乡接受传统教育，却不喜欢科场诗文，科举考试时，“不终场而归”。1898年后，到上海，接受西方哲学，希望借助西方哲学来解决现实人生中的困惑。1905年，王国维完成了《红楼梦评论》。1908年，开始连载《人间词话》。1912年，完成《宋元戏曲史》。辛亥革命后，政治态度日趋倒退。1923年，他欣然“应诏”北上，担任皇帝溥仪的“南书房行走”。1927年6月，北伐军进逼北京，王国维留下“经此世变，义无再辱”的遗书，投颐和园的昆明湖自尽。

2. 《人间词话》在文学批评史上的地位：

王国维在接受了西洋美学思想之洗礼后，把西方哲学观点与中国传统哲学、文学观美学相融合，用中国古代学者传统读书笔记的形式，以崭新的眼光对古典诗词进行评论。这本关于诗词的文学批评著作，被誉为晚清三大词话之一，是古典文学批评里程碑式的作品，是百年来中国最具影响力的美学经典。

3. 《人间词话》产生的时代背景

《人间词话》作于1908—1909年，发表于《国粹学报》。王国维生活在中国最黑暗的时代，外族入侵，清政府没落崩溃，社会失控，价值体系紊乱，人们的思想观念经历着剧烈动荡，王国维的人生也经历着时代痛苦的洗礼。22岁前王国维在家乡接受传统教育，却不喜欢科场诗文，科举考试时，“不终场而归”。22岁到上海接触到康德、叔本华西方哲学，希望西方哲学能解决现实人生中的困惑，从中寻觅人生解脱之途。希望通过哲学能够揭示人生的真理，摆脱人生的痛苦与无奈。在感叹：“哲学上之说，大都可爱者不可信，可信者不可爱。”而王国维追求的是“可爱”与“可信”的统一，他陷入学术界自近代以来形而上学与科学实证的内在紧张，非理性主义与实证主义冲突、对峙的泥潭之中难以自拔。

王国维本以为研究哲学可以解决“人生之问题”，却陷入“可爱”与“可信”两难境地的烦闷之中，他不得不放弃哲学的研究，另寻解脱之路。他的学术注意力由哲学移于文学，以期在文学中能够寻觅到人生痛苦的慰藉，找到自己的人生境界与目标。在文学研究中，文学本身的非功利给他带来了审美的愉悦，1905年，王国维完成了《红楼梦评论》；1906—1908年之间他撰写了《人间词话》。1912年，完成《宋元戏曲史》。

辛亥革命后，王国维政治态度日趋倒退，1923年“应诏”北上，担任皇帝溥仪的“南书房行走”。1927年6月，北伐军进逼北京，50岁的王国维留下“经此世变，义无再辱”的遗书，投颐和园昆明湖自尽，为国学史留下悲剧色彩的“谜案”。

二、价值概述

该书成为名著或经典的原因和价值：

1.《人间词话》沿用中国传统的诗话、词话的形式，将西方的康德、叔本华、尼采的美学观念和中国固有的诗、词、曲创作的丰富材料组合，兴之所至，随感而发，形成中国诗话、词话发展史上以“境界说”为核心的观点新颖、立论精辟的划时代论著。

2. 王国维文艺美学的核心思想是“境界说”。王国维把境界视为创作原则，也把它当作批评标准，论断诗词的演变，评价词人的得失，作品的优劣，词品的高低，均从“境界”出发。“境界”说既是王国维文艺批评的出发点，又是其文艺思想的总归宿。“词以境界为上。有境界则自成高格，自有名句。五代、北宋之词所以独绝者在此。”

王国维把艺术境界划分为三种基本形态：“上焉者，意与境浑；其次，或以境胜；或以意胜。”科学地分析了“景”与“情”的关系和产生的各种现象，“景”与“情”交融成一体是上等的艺术境界，自然与理想熔于一炉，只有大诗人才能创造出这种“意与境浑”的境界。在中国文学批评史上第一次提出了“造境”与“写境”，“理想”与“写实”。

3. 通过赏析唐五代以来的词作，掌握欣赏词的知识和方法，领略古诗词的无穷魅力，陶冶情操、提升境界、培养情怀，欣赏词中哲学思想之美、语言表达之美、历史传承之美、传统文化之美。感受中华优秀传统文化的深厚底蕴和无穷魅力，增强文化自信和对国家的文化认同感。

三、导读要点

1. 王国维对境界的阐述以及人生三境界的名言，使《人间词话》在中国文学批评史上占有举足轻重的地位。

“古之成大事业，大学问者，必经过三种之境界：‘昨夜西风凋碧树，独上高楼，望尽天涯路。’，此第一境也。‘衣带渐宽终不悔，为伊消得人憔悴。’此第二境也。‘众里寻他千百度，蓦然回首，那人却在灯火阑珊处。’此第三境也。”

2. 在词创作方面王国维推崇“简”与“真”。

认为这是一切写作的真谛，“能写真景物、真性情，谓之有境界，否则谓之无境界。”意向之间的碰撞和人心的碰撞构成意境，一切景语皆情语，一花一叶、一丘一壑，精神和自然融为一体，景物与人心，一静一动、一内一外、互为映衬、相互呼应，主观的情意和客观的物境构成流动空间。

本课程以词创作中 “简”与“真”、词品鉴方面的“境界”两方面展开，通过词作中情、志、人三者有机统一，对古典词精神气韵进行学习、鉴赏，理解人间词话的核心美学思想，体会词的境界之美、语言表达之美、音乐韵律之美、历史传承之美。

3. 通过学习爱国主义思想内容的诗词，深植学生的爱国主义情怀。

培养大学生奉献报国、以学强国的崇高理念；引导大学生关切时代，担当中华民族伟大复兴的重任。

4. 掌握王国维的诗歌鉴赏理论、掌握欣赏词的知识和方法。

感受中华诗词文化的深厚底蕴和无穷魅力，增强文化自信和对中国文化的认同感。欣赏词的境界之美、音乐韵律之美。感受中华优秀传统文化的深厚底蕴和无穷魅力，增强文化自信和对中国文化的认同感。

四、出版信息：

王国维. 人间词话全译释评［M］. 北京：中华书局，2018.

释原文中涉及诗词全文引录，并做简注、评点，在部分条目后增“扩展阅读”，选录与原文所论相关相近的诗词或典故与原文互相参考。

撰写人：冯　华

第四编 品行养成之美

《爱的艺术》导读要点

摘　要：《爱的艺术》既是一本哲学读物，又是一本心理学读物，以深入浅出的语言把爱的理论讲得清晰而生动。本书虽然出版自半个世纪之前的1956年，但它的光芒闪耀至今，展现出哲思之美、力量之美、情感之美、语言之美和人格之美。

一、内容简介

《爱的艺术》是美籍德裔人本主义哲学家和精神分析心理学家弗洛姆最著名的作品，自1956年出版至今已被翻译成32种文字，在全世界畅销不衰。

本书直面两次世界大战之后西方人的精神处境。弗洛姆认为，资本主义在人的发展和解放上有着巨大的贡献。但资本主义在使人获得自由的同时，也使人陷入孤立无援的处境中。在这种病态的社会中，到处充满着对人性的压抑，人们机械地进行生产和消费，人本身不再是目的，而是他人、社会甚至自己的手段，人处于全面异化的状态。弗洛姆认为，要使人得到全面的自由发展，就要通过爱来建立健全的人格，实现人与人之间的链接，只有这样才能使人类摆脱孤独感，才能有健全的社会。本书正是在这样的背景下展开的。

在这本书中，弗洛姆认为爱情不是一种与人的成熟度无关，只需要投入身心的感情。如果不努力发展自己的全部人格，并以此达到一种创造倾向性，那么每种爱的尝试都会失败，如果没有爱他人的能力，如果不能真正谦恭地，勇敢地，真诚地和有纪律的爱他人。那么人们在自己的爱情生活中永远也得不到满足。

爱是可以通过耐心学习而得来的一门艺术，类似于对艺术的感受力，爱情、母子之爱、朋友之爱，都是走向完善性格、丰富灵魂的人生实践。和任何技艺一样，你要是想纯熟地掌握，就必须要有纪律、要集中、要有耐心，还要有极大的兴趣。纪律、专心、耐心等是行使所有艺术的必备条件，爱的艺术同样需要，而要获得爱的能力的主要条件则是克服自恋，有自我省察的能力，有移情力。了解对方，时刻审查自己的内心，而不是一发生什么就为自己找辩护的理由。只有保持一颗开放、谦恭、理性的心，我们才能看见他人。

二、价值概述

本书以深入浅出的语言把爱的理论讲得清晰而生动，在读书时我们既能感受到严密的逻辑推理，又能感受到丰富的感情流动。这本《爱的艺术》虽然出版自半个世纪之前，但它的光芒闪耀至今。它既是哲学读物，又是心理学读物，研究爱的理论，本书是绝对无法绕开的。同时，它也适合所有想要学习感受爱、理解爱和表达爱的人，读这本书可以更新我们的很多观念，让我们体验到自己其实是自己力量的体现者和行动者，体验到爱和创造性，更好地关注自身，学会欣赏自己，鼓励自己，从而更自信地投入到生活和学习中，更好地发挥自己的潜能。

三、导读要点

《爱的艺术》这本书富有逻辑和充满感情的语言讲了爱的理论，指出爱是一种需要学习，并且要身体力行才能获得的能力，有着十分丰富的美育价值，请同学们重点关注以下几个方面。

1. 哲思之美

我们都认同，爱是生活中的重要存在，对爱的渴望、追求，以及丧失爱或爱而不得的痛苦几乎贯穿了人的一生。而爱是什么？好像每个人都有自己的理解，而且每个人都认为自己是对的。在这个问题上我们似乎无法彼此说服。于是，我们慢慢形成了一种默契，不再谈论爱，放任每个人对爱的理解。弗洛姆的这本《爱的艺术》正是努力探讨这个大家都在关心却都在躲避的问题，而他的理解不仅仅是人生经验的陈述，而是从哲学的角度进行分析，爱究竟是什么，我们如何才能通往幸福？

弗洛姆深受马克思主义和弗洛伊德精神分析学说的影响。他致力于用马克思的理论和方法去改造弗洛伊德的精神分析学说，并力图为马克思关于“每个人自由而全面的发展”的理想寻找现实的实现途径。《爱的艺术》正是为实现这一理想而进行的探索，本书充满着哲思之美，他真正深刻地、严肃地在讨论爱的问题，如果有人仅仅把这本书看成一本爱情指南，只能说他们没有看到这本书真正的深邃。

2. 力量之美

书的开篇，弗洛姆就指出，我们关于爱的理解，有很多误区。比如，我们认为，我们之所以不幸福，是因为没有遇到对的人。但去哪里找那个对的人呢？弗洛姆接下来告诉我们，爱的问题不是个对象问题，而是个能力问题。这个能力不是获取财富和社会地位的能力，而是爱的能力，感受爱、理解爱、表达爱的能力。而这种能力是可以通过刻意地练习获得的。

为什么大多数人倾向于认为爱是对象问题，而不是能力问题呢？如果爱是对象问题，我们去等待就好了，如果一辈子也没有遇到对的人，那也只是不幸运。如果爱是能力问题，那我们就得去努力提高自己爱的能力。被动等待要比主动提高更容易些，但主动提高比被动等待来的幸福更深入和持久。宁愿被动而不愿主动，也不都是懒惰，而是缺乏改变的力量。

通过这本书，你会感受到力量，来自心灵深处的力量，你会知道，虽然爱不是一件简简单单的事情，但是我们可以通过付出学习和努力而获得。你会有一种对于生活的掌控感，不再消极、被动地等待爱的降临，在爱中感受到自由和舒适。

3. 情感之美

《爱的艺术》这本书推崇一种成熟的爱，而不是那种同性吸引力和性结合密切相关的坠入情网式的爱。

成熟的爱情是在保留自身完整性和个性的条件下的结合。爱是人身上的一种积极力量。这种力量可以冲破人与人之间的樊篱并使人与人结合。爱是一种主动性的活动，而不是一种被动性的情感。它是一种“自足”，而不是一种“追索”。爱情首先是“给”而不是得，但这里的“给”并非人们误认为的是一种“自我牺牲”的美德，他认为“给”即是得，而并非牺牲。一个人应该把他内心有生命力的东西给予别人。他应该同别人分享他的欢乐、兴趣、理解力、知识、幽默和悲伤——简而言之一切在他身上有生命力的东西。通过他的给，他丰富了他人，同时在他提高自己生命感的同时，他也提高了对方的生命感。他给并不是为了得，但是通过他的给，不可避免地会在对方身上唤起某种有生命力的东西。因此他的给同时也包括了使接受者也成为一个给的人，而双方都会因为唤醒了内心的某种生命力而充满快乐。在给的行为中诞生了新的东西，给和得的人都会感谢这新的力量。这一点表现在爱情上就是：没有生命力就是没有创造爱情的能力。除了给予的因素之外，爱的积极性特征，还明显的包含了其他一些基本的因素，如关心、负责、尊重和了解。

这种情感是神圣的、美好的，也是持久的，它展现出来的是人的带有激情的生命力和富有创造性的活力，这才是生而为人的独特和骄傲，是我们在阅读中应该细心体会的。

4. 语言之美

本书的语言风格非常朴实，使用的都是生活化的语言，较少哲学术语，没有晦涩难懂的感觉，适合各专业学生阅读。同时，它的语言非常严谨，看似闲谈，却在行文过程中始终有着严密的推理。语言之美不止有文字上的华丽，能够用最平实的语言把道理讲清楚，体现了弗洛姆高超的驾驭文字的能力。深入的思考、严整的逻辑、精准的表达，使整个理论非常有说服力，这是语言的运用带来的一种力量感。我们在读书时要感受这种语言的美，学习这种严谨、朴实的文风。

5. 人格之美

在本书最后一章，弗洛姆指出“爱”是可以通过耐心学习而得来的一门艺术，类似于对艺术的感受力，爱情、母子之爱、朋友之爱，都是走向完善人格、丰富灵魂的人生实践。

而弗洛姆本身就是这种实践的坚定践行者。他的一生都在努力克服自己内心对爱的能力的障碍，在他生命的最后十年陪伴他的人，都可以观察到他是如何把爱的能力体验为是一种爱他人的需求。表达他自己的爱，已经成为一种他无法放弃的需求。将自身的理论身体力行，成为一生的追求，在这里我们看到一种毕生追求真理的执着精神，一种感人的人格之美。

《爱的艺术》这本书很薄，绝对可以在一下午读完，但我会要求你慢慢读，跟随着作者的思路去回忆、去思考，重新整理你的情感。

精读和分享。这本书讲的理论，单单记住是没有用的，要去结合自己的成长经历思考，这样才可能在以后的生活用学会使用这些理论解决问题。

四、出版信息

［美］艾·弗洛姆（著），李健鸣（译）；出版社：上海译文出版社；出版时间：2008。

撰写人：宋新宇

《高效能人士的七个习惯》导读要点

摘　要：该课程在主要讲述强调品行修养的同时，还介绍了为人处事的技巧，培养学生创新思维和实践能力，融入创新精神、爱国主义等课程思政点，培养学生德能兼修素养的情怀。

一、内容简介

史蒂芬·柯维（Stephen R. Covey），哈佛大学企业管理硕士，杨百翰大学博士。他是柯维领导中心的创始人，也是富兰克林柯维公司（Franklin Covey）的联合主席，曾协助众多企业、教育单位与政府机关培训领导人才。柯维在领导理论，家庭与人际关系，个人管理等领域久负盛名。

《高效能人士的七个习惯》这本书在美国有着强大的影响力，出自美国著名的管理学大师史蒂芬·柯维，该书通过四个部分讲解了七个习惯，分别是积极主动、以终为始、要事第一、双赢思维、知彼解己、统合综效、不断更新。这七个习惯是一个整体："积极主动"的态度，"以终为始"的愿景，"要事第一"的把握，"双赢思维"的互赖，"知彼解己"的沟通，"综合综效"的合作，"不断更新"的创造，它们是相辅相成的。既讲到了个人要全力以赴确立目标，进行个人修炼，并由依赖转向独立，从而实现"个人成功"，也讲到了要通过建立共赢、换位沟通、集思广益等，促进团队沟通与合作。

二、价值概述

《高效能人士的七个习惯》为中国商界最经典、最著名的一部培训教材；世界500强企业必备培训课程。奥巴马、克林顿、普京、李开复、汤姆·彼得斯、肯·布兰佳、世界领导力大师沃伦·本尼斯、世界潜能大师博恩·崔西、《一分钟经理》的作者肯·布兰佳、世界第一潜能专家安东尼 ·罗宾、华人成功学权威陈安之、《纽约时报》《福布斯》《财富》《商业周刊》《经济学人》《哈佛商业评论》鼎力推荐阅读。《高效能人士的七个习惯》不仅是企业、组织机构，更是个人获得自我提升的人生必修教材。读者遍及工商业、政府部门、军队、学校以及家庭等各个领域。改变人的思维方式和行为方式。这种改变甚至能帮助实现一个国家的强大。《高效能人士的七个习惯》精选柯维博士"七个习惯"的最核心思想和方法，为忙碌人士带来超价值的自我提升体验。用最少的时间渗透高效能人士的持续成功之路。

书中论述的七个习惯不仅仅对于高效能人士有价值，对于我们大学生更是自我修炼的信条，也是正确且精辟的人生哲理。它表达了新的思想，以原则为中心，以品德为基础，"由内而外"地实现个人效能和人际效能。

三、导读要点

1. 七个习惯的品德之美

《高效能人士的七个习惯》是一本值得一读的好书。书中强调品行修养的同时，还介绍了为人处事的技巧。人的品德基本上是由习惯组成的，俗语说：思想决定行动，行动决定习惯，习惯决定品德，品德决定命运，习惯对我们的生活有很大的影响。因为它是一贯的，在不知不觉中，长年累月影响着我们的品德，暴露出我们的本性，左右着我们的成败。本书将习惯定义为知识、技巧与意愿三者的混合体。这种定义确实有道理。人类在幼年时候务必完全仰赖他人，经由长辈的引导与养育而成长，但随着光阴的流逝，我们日渐独立。生理、心理、情感与经济潜力等方面都不断成长，直到有一天最后能够完成自立。是的，我们从出生就已开始在学习不一样的习惯，良好的习惯让我们终生受用，书里面讲的成熟期三个阶段：依靠期、独立期、互赖期，清晰地展示了一个人从依靠到独立再到被依靠与依靠之间的发展历程。

在读完这本书后，自我最大的收获是深刻地认识到要提高自我分析和解决问题的潜力，务必从改变自我内心深处的价值观、对事物的认知方法以及对竞争环境的理解入手，也就是提高自身的素质，同时辅助一些必要和实用的有效方法。积极主动的态度，以终为始的愿景，要事第一的把握，双赢思维的互赖，知彼解己的沟通，统合综效的合作，不断更新的创造，会使每一个人走向成功的彼岸。

2. 双赢思维的美人之美

该书所讲的第四个习惯——双赢思维，与孔子所说的“君子和而不同，小人同而不和”这句话意思相近。其实，在所有的问题上，往往都能体现出“和而不同”和“同而不和”的区别。从哲学意义上讲，“和”是和谐，是统一，“同”是相同，是一致；“和”是抽象的，内在的；“同”是具体的，外在的。“和而不同”，就是追求内在的和谐统一，而不是表象上的相同和一致。费孝通老先生在八十寿辰聚会上，曾经意味深长地讲了一句十六字箴言：“各美其美，美人之美，美美与共，天下大同”。这是对“君子和而不同”的极好阐释。

这里，“君子和而不同”似乎可以区分为两种情况：就自身而言，高明的人总是与别人相协调，但并不盲目地重复或附和别人，因协调而不重复故能达成和谐；不高明的人，见到旁人的成功就一窝蜂随大流地模仿别人，反而引起恶性竞争，最终导致不和谐。美国开发西部的早期，曾一度形成了淘金热，各地的人们纷纷奔赴西部淘金。而一个叫史密斯的人，也想借此发财，但他不是直接像别人那样去淘金，而是去向淘金的人卖水。结果，许多淘金者空手而归，史密斯却大发一笔，从此成了富翁。他顺应了淘金的潮流，这是“和”；但他没有重复别人，这是“不同”，合起来就是“和而不同”，所以他比别人高明，发财是对高明的应有报偿。

对他人而言，高明的人总是追求和谐，为此而包容差异，在丰富多彩中达成和谐；不高明的人，总是强求一致，因容不得差异而往往造成矛盾冲突。比如，一个乐队，想要演奏出和谐美妙的音乐，需要使用十几种乃至几十种不同的乐器，各奏其乐，各发其声，从而汇成宏大动听的交响乐。反之，如果乐队中都使用同一种乐器，其单调乏味是可想而知的。再比如，用乱石砌墙、碎石铺路，一块块乱石奇形怪状，一块块碎石各不相同，但墙一旦砌成，风格和谐统一，路一旦铺就，犹如一体天成。我们的世界本来就是，也应当是一个“和而不同”的多样性的世界。

3. 知彼解己的沟通之美

知彼，理解别人是非常重要的人际交往态度，也是第一步。在书中，柯维先生关于知彼主要强调的是——倾听。与人沟通时，最重要的就是倾听。首先肯定是要让出话语权，这是礼貌也是尊重。不要自己在那儿滔滔不绝、高谈阔论。那么当对方在说话时，我们应该怎么做呢？听，但是不能随意听，不能选择性地听，也别不耐烦地听，而是倾听、聆听。倾听真的是门学问，也是门技术。

解己，就是在别人面前把自己表达清楚。因为你刚刚知彼，刚刚understand对方，现在就需要真诚地表达自己，to be understood。解己的技巧和注意事项，和知彼一样。把自己的情感毫无保留地表达出来，迎接对方同理心的感应。然后让他陪着你、领着你好好认识你自己。我们平常沟通的时候，往往还未解对方的真正意思，便急着回答或解决问题。就好像医生在未做出适当诊断前就给患者开药一样。其实沟通的原则是要先设身处地地倾听且彻底理解对方说的话，让对方先感到被了解，然后再表达自己，让对方了解自己。这便是知彼然后解己。

《高效能人士的七个习惯》里面的第五个习惯——知彼解己，这是有效人际交往的关键。了解对方，然后再争取让对方了解自己。倾听之美可以建立真正理解他人最需要的性格和交往基础。培养学生在沟通过程中时刻发挥个人品德的影响力。提高学生与人沟通过程中，懂得理解对方，以及与对方特殊亲近，处境和感受，引起对方共鸣的技巧和能力。

4. 积极主动的态度之美

积极主动即采取主动，为自我过去、此刻及未来的行为负责，并依据原则及价值观，而非情绪或外在环境来下决定。积极主动的人是改变的催生者，他们扬弃被动的受害者主角，不怨怒别人，发挥了人类四项独特的禀赋——自觉，良知，想象力和自主意志，同时以由内而外的方式来创造改变，用心应对一切。他们选取创造自我的生命之美，这也是每个人最基本的决定。

如果你不向前走，谁又会推你走呢。因此，积极主动的态度，是实现个人愿景的原则。积极主动是书中提及的第一条习惯，客观条件受制于人，并不足惧，重要的是，我们有选取的自由，并且能够对现实环境进行积极主动回应；人要对自我的生命负责，为自我创造有利的机会，做一个真正操之在我的人。其中很有份量的一句是有选取的自由，现代社会的重要特征是：社会的个体拥有选取的自由。每个人都能够选取自我想要的生活。当外界出现刺激时，积极主动的人务必能够根据自我的价值决定做出属于自我的选取，然后给出个人特色的回应。这种自由被视为人类最终的自由，即在任何环境中，人有潜力自由选取自我的态度及回应方式。这给广大没有做出选取的人带来了一线光明和期望。

我们经常说：我不留意忘记了，我迟到，因为……，其实是有原因的……。我们每一天都在不停地找借口或是抱怨，其实我们都应积极主动地创造未来，实现梦想。所以，有效能的人士为自我的行为及一生所做的选取负责；他们致力于实现有潜力控制的事情，而不是被动地忧虑那些没法控制或难以控制的事情；他们透过努力提升效能，从而扩展自身的关切范围和影响范围，同时主动的心态能让你拥有选取的自由。

5. 要事第一的行为之美

事固有轻重缓急之分，然事也有紧迫重要之别。常人区分前者则了然于胸，区别后者则煞耐思量乃至迷惘——事前有谋有断、心中有数，临事渗漏走作、遂失初心，事后每为弥近似而大乱真。缘何抉择紧迫重要之事，常笼罩人的思维、蒙蔽人的心智。盖未能体悟该书作者之卓见：“做正确的事比正确地做事更重要。”作者依此准则，按先后次序把事情分为四个层次：一是重要且紧迫之事；二是重要而不紧迫之事；三是紧迫而不重要之事；四是不紧迫且不重要之事。此分类法，以简御繁，将繁难之事梳理得脉络分明，眉目清爽，应用起来也至为便利。

要懂得如何抉择，注重分析事物的重要性。把最重要的事情安排在第一位，合理安排日常事务。一个高效能的人必是一个有条不紊的人。要事第一即实质的创造，是梦想（你的目标，愿景，价值观及要事处理顺序）的组织与实践。次要的事不必摆在第一，要事也不能放在第二。无论迫切性如何，个人与组织均针对要事而来，重点是，把要事放在第一顺位。

四、出版信息：

史蒂芬·柯维. 高校能人士的七个习惯［M］. 北京：中国青年出版社，2011.

撰写人：董宪伟

《幸福是一种能力》导读要点

摘　要：《幸福是一种能力》是周国平先生的一部经典散文集，也是现代人获取精神食粮的一本工具书。科学推动了社会的发展，人民享受到了美好的物质生活，但却缺乏能够让自己感受幸福的能力。因此，《幸福是一种能力》一书应运而生，它以“通俗语言之美”“辩证思维之美”和“感受自然之美”，为广大民众提供了丰盛的精神食粮，同时又为人民追逐幸福提供了新的方向。

一、内容简介

《幸福是一种能力》这本书主要从可持续的快乐、有爱心等几个方面，来阐述幸福为什么是一种能力。作者周国平，现为中国社会科学院哲学研究所副研究员，他在这本书中从可持续的快乐、有爱心、义与利、内在的从容几部分，来指导读者如何获得“幸福这种能力”，如何感知身边幸福。

《幸福是一种能力》书籍内容共分为五部分，即幸福是一种能力、可持续的快乐、有爱心、义与利、内在的从容。第一部分主要围绕幸福阐述，阐述了幸福是灵魂层面的事情、怎样创造幸福，幸福是相悖的、相对的，以及幸福的西绪福斯等几部分。第二部分围绕可持续的快乐描述了快乐工作的能力、痛苦与快乐的辩证、快乐源泉等。第三部分以“有爱心的人有福了”为标题，主要阐述了善良、真善美等几种品质。第四部分从义与利方面讲述了幸福是一种能力。第五部分从内在的从容来阐述幸福为什么是一种能力。

二、价值概述

《幸福是一种能力》这本书充满了人生智慧，融理性和激情于一体，笔调清新自然，深受读者喜爱。“盲目较劲往往是人世间痛苦的根源，唯有具备不较劲的智慧，才能把劲儿节省和积聚起来，使在正确的方向上，从而实现自我的价值，得到真正的幸福。幸福是一个心思诡谲的女神，但她的眼光并不势利。权力能支配一切，却支配不了命运。金钱能买来一切，却买不来幸福。幸福似乎主要是一种内心快乐的状态。不过，它不是一般的快乐，而是非常强烈和深刻的快乐，以至于我们此时此刻会由衷地觉得活着是多么有意思，人生是多么美好。正是这样，幸福的体验最直接地包含着我们对生命意义的肯定评价。感到幸福，也就是感到自己的生命意义得到了实现。”

三、导读要点

《幸福是一种能力》书中充满了人生智慧，融理性和激情于一体，请同学们重点关注书中以下五方面：

1.《幸福是一种能力》语言之美

“吟无用之诗，醉无用之酒，读无用之书，钟无用之情，终于成一无用之人，却因此活得有滋有味”，“英国哲学家约翰·穆勒说：不满足的人比满足的猪要幸福，不满足的苏格拉底比满足的傻瓜要幸福。人和猪的区别就在于，人有灵魂，猪没有灵魂。苏格拉底和傻瓜的区别就在于，苏格拉底的灵魂醒着，傻瓜的灵魂睡着。灵魂生活始于不满足。不满足什么？不满足于像动物那样活着。正是在这不满足中，人开始了对意义的寻求，创造了丰富的精神世界。那么，何以见得不满足的人比满足的猪幸福呢？穆勒说，因为前者的快乐更丰富，但惟有兼知两者的人才能做出判断。也就是说，如果你是一头满足的猪，跟你说了也白说。我不是骂任何人，因为我相信，每个人身上都藏着一个不满足的苏格拉底。”这是书中较为经典的名句。语言和文化博大精深。我们必须不断探索、继承和发展我们的语言和文化。因此，在我们的日常生活中，我们必须充分领略语言的美，感受生活中所有美好的声音。让我们做一个有责任心的人，欣赏语言带来的美。这本书充满了人生智慧，融理性和激情于一体，笔调清新自然。

2.《幸福是一种能力》价值之美

在《幸福是一种能力》书中，给我们提供了幸福的价值观。这本书就像精心调制的一味解药，服下这味药，我们就可以安然通往幸福之路。幸福并不源于外在，而是源于内心。所谓幸福，是人们的主观感觉，与外在的客观条件并没有必然的关系。但是，当今社会，当人们想要追求幸福时，还是纷纷去追求物质、名誉、地位等外在的东西。人们希望得到幸福，却走上了南辕北辙的追求之路，这是造成现在社会大多数人不幸福的原因。幸福是一种能力，就像你通过练习能掌握的所有能力一样，幸福，也能够通过提升能力而获得。幸福并不是可望而不可及的东西，她是一个心思诡谲的女神，但她的眼光并不势利。她不受权利的支配，不受金钱的诱惑。只要你内心快乐而充盈，你就能够获得幸福。

《教父》里面有一句话：“花半秒钟就看透事物本质的人，和花一辈子都看不清事物本质的人，注定是截然不同的命运，因为价值观决定命运”。价值观决定命运，提高为人处世能力的关键，在于每一个当下我们知道自己该如何选择，该何去何从。这本书在引领读者更好地领悟“幸福是一种能力”的同时也树立了正确的价值观。

3.《幸福是一种能力》哲学之美

在鉴赏《幸福是一种能力》哲学美之前，首先了解哲学是什么。

哲学是对基本和普遍之问题的研究的学科，一般具有严密逻辑系统的宇宙观等一些很基本的问题。人类对事物的认识有一个过程，这个过程总是:从感知具体到理知抽象，再通过理知抽象性而指导具体。“理知抽象性的具体”就是通常所说的“智慧”。我们总是很容易就被眼前的困境，看不开生活的小事，陷在一个狭小阴暗的角落里，走不出来，也不让别人靠近。面对无法解决的难题和困扰，犹如被关在笼子里的困兽，焦虑不已、暴躁不安，从而失去了对周围一切的感知能力，失去了对幸福的感知能力。幸福不是一个绝对的概念，也不是一种纯粹客观的状态。幸福是相对的，它在于每个人自身的感受。幸福是灵魂的事，物质的享受只能带来一时的快感，永久的快乐更需内在的领悟，继而才会转化为幸福之事。从哲学角度来看，人类对事物的认识过程，从感知具体到理知抽象、再合而理知抽象性的具体。其中可见，书中蕴含哲理之多，作者充满哲学的文采。也引领着读者，更好地体会哲学之美。

4.《幸福是一种能力》传统文化之美

作者周国平采用五部分来阐述幸福为什么是一种能力，从有爱心、义与利、内在的从容这几部分，体现出了中华民族五千年来的优秀传统文化。“有爱心的人” 亦是指真诚善良的人；“在义与利之外”则与《论语》中的“不义而富且贵，于我如浮云。”、《孟子》中的“生，亦我所欲也；义，亦我所欲也。二者不可得兼，舍生而取义者也。”所表达之意不谋而合；“内在的从容”与把酒祝东风中诗人恬淡从容十分契合。传统文化，美在其内涵深厚，个个都是巧夺天工之作，只有细细品味，才能真正领略其内在之神韵。在本书中，随处可见传统文化的身影，传统文化之美更亦是别有风味。

5.《幸福是一种能力》思政之美

《幸福是一种能力》中作者从可持续的快乐、义与利、真诚善良、内在从容几个方面进行阐述，同时，其背后蕴含的通识理念和通识背景，这些也符合马克思基本原理中的“人的全面发展”。本书就这几个方面，让美好的人性，善良的本性这些得以显性表达出来。这一理性的升华，是用完整、全面、正确得体的观念去影响、引导读者，让读者不仅停留在字面上的认知，更要让读者深入其中，感受千百年来的优秀的价值观、审美观。

四、出版信息：

本书教学使用的该名著的版本信息。

《幸福是一种能力》：［中国］周国平（著）；出版社：湖南文艺出版社；出版时间:2016。

撰写人：陈宏硕

《心理学与生活》导读要点

摘　要：《心理学与生活》既是一本优秀的“普通心理学”课程教材，又是一般大众了解心理学的极好读物。它用朴素平实和科学严谨的语言讲了心理学的基础知识，让我们真切地感受到原来生活中到处都有心理学，展现出体系之美、科学之美、关怀之美、教学艺术之美和创新之美。

一、内容简介

《心理学与生活》是美国著名心理学家理查德·格里格和菲利普·津巴多的作品。本书是斯坦福大学多年来使用的教材，也是在美国许多大学里推广使用的教材，也是许多国家大学的“普通心理学”课程选用的优秀教材。本书作者的目标是写一本学生喜爱的教科书，希望他们学到心理学领域中更多有趣的知识。因此本书采用一种平实流畅、通俗易懂的语言风格，用心理学理论解释人们的日常生活和工作，这使它同样也成为一般大众了解心理学的极好读物。

这本书非常全面，共有十八章，主要介绍了生活中的心理学、心理学的研究方法、学习与行为分析、智力与智力测验、理解人类人格、心理障碍、心理治疗、社会过程与关系、社会心理学与社会文化等。书中有一些小专栏，给读者介绍很多经典的心理学实验、心理学在生活中的应用，以及心理学发展的前沿，让你知其然更知其所以然。

二、价值概述

要学习一种知识，就像是在一个陌生的地方行走。如果有向导，你会有更多的安全感，你能够更好地享受自己的旅程。这本书就是一个很好的向导，它没有把所有的知识给你，但是，它告诉你心理学都有什么，你如果想大致了解，这本书足够了。如果你读了这本书之后，发现了你感兴趣的流派或方向，想继续深入了解，你就可以去读相关的原著了。这就是这本经典教科书在指导心理学学习上的价值所在。

作者在书中多次表达，心理学是一门与人类幸福密切相关的科学，需要处理好科学的严密性和心理学与现代生活的相关性之间的平衡。因此，这本书始终跟随时代的前沿，跟随科学的发展，致力于利用坚实的科学研究来与心理学中的错误观念作战，努力将最重要的心理学观点带进读者的生活。作者这种对科学的执着追求，对人生的深切关怀，让这本书既有深度，更有温度。读这本书能扩展你的知识面，养成探索未知的习惯和追求卓越的精神。

三、导读要点

《心理学与生活》这本书用朴素平实和科学严谨的语言讲了心理学的基础知识，让我们真切地感受到原来生活中到处都有心理学，心理学和日常生活息息相关。这本书在传递心理学知识之外，还有着十分丰富的美育价值，请同学们重点关注以下几个方面。

1. 体系之美

据我了解，很多同学都对心理学充满了好奇与兴趣，但却很少有机会接触与之相关的知识，读《心理学与生活》对你来说正是一个很好的机会。它是一本经典的心理学教材，它非常全面，章节安排由浅入深，呈现出严密的体系性。理论的力量不仅来自基本结论的正确性，更来自内容之间互相支撑的强大的逻辑性。一本书的魅力也不只在于某句精彩的语言，而在于它的体系安排的合理性。这本书就是这样的一本好书，它的内容安排呈现的体系性，让我们深刻认同了“心理学是一门科学”这样的命题。

心理学是一个不断发展着的学科。本书在结构上就反映了目前心理学研究的构成方式。本书的第一章讲生活中的心理现象，正是这些现象激发起我们的好奇心，让我们想要弄清楚它背后的规律。第二章讲研究方法。方法的独特性是学科的重要特征，通过读这一章学生了可以了解心理学是什么样的学科，以及我们是以什么方法在研究这门学科，让学生了解在心理学领域有什么样的问题，而心理学家们又是如何设计实验来解答这些问题的。第三章讲行为的生物学基础，心理过程离不开生理基础。如果说第二章是本书研究的方法论基础的话，第三章就是本书的理论基础。

第四章到第十章讲的是心理的一般过程，包括感觉、直觉、意识、记忆、认知过程等，通过这些内容让学生了解外部世界究竟如何进入我们的内部。第十一章到第十八章讲与人生和社会相关的内容，包括动机、情绪、人格、社会过程、人际关系、社会和文化等。

本书力图从个人和社会两个层面研究心理学理论如何广泛地应用在实际生活中。这本书从生活中的心理现象入手，经过对一般心理规律的揭示，到人生和社会中的心理学阐释，这其中的逻辑十分严密，这种严密的逻辑就在说明着心理学本身是一门科学。

2. 科学之美

作者多次强调心理学是一门科学，我们可以看到在这本书中有着大量的实验研究过程的表述，这说明作者得出的关于心理学的理论，并不是在书斋中臆想出来的，也不是单靠理论分析得出的，而是有着充分的科学依据。在这里我们看到了科学之美，看到了科学的力量。世界上没有神秘的现象，只有科学还未能解释的现象。通过读这本书，同学们要提高相信科学的信念，努力学习科学文化知识，通过不断的学习和实践，提高个人素质，让人生更出彩。

3. 关怀之美

作者在书中表达的基本价值取向是，心理学是关于人生幸福的学科，这本书选取大量生活中的实例，帮助学生理解在生活中面临的问题和困惑，以及如何运用心理学方法解决这些问题和困惑。第十三章情绪、压力和健康，正是与学生的生活实际密切相关的内容。

现代社会生存压力大，人们难免在心理上出现一些困扰，人们非常需要在心理调适上的指导，而这部分内容进入到教科书之中，正体现了心理学这样一门科学的人文关怀。同学们在学习心理学的时候，要关注的不仅仅是实验过程，也不仅仅是结论，更要关注在其中体现出来的人文关怀。毕竟，关注人、了解人，增进人类幸福才是我们学习和研究心理学的真正目标。

4. 教学艺术之美

本书作为一本经典教科书，其内容对学生（特别是非专业学生）是非常有挑战性的，但是他们设计了很多帮助学生理解的教学方法，这些方法能够有效提高学生的学习效果，提升学生的学习兴趣。在阅读的过程中，你还会感受到这种教学艺术之美。

本书的每章一开头就有简介，用一个小故事或者小实验来将学生引入本章的学习，这很好地体现了心理学与生活的结合，也很好地提升了学生的学习兴趣。每一章都有小结，这些小结能使学生迅速核对读过的要点，帮助他们检查是否很好地把握住了这些要点，还可以帮助他们在复习时查找这些要点。每章最后的要点重述根据主要部分的标题总结而成，可以作为学生的复习提纲。每章都有“生活中的心理学”，它帮助我们发现和理解生活中的心理现象，每章都有“我们如何知晓”，它通过具体的实验数据，帮助我们理解书上得出的心理学结论。

5. 创新之美

作者在行文中表达了这样一种观点：他们并不认为他们所做的某些研究就是该领域的最终答案，相反，他们认为这是进一步研究问题的大门。书中有一个“21世纪的心理学”专栏，这个专栏帮助我们了解心理学的前沿进展。作者认为，时代的变化给心理学研究者们提供了大量的新课题，一个有效的研究就是要面对这些新问题，给出新回应。本书多次再版，不断修订，每次修订都融入了新的内容。正如作者所言，他们希望使本书成为“当今心理学的最新的、最准确的、最能被理解的论述”。创新是未来社会生存的必备能力，各专业的学习和研究都需要的创新，同学们在阅读时要体会创新给理论、给时代带来的发展，增强创新意识，在以后的学习中自觉努力学习，夯实创新基础，多参与创业创新实践。

四、出版信息：

[美]理查德·格里格，菲利普·津巴多. 心理学与生活[M]. 王垒，等，译. 北京：人民邮电出版社，2003.

撰写人：宋新宇

第五编 文学韵味之美

《呐喊》导读要点

摘　要：《呐喊》是鲁迅1918年至1922年所作的短篇小说结集，当时正值“五四”革命精神高扬时期，小说刻画了“病态社会中的不幸的人们”，旨在揭出疾苦，引起疗救的注意，并为新文化运动“呐喊”。作品真实地描绘了从辛亥革命到“五四”时期的社会生活，揭示了当时中国种种深层次的社会矛盾，对封建制度及陈腐的传统观念进行了深刻的剖析和尖锐的批判，体现了鲁迅作为现代语言文学大师的艺术表现之美、文人志士深刻的思想之美和誓将反抗之歌高唱到底的爱国之美！

一、内容简介

1923年8月3日，鲁迅的第一本小说集《呐喊》由北京新潮社出版，并被列入该社“文艺丛书”之一。其中收录了鲁迅1918年至1922年间写就的小说15篇。出版于风雨飘摇时代的这本小说集，批评与攻击者有之，但更多的是惊叹与赞扬之声。郑振铎说：“《呐喊》是最近数年来中国文坛上少见之作。那样的讥诮的沉挚，那样的描写深刻，似乎一个字一个字都是用刀刻在木上的。”李大钊更是激动地赞许道：“这是中国最好的一本小说！”

《呐喊》是中国现代小说的开端与成熟的标志，开创了现代现实主义文学的先河。而在中国现当代文学史上，关于鲁迅与《呐喊》的相关研究早已成为一门显学。时至今日，“鲁迅”在中国早已经不只是一个作家的名字，更是一个已然超出了文学和人物范畴的重要“词汇”。但是在鲁迅“呐喊”了将近一个世纪的时间里，世界似乎依然在鲁镇里徘徊，阿Q精神、孔乙己式迂腐仍是人们的话题。而我们，依然不能不去读鲁迅。

二、价值概述

“弄文罹文网，抗世违世情。积毁可销骨，空留纸上声”。

中国走到1918年，迎来了新文化运动的高潮，此前埋头于古籍旧碑研究的鲁迅迎来了一位老友，两人有了一段关于“铁屋”与“希望”的对话——

“假如一间铁屋子，是绝无窗户而万难破毁的，里面有许多熟睡的人们，不久都要闷死了，然而是从昏睡入死灭，并不感到就死的悲哀。现在你大嚷起来，惊起了较为清醒的几个人，使这不幸的少数者来受无可挽救的临终的苦楚，你倒以为对得起他们么？”

“然而几个人既然起来，你不能说决没有毁坏这铁屋的希望。”

之后便迎来了《狂人日记》等数篇小说的诞生，《呐喊》非但没有“空留纸上声”，反倒激起了中国百年里一层又一层的巨浪，激荡着旧中国向新中国的方向前进。

三、导读要点

阅读鲁迅早已超出了中国现代文学研究的范围，鲁迅是20世纪中国最重要的人物之一，鲁迅的文学和思想就如孔子、庄子、屈原、杜甫一样，已经是中国人、中国文化的宝贵遗产，如今我们读鲁迅，读《呐喊》，就像研究英国文学要读莎士比亚，研究俄罗斯文学要看托尔斯泰一样，要读懂中国和中国人，一定要读鲁迅。

鲁迅是中国现代史上一位文坛巨匠，他以激励的文笔和深刻的思想赢得了人们的热爱和尊重，在我们的印象当中，鲁迅永远都是一个横眉冷对千夫指的钢铁战士，似乎一直在“呐喊”，通过读这本文集，同学们需要明白，鲁迅是从何时开始呐喊的？他为何要呐喊？

（1）从个人的屈辱到民族的悲愤——《呐喊·自序》

“我在年青时候也曾经做过许多梦，后来大半忘却了，但自己也并不以为可惜。所谓回忆者，虽说可以使人欢欣，有时也不免使人寂寞，使精神的丝缕还牵着已逝的寂寞的时光，又有什么意味呢，而我偏苦于不能全忘却，这不能全忘的一部分，到现在便成了《呐喊》的来由。”

这一小段《呐喊·自序》开始的一段文字，已经出现了几个关键词。第一个概念首先是“梦”，在文艺理论上阐释了梦和创作的关系。

（2）好的文学意象，它应该是高度的写实，同时又有隐约的象征——《狂人日记》

《狂人日记》里边有好几层的意义结构，所以这个小说看上去简单其实复杂。但是每一层结构都必须从写实、象征两个层面分别来解读。比如第一个意义结构，“疾病与正常”，把前面十三行的提要连贯起来，就是一个精神病人的病情实录，完全都是症状的实录：语无伦次逻辑混乱，充满了幻想幻觉，包括小孩也要害他，医生家人都要害他，而这都是他想出来的。鲁迅学过医，他在《我怎么做起小说来》这篇文章里说：“大约所仰仗的全在先前看过的百来篇外国作品和一点医学上的知识。”

（3）时至今日，“人血馒头”的悲剧还在继续吗？——《药》

《药》也可以用鲁迅小说的三个意义结构来解读。

关于“疾病与正常”的模式我们可以看到，在写实层面，华家父母的确找药救小栓的“病”，茶馆众人也嘲笑夏瑜发疯有“病”；在象征层面上，使用人血馒头的无知才是大众的“病”，忘掉和漠视为他们献身的先烈，这是更悲、更正常的历史的“病”。所以“疾病与正常”不仅戏剧性对立，而且彼此相通，互相转化。

（4）文学史中的“小事”，社会史中的“大事”——《一件小事》

小说的第一人称主人公“我”很像作家鲁迅自己。

“我从乡下跑到京城里，一转眼已经六年了。其间耳闻目睹的所谓国家大事，算起来也很不少；但在我心里，却不留什么痕迹，倘要我寻出这些事的影响来说，便只是增长了我的坏脾气，——老实说，便是教我一天比一天看不起人。”

这就是说，民国初年“五四”前夕，埋头抄古书的周树人看世事越来越失望，看人心越来越灰心，颇有一点愤世嫉俗与怨天尤人。

“但有一件小事，却于我有意义，将我从坏脾气里拖开，使我至今忘记不得。”是什么事能使对社会又激愤又犬儒，对人性又害怕又失望的“我”——大概就是鲁迅——产生这么大的积极的影响呢？百年之后，这件“小事”仍在回响。

（5）从国民性到精神困境——《阿Q正传》

阿Q精神至少可以有三种解读方向：第一个方向是弱势群体在阶级压迫下的生存策略；第二个方向是中国国民性的写实与象征；第三种方向就是某种普世价值，普遍人性当中的弱点。

在五十年代最初，夏志清用英文写作《中国现代小说史》。他认为“《阿Q正传》轰动中国文坛，主要是因为中国读者在阿Q身上发现中华民族的病态”。“阿Q就只好生活在自我欺骗的世界里，任人侮辱，每遇到不如意的事，他就自我打气，在失败面前装出一副自命不凡的样子。在中国读者心目中，这么一种性格，是对国家近百年来屡受列强欺侮的惨状的一大讽刺。”

四、出版信息

鲁迅. 呐喊［M］. 北京：人民文学出版社，1979.

撰写人：王迎春

《呐喊》导读要点

摘　要：《呐喊》是现代文学家鲁迅的短篇小说集，通过写实主义、象征主义、浪漫主义等多种手法，以传神的笔触和“画眼睛”“写灵魂”的艺术技巧，形象生动地塑造了狂人、孔乙己、阿Q等一批不朽的艺术形象，是中国现代小说的开端与成熟的标志，开创了现代现实主义文学的先河。

一、内容简介

《呐喊》收录了鲁迅于1918年至1922年所作的《狂人日记》《孔乙己》《药》《阿Q正传》《故乡》等14篇短篇小说，1923年由北京新潮社出版，现编入《鲁迅全集》第1卷。小说集真实地描绘了从辛亥革命到五四运动时期的社会生活，从革命民主主义出发，抱着启蒙主义目的和人道主义精神，揭示了种种深层次的社会矛盾，对旧时中国的制度及部分陈腐的传统观念进行了深刻的剖析和比较彻底的否定，表现出对民族生存浓重的忧患意识和对社会变革的强烈希望。

二、价值概述

《呐喊》深刻反映了19世纪末到20世纪20年代间中国社会生活的现状，有力揭露和鞭挞了封建旧恶势力，表达了作者渴望变革，为时代呐喊，希望唤醒国民的思想。奠定了鲁迅在中国现代文学史和现代文化史上的地位。1985年，日本出版的50卷本《世界最高杰作》，中国仅有《呐喊》与《论语》被收入；1999年6月，《呐喊》被《亚洲周刊》评选为20世纪中文小说100强之首。

三、导读要点

1. 领悟《呐喊》的主题思想

（1）控诉践踏生命的封建传统

作者鲁迅在《呐喊·自序》中清楚表明了写作这组小说的用意，就是以大声的呐喊惊起被密闭在“铁屋子”里熟睡而不知死亡将至的民众，呼唤大家齐心合力毁坏这“铁屋子”，以争取新的生命。为达此目的，作者鲁迅自觉地接受在写作中“须听将令”的要求，更多地表现出热血的愤怒与激情、畅快的讽刺和揶揄，尽量在阴暗的色调中给前进的人留有一线希望。

《呐喊》的题材主要是针对“铁屋子”式的一直苟延到现代世界的古老中国。《狂人日记》对这个古老中国做出了全景式的描绘，得出了“传统吃人”的结论。这篇小说的深刻之处在于它是从价值理性而非工具理性的角度来否定吃人的。在《狂人日记》中出现的几次“吃人”，其目的都是为了治病或是救命。特别是关于人肉可入药的问题，作者鲁迅并没有批判其“愚昧”。因为鲁迅认为即便它是有效的，就好像即便吃人、吃死人可以实实在在地救一时之疾病与饥饿，也绝不能这样做——因为它是对人性的败坏，是对人的尊严的践踏。在一个人可以吃人的社会里，“难见真的人”。也是在这个意义上，作者鲁迅将传统中国的罪恶上升到了戕害人类根本价值的高度而给予了最严厉的批判。新文化运动的两大主题——启蒙和救亡之间既有内在联系，又有彼此的矛盾和冲突。所以，《狂人日记》的重心在价值理性所连接的启蒙。在《药》《明天》《风波》《故乡》《阿Q正传》等作品中，作者鲁迅对古老中国中那些没有知识、处于社会底层的平民的精神状态进行了细腻的刻画，含蓄而深刻地揭示了底层人民悲剧的根源。如《明天》，其故事是讲单四嫂子的儿子宝儿因病不治、办丧事的经过，但真正感到彻骨寒意与悲凉的却并非一个母亲的丧子之痛本身，而是一个母亲在努力救助自己孩子的过程中，所遭遇的欺骗、敲诈、伪善。为了治好儿子的病，单四嫂子使尽浑身解数：求神、许愿、吃单方，到最后一个“压轴法子”——寄望于何医生。求医过程中最令人绝望之处并不在于医生的冷漠，甚或于庸医的无能。因为前者出于一种职业的麻木，而后者则实在是能力所限，都还情有可原。最绝望之处是何医生开的方子：“这第一味保婴活命丸，须是贾家济世老店才有。”连单四嫂子这样一个粗女人也模糊地想到，何医生、贾家药店和自己，正是一个三角点关系。何医生开的药材，非要在贾家的济世老店才有，这说明何贾两家存在着共同的经济利益关系。单四嫂子的求医问药实际上使自己必然地落入了一个陷阱，成为替有权势的人聚敛财富的工具，“自救”变成了“自残”。待到儿子死后，办丧事的事宜更成为周围人狂欢的盛宴：“凡是动过手开过口的人都吃了饭。”这恰是作者鲁迅所说的“所谓中国的文明者，其实不过是安排给阔人享用的人肉的筵宴”的真实写照。在作者鲁迅笔下，这样的残酷并非那种鲜明的一看便知的压迫，而是已经渗透到被压迫者生活的方方面面。那些被压迫者身处其中而不自知，在接连的悲惨命运面前只能感到茫然、无助而终于麻木。他们的人格在此过程中逐渐被奴化，习惯了压迫而毫无自觉反抗之心。华老栓、闰土、阿Q的生命历程大抵如是。甚而如《风波》这样带有喜剧色彩的小说，主人公七斤一家逃过一劫的快乐让人感到其实也不过是蝼蚁的一次成功偷生而已，反倒更显出其生命的卑微。

而在《孔乙己》《端午节》《白光》等作品中，鲁迅的笔触则集中到古老中国所培育出的知识分子身上，描绘了他们被封建专制文化所扭曲、戕害的精神人格。即如孔乙己，尽管他身上有着一种可贵的温情，但是他缺乏人格的独立精神。他聊以自慰、努力维持的“穿长衫”的读书人身份不过是一种本能的自尊，与现代意义上的自由人的尊严相去甚远，而且还使其不断受到戏弄和侮辱。《白光》中的陈士成与孔乙己相仿，缺乏独立自主的个人追求，在封建文化价值观与科举制度的压迫下不堪重负而发疯自尽。《端午节》中的方玄绰，尽管表面上已经算是一个新式知识分子，但是内心深处委琐、平庸、虚伪而不自知："只是每到这些时，他又常常喜欢拉上中国将来的命运之类的问题，一不小心，便连自己也以为是一个忧国的志士：人们是苦于没有'自知之明'的。"这正是中国封建文化一面教人学孔孟修身养性，一面又以学习孔孟之道为仕途晋身敲门砖所必然导致的虚伪文化生态长期熏染的结果。

《呐喊》中的《一件小事》《鸭的喜剧》《兔和猫》《社戏》等，矛盾冲突不那么激烈，内容也相对轻松，似乎与"呐喊"关系不大，风格、题材皆和集子中的其他小说有相当距离，但其中也贯穿共同点，即对人的尊严、生命尊严、生命价值的呼唤。《一件小事》歌颂了一个世俗眼光中的渺小者的灵魂同样可以高大；《兔和猫》等作品充满了童趣，借儿童天真烂漫的天性和特殊的体验事物的视角，抒发了热爱生命、热爱自然、友善待人、同情扶助弱小者和为了被扼杀的生命除暴复仇的情怀。和前面的小说不同，这几篇小说更多的是从正面抒写生命的可贵，为奋斗的人树立前进的希望和目标。

总之，《呐喊》喊出了新文化运动反封建的最强音，站在人道主义、个性解放、思想启蒙的立场上对压制人、扭曲人、奴化人、摧残人的中国封建文化传统进行了最深刻的批判。

（2）深刻揭露封建制度、封建礼教的"吃人"本质

对封建制度及封建礼教进行极其深刻的揭露、批判是《呐喊》最为鲜明的思想主题。这一主题几乎贯穿《呐喊》中的所有作品。首篇《狂人日记》，通过狂人的叙述，揭示中国社会几千年的文明史实质上是一部吃人的历史；而所谓的"仁义道德"其本质是吃人。在揭示出吃人本质的同时，作者还揭示这一吃人本质对人民群众毒害之深，如《药》中的华老栓、《故乡》中的闰土、《孔乙己》中的孔乙己、《明天》中的单四嫂子等。小说在描写封建势力、封建礼教对人民压迫奴役所造成的一系列悲剧时，既暴露了封建制度、封建社会所造成的人民物质上的"病苦"，更重视揭露人们精神上的"病苦"，以警醒"不幸的人们"起来打破封建思想道德的禁锢。

（3）深入剖析国民及民族的劣根性

改造"国民精神"是鲁迅一生的奋斗目标，他对中国民族及国民普遍的劣根性给予强烈的关注。他一方面深刻剖析了国民劣根性的思想本质后进行强烈的批判，另一方面又不停地向愚昧的民众发出呐喊，希望他们能认识并改造这些"国民的劣根性"。然而现实让作者深感无奈与悲凉，对于国民，作者一方面"哀其不幸"，另一方面又"怒其不争"。《阿Q正传》是揭示这一思想主题的最为典型的作品，阿Q身上的精神胜利法，更是普遍存在于民族各阶层的一种国民性弱点：寻求精神上的自我满足的病态心理。还如《药》《风波》《孔乙己》《头发的故事》等，都从不同角度、不同层次揭示出国民愚昧、落后、因循守旧、麻木无知、冷漠自私等思想劣根性。

（4）描写激烈的社会矛盾下苦苦挣扎的知识分子的命运

作为一名知识分子，进行灵魂上的自我剖析是鲁迅崇高的精神品质之一。他的这一品质也反映在他所创作的作品中。《呐喊》创作于中国民主革命风起的1919年前后。在激烈的社会矛盾斗争中，接受一定民主思想的知识分子阶层同样处于苦苦挣扎的艰难境地。鲁迅在创作中对这一类知识分子，重在剖析他们的灵魂，表现他们的思想矛盾和苦闷，如《一件小事》中的“我”、《头发的故事》中的N先生、《药》中的夏瑜等。而对于封建制度、封建礼教奴役下的旧知识分子，鲁迅则重点展现了他们被扭曲的人性和卑劣的灵魂，以达到反封建的目的，如《孔乙己》中的孔乙己，《白光》中的陈士成，《端午节》中的方玄绰。作者对知识分子灵魂的拷问，其根本原因在于作者清醒地认识到知识分子在民族振兴大业中所承担的重任，因而对知识分子提出警告，希望他们不要沦为封建制度的精神奴隶，或者充当反动统治阶级的帮凶。

（5）反映辛亥革命背景下的农村生活和农民的精神风貌

农村生活和农民形象在《呐喊》中也占有显著的地位，尤其是辛亥革命背景下的农村生活和农民形象。阿Q就是辛亥革命时期农民的典型形象。辛亥革命并未给农村带来真正的变革，《药》借华老栓买“人血馒头”给儿子治病的故事，在揭示辛亥革命的不彻底性的同时，刻画了以华老栓为代表的愚昧落后的农民群像。《风波》同样间接地反映了辛亥革命并未给农村带来真正的变革。《故乡》则描绘了近代中国农村破产的图景，通过闰土前后的对照写出中国农民在“多子、饥荒、苛税、兵、匪、官、绅”等层层压迫下的深重灾难。《社戏》以农村少年形象为刻画重点，但剧场中人们的种种表现同样揭示了当时农民的整体精神风貌。《明天》以单四嫂子痛失宝儿为中心，勾勒了一幅小镇风俗画，抨击了没落社会中人们的无情与冷漠。

2. 体会《呐喊》创作手法与结构之美

（1）人物创作手法的多样性

在人物创作上，作者运用了多种手法来刻画人物，塑造了一批具有鲜明个性特征的典型人物。首先作者善于用“杂取种种人，合成一个”的典型化方法来塑造典型形象。作者鲁迅说他笔下的人物全是一个拼凑起来的角色，而所写的事迹，大抵有一点见过或听到过的缘由，但决不全用这些事实，只是采取一端，加以改造，或生发开去，到足以完全发表自己的意思为止。典型化的方法，既表现了人物的共性，即对一类人的思想性格的艺术概括，又重点突出了人物鲜明的个性特征，使之成为“熟悉的陌生人”。鲁迅正是以这种典型化的方法，创造了阿Q、孔乙己、闰土等一系列典型形象。其次是运用“画眼睛”和白描的手法来刻画人物。“画眼睛”和白描手法的运用重点在于抓住最能表现人物性格特点的各种细节特征进行描写，从而收到以小见大的表达效果。如《阿Q正传》中，“阿Q在这刹那，便知道大约要打了，赶紧抽紧筋骨，耸了肩膀等候着”，寥寥数语，就写出了阿Q灵魂深处的奴性和因长期遭受欺凌而形成的卑怯麻木的心理。再如《孔乙己》中，“孔乙己是站着喝酒而穿长衫的唯一的人”，一句话就揭示了孔乙己迂腐的性格特征。“画眼睛”和白描的手法使描写精确而又含蓄传神，文字凝练而又意蕴无穷。

再次是作者重视通过挖掘人物复杂的内心世界来刻画人物，通过描写人物内心的感觉、幻觉、潜意识等，深刻地揭示人物的灵魂。典型的如《狂人日记》通篇都是近乎意识流的内心独自，在颠倒时序的同时却细腻深刻地写出了人物的心理变化，其他如《药》中，华老栓捧着人血馒头时的心理描写，《白光》中的陈士成回到家时的心理描写，这些都很细腻、深刻，为人物的刻画起到重要的作用。

（2）作品结构样式的多样性

1923年茅盾在谈论鲁迅时说到，首先，《呐喊》里的十多篇小说，几乎一篇有一篇的新形式。其小说大多截取生活的横断面，以一个或几个生活场面、片段连缀而成。但在叙事方式上，有第一人称的，也有第三人称的；在行文顺序上，有以顺序为主，也兼有倒叙的；在行文线索上，有单线发展的，也有双线交织的。在小说体式上，则更加多样。《狂人日记》运用的是日记体，《头发的故事》用的是对话体，《阿Q正传》则近似章回体，其他的还有随笔、速写等。其次，鲁迅糅合中国传统小说的白描技巧和西方现代小说，特别是象征主义小说的结构方式，将具有象征色彩的细节、动作、事件、场景化为小说的核心意象，统率全篇。总之，作者总能根据每篇小说特定的题材和思想内容，找到或创造出与之相适应而且新颖独特的小说样式，使小说达到很高的艺术境界。

3. 感悟艺术表现手法多样之美

《呐喊》在艺术表现手法上。主要以现实主义手法为主，但在客观的叙述之中也能感受到作者浓烈的感情。作者以现实主义精神，高扬鲜明的理性批判旗帜，直击国民的各种病苦及病根，意图引起疗救的注意；体现了其现实主义艺术手法的运用高妙而精到。在坚持现实主义手法的同时，作者又敢于大胆运用浪漫主义手法和象征主义手法来作为现实主义手法的补充，既丰富了小说表现艺术的内涵，又扩充了小说表现生活、思想内容的容量。此外，批判讽刺手法的运用使鲁迅的一些作品形成“含泪的微笑”的鲜明特色。《呐喊》中的小说，基本上是悲剧的结局，但在悲剧中作者常融进一些具有黑色幽默的讽刺和幽默夸张的喜剧因素，形成悲喜交融却更添悲意的特色，典型的作品如《阿Q正传》。

小说一方面吸收了西方小说结构比较灵活多样的优点，在结构上打破了中国旧章回体小说的格式，创造了被誉为“格式特别”的多种形式；另一方面又继承了中国传统小说的艺术精华。它的主要特点是通过人物的自身行动，去表现他的内心情绪，而不是静止地去解剖或分析人物的心理，因此显得精炼、含蓄。《呐喊》把西方小说艺术与中国传统小说艺术融合起来创造了现代中国短篇小说的民族新形式。

4. 品味独特风格之美

《呐喊》风格独特，喜剧与悲剧相交织，层次丰厚，回味无穷。《孔乙己》《阿Q正传》是悲剧与喜剧交融的典范。这样的悲喜剧交融实际上体现了生活中的人的情感、情绪本身的丰富性。《呐喊》尽管包含着重大的写作主题，却完全没有为了观念而抽空生活，而是真正做到了以生活为本，以活生生的人为本，自然地呈现出观念。俄国小说家契诃夫所创造的“含泪的微笑”、美国文学中的“黑色幽默”等，都是世界文学史上悲喜剧风格交融的经典。鲁迅在《呐喊》中所创造的悲喜剧风格交融与之相比毫不逊色，既为民族文学开辟了新的独特的风格境界，又融合了民族传统文学水乳交融、不着痕迹、含蓄蕴藉的特点。

此外，小说的语言在富有鲜明的民族特色的同时又形成了独特的个人风格，创造了现代文学语言的典范。在他的小说作品中，无论是叙述语言还是人物语言，都在吸收中国古代白话小说语言和外来语言富有表现力的因素的基础上，进行艺术加工。鲁迅的艺术语言精练纯净，生动传神，真实朴素，增强了小说的艺术表现力和感染力。

四、出版信息：

鲁迅. 呐喊［M］. 天津：天津人民出版社，2016.

撰写人：李　雪

《鲁迅小说全集》导读要点

摘　要：源于生活，高于生活；源于自然，高于自然，鲁迅先生的小说，亦正如此。新文化运动和“五四”时期主要是积极奋进的“呐喊”时期；五四运动转入低潮和国民革命运动失败时，则主要是“绝望”和“反抗绝望”的“彷徨”期；鲁迅晚期的创作《故事新编》的一系列小说作品是对中国古代传说的改编，诙谐与悲凉共存，庄严与荒诞同在，具有高度的艺术性，体现了一种疏离与反叛的特征。

一、内容简介

《鲁迅小说全集》收录了鲁迅先生全部的小说创作，其中短篇小说32篇，中篇小说1篇，共计33篇，它们分别选自《呐喊》《彷徨》和《故事新编》，包括狂人日记、孔乙己、药、明天、一件小事、头发的故事、风波、故乡、阿Q正传、端午节、白光、兔和猫、鸭的喜剧等小说作品。这些小说多描写底层社会普通人的悲剧，鲁迅先生以他匕首般犀利的文笔批判着“麻木的国人灵魂”，希望借此警醒世人，鲁迅先生以此奠定了他在中国现代文学史上的地位。

二、价值概述

鲁迅先生文笔犀利、思想深刻，是“新文学”的奠基人。他的小说作品数量不多，意义却十分重大，小说使用富有创造力的形式对中国人的国民性、中国社会的弊端予以深刻的阐释，具有强烈的批判精神。《呐喊》真实地描绘了从辛亥革命到五四运动时期的社会生活，从革命民主主义出发，抱着启蒙主义目的和人道主义精神，揭示了种种深层次的社会矛盾，对旧时中国的制度及部分陈腐的传统观念进行了深刻的剖析和比较彻底的否定，表现出对民族生存浓重的忧患意识和对社会变革的强烈希望。

《彷徨》收入鲁迅1924年至1925年所创作的小说，其中贯穿着鲁迅对生活在封建势力重压下的农民及知识分子“哀其不幸，怒其不争”的关怀，表现了他在这一时期在革命征途上探索的心情。

《故事新编》是鲁迅先生以远古神话和历史传说为题材而写就的短篇小说集，包括他在不同时期所写的8篇作品。《故事新编》在取材和写法上都不同于《呐喊》和《彷徨》。鲁迅先生自己认为，这是一部“神话，传说及史实的演义”的总集。

三、导读要点

1. 鲁迅小说文学创作与理念的悲剧之美

鲁迅是中国20世纪上半叶最具影响力的文学家和思想家，是当时最深刻的批判现实主义作家，同时也是“五四”时代和文学革命时期的先驱者和精神典范，他的文学创作和文艺理论对中国现代国民思想的变革和解放具有十分重要的意义。鲁迅的文学创作主要是为现实服务，针砭时弊，他从未说过自己创作的就是悲剧文学，事实也正是如此，但不能说他的作品中就不含有悲剧因素，同绝望抗争的行为本身就在弘扬一种悲剧精神，无论是鲁迅在小说中塑造的人物，还是鲁迅自己，都具有如此的悲剧精神。在《再论雷峰塔的倒掉》一文中，鲁迅提出“悲剧将人生的有价值的东西毁灭给人看”，中国人难以欣赏悲剧的原因在于不愿正视价值的毁灭，但无论人们看或不看，价值的毁灭依然在继续，鲁迅所做的只是将这一毁灭过程更加血淋淋摆在那些装聋作哑的人面前，想以此唤醒他们，这无疑是艰难的，这也是鲁迅作品中悲剧性之所在

2. 鲁迅小说人物形象与结构的文明之美

在西方殖民势力建构近现代世界史的过程中，鲁迅与文明论相遇。这一历史机缘塑形了鲁迅“人”的理念，首先体现在鲁迅早期的文化批评中，后来又进入他的新文学创作。《呐喊》《彷徨》和《故事新编》贯穿鲁迅新文学创作的历史过程，形成了他小说的人物形象层级结构：“旧人”的权力结构；“自然人”到“新人”的运演结构；权力结构和运演结构之间的张力结构。鲁迅小说的人物形象结构有文明论的面影，但他通过去意识形态化、汲取中西文化的健康因素和建立个人——国家的模式而实现了对文明论的反抗新生。这昭示了“旧人”权力结构是中国人现代化的最大障碍，呈现了中国人现代化必须生根于中国传统文化中的健康因素，证实了文明论的科学成分也是中国人现代化不可或缺的养料。

3. 鲁迅小说忘却与纪念的生存哲学之美

作为鲁迅小说中的重要行为书写，忘却和纪念背后所隐喻的国民生存状态值得反思。在鲁迅的小说中，纪念是从一件件带着启迪的小事萌芽的、转瞬之间的存在，对不同的人有不同的意义；而忘却在小说中可分为熏陶式的忘却和逃避式的忘却，两者都会把人引到精神绝境中去；忘却是纪念的开始，纪念是忘却的结束，忘却是从单向度的沉沦凝滞走向融化和释然，纪念在超越沉沦的基础上达到了多向度的自由；鲁迅通过对忘却与纪念的书写从现实主义角度折射出当时现实环境的残酷黑暗带给人们的死一般沉沦的痛苦，展现了有志之士求新道路不得反被害的人间惨剧。

4. 鲁迅小说时间与空间的顺序创新之美

作为现代白话文学的奠基者，鲁迅小说在叙述顺序上有开创性贡献。他的小说有超叙述层倒叙型、时间先后顺接型、插入倒叙型和完全倒叙型四种。超叙述层倒叙型的超叙述层与主叙述层之间形成对立或互补关系，叙述因此变得不可靠。插入倒叙型的插入灵活多样，小说由此呈现出散文化倾向。时间先后顺接型和完全倒叙型对时间的创造性运用，对现代白话小说的发展有巨大的推动作用。

5. 鲁迅小说艺术与技巧的第一人称叙述者缺席之美

在《狂人日记》和《伤逝》中涉及内外两层第一人称叙述者，他们各自的缺席分别造成了将内心世界对象化和掩护内层叙事的效果，曲折的叙述方式反映出第一人称叙述者的精神困境，这与鲁迅不同时期启蒙思想的内在矛盾有关。在《阿Q正传》和《明天》中，第一人称叙述者利用“说书人”式的全知叙事和第三人称限知叙事达到在文本表层缺席的目的，但文本深层蕴含的道德情感立场和不经意现身时表露出对人物的同情与批判，都使其无法真正缺席，这与在鲁迅进行国民性批判时客观理性和主观感性之间的矛盾有关。在《孔乙己》和《祝福》中，第一人称叙述者在回忆叙事中缺席，将叙事权力转移到获得独立性和主体性的经验自我和人物手中，以此逃离叙事现场，转嫁对主人公悲剧应负的责任，却受到了隐含作者的审判。这种利用不可靠叙述者来还原小说虚构性的叙述策略，与鲁迅对自己的文学话语有效性的怀疑有关。无论是人物自身的种种矛盾，还是人物与第一人称叙述者之间微妙的矛盾关系，都是鲁迅将自己充满矛盾的内心世界对象化的结果。

四、出版信息：

鲁迅. 鲁迅小说全集［M］. 北京：中国友谊出版公司，2017.

撰写人：白　静

那时的中国，那时的“迅哥儿”：《朝花夕拾》导读要点

摘　要：“朝”表示早年时候，“夕”表示晚年时期，题目的意思是早上的花晚上来捡，这里指鲁迅在晚年回忆儿时、青年时期的人和事。

一、内容简介

鲁迅是20世纪中国伟大的文学家，世界级文学大师，他的作品对当时的社会尤其是青少年产生了积极的影响，促进人们为改变中国落后状况而努力奋斗。《朝花夕拾》是鲁迅最重要的作品集之一，也是鲁迅唯一的一本带有自传性质的回忆散文集，共收录10篇回忆性散文，“朝”表示早年时候，“夕”表示晚年时期，题目的意思是早上的花晚上来捡，这里指鲁迅在晚年回忆儿时、青年时期的人和事，因此也曾名为《旧事重提》，现编入《鲁迅全集》第2卷。

《朝花夕拾》的十篇文章，除了《小引》和《后记》外，各自独立成篇，分别是《狗·猫·鼠》、《阿长与山海经》、《二十四孝图》、《五猖会》、《无常》、《从百草园到三味书屋》、《父亲的病》、《琐记》、《藤野先生》、《范爱农》，从不同角度记叙了作者从儿童到青年时期的生活片段。这十篇散文既有儿童充满欢乐的美好时光，也有青年艰难曲折的求学之路，更有中年冷峻深刻的思考，是近代不可多得的散文精品。作者在回忆保姆、父亲、老师和朋友逝去的同时，也对丑恶的社会现象进行辛辣的讽刺，爱憎分明，既揭露了半封建半殖民地社会总总丑恶的不合理现象，也反映了有抱负的青年知识分子在旧中国茫茫黑夜中，不畏艰险，寻找光明的困难历程。

二、价值概述

《朝花夕拾》作为回忆性散文集，具有丰富的思想内容，对封建制度和封建礼教进行了无情批判，对当时的北洋军阀统治和反动势力进行了有力的打击，使革命青年从文章中得到了战斗的热情和反抗旧势力的决心和勇气。它与鲁迅其他的文章截然不同，我们从中能够看到一个不一样的“迅哥儿”和一个不一样的中国。

1. 不一样的迅哥儿

我们心目中的鲁迅的第一印象，总是那个用一双冷厉的眼睛看着那个黑暗的世界，不断的呐喊，不断的奋笔疾书，“横眉冷对千夫指，俯首甘为孺子牛”的鲁迅。但是那个鲁迅是《呐喊》里的革命斗士鲁迅，而《朝花夕拾》却向我们展示了一个从儿童到青年的温情默默的鲁迅。我们可以从《狗·猫·鼠》、《从百草园到三味书屋》、《五猖会》中看到一个充满童趣、不甘屈服于封建家长制的鲁迅，可以从《藤野先生》、《范爱农》、《琐记》中看到一个苦求救国真理的青年的鲁迅。

2. .不一样的中国

鲁迅的少年和青年时代恰逢中国最黑暗的时代，中国人民深受帝国主义和封建主义的双重压迫，那个时代的中国积贫积弱，那个时代的人们艰难困苦。鲁迅用《朝花夕拾》十篇散文勾勒了一幅幅世态图和风俗画，向我们展示了从清末到辛亥革命时期的我们几乎从现代中国找不到一丝痕迹的截然不同的中国，揭示了那个时代的各个侧面。《从百草园到三味书屋》和《五猖会》向我们展示了那个时代中国的教育，《二十四孝图》和《无常》向我们展示了那个时代中国的所谓“公理”，《琐记》、《父亲的病》、《狗·猫·鼠》和《藤野先生》则向我们展示了那个时代中国的所谓“文人”。

三、导读要点

1. 探索中国传统历史文化的神秘与魅力

《朝花夕拾》中的回忆写的是一百多年前中国的社会生活，牵涉到很多历史、文化常识，如果不懂，的确会遇到很多障碍。如《无常》开头一段提到的“城隍”、“东岳大帝”、“卤簿”等等，都是民间文化和传说中的角色事物，文中还提到《玉历钞传》、《陶庵梦忆》等多种典籍，对这些多少要有所了解才能读下去。又如另外一篇《范爱农》，写到安徽巡抚恩铭、徐锡麟、秋瑾、满洲等等，都和辛亥革命前后的历史有关，如果不了解，读起来也会感到有些隔膜，甚至读不进去。再如我们学过的《从百草园到三味书屋》，开头有一句“现在是早已并屋子一起卖给朱文公的子孙了”，朱文公是谁，如果我们对儒家文化不了解，则很难理解鲁迅先生的诙谐。

在上课过程中，通过让同学们借助注释、工具书或相关的历史书对这类历史文化内容进行挖掘学习，从而对中国传统历史文化加深了解。再与鲁迅的这些散文结合起来，就能够得到更为感性的了解。这是历史书上也不一定学得到的，能够培养同学们对于传统文化的兴趣，并提高同学们的人文素养。

2. 品味秀韵天成的散文之美

散文之美是指构思美、自然美、语言美。构思美：散文的艺术魅力，重在艺术构思的设计。自然美：写作能够表达作者的真情实感。语言美：是指用法的精明和巧妙。《朝花夕拾》作为近代文学大家的散文精品，每篇文章都能体现出华丽与朴素相互渗透的语言风格。从华丽和朴素中见真情，语言毫不带刺，只是真实的表露。写人叙景，不直意抒情，却洋溢出一股诚挚而深沉的情感，给读者在很大程度上的审美愉悦。

品味鲁迅的散文之美，需要关注细节，反复品味，感受作者的文字魅力。《朝花夕拾》中的描写极富神韵，颇有情趣。作者写人，写得如在眼前，形神毕肖。如写范爱农，众声喧嚣中的一声“杀的杀掉了，死的死掉了，还发什么屁电报呢”，让人印象深刻，大家一下子便记住了他。作者描绘事物，也是生动形象，妙趣横生。如《从百草园到三味书屋》第二自然段中的“不必说碧绿的菜畦，光滑的石井栏”这一段铺写，让人仿佛置身于一个动植物的乐园，美不可言。细细品读，方能感悟儿时鲁迅的童真童趣。

品味鲁迅的散文之美，还需反复品味作者抒情议论的语句，体会幽默风趣的语言风格，咀嚼其中丰富的情味。作者在对“朝花”的回忆中时时夹杂着“夕拾”之感，因而作品在描绘活泼的青少年时期经历及某些世态人情时，夹杂着中年人深刻的感慨、老到的评点、意味深长的嘲讽。阅读时，大家要注意圈画文中那些抒情议论的句子，幽默风趣、揶揄嘲讽的语词，体会作者的情感态度及蕴含于字里行间的丰富意味。

3. 引导我们更加深刻的认识那个黑暗蒙昧的社会

鲁迅在《朝花夕拾》中向我们展示了那个时期社会的动荡和黑暗，看似写回忆实则是想要唤醒当时的社会大众。那个时代的中国仍然处于蒙昧之中，封建迷信盛行，科学在社会中所知者寥寥无几。鲁迅在散文中向我们描述了那个时代的青年奋力挣扎，为挣脱蒙昧，寻找科学之路的经历和过程。

寿镜吾先生是鲁迅小时候敬重的老师，《从百草园到三味书屋》中，寿镜吾在少年鲁迅心中是可亲、可敬，严而不厉的，在当时来说是十分难能可贵的。因为打戒尺、罚跪，是私塾教育管理学生的方式，有戒尺、有罚跪的规则但不用，描写出了先生严格而不厉害的形象，表现先生对他的学生管理中的开明思想。但是就这么一个具有开明思想的老师，所传授的内容却和科学毫无关系。

《父亲的病》一文揭示了鲁迅学医的原因，更向我们展示了那个愚昧的时代。《在父亲的病》一文中，鲁迅的父亲得了水肿，鲁迅是个孝子，为了治好父亲的病，他不惜花大价钱为父亲请“名医”治病。“名医”们用一些奇怪的药引子，比如经霜三年的甘蔗、蟋蟀一堆，还要用“原配，即在一窠中”，平地木等。这些药何其荒唐可笑，却也能够哗众取宠，最终鲁迅的父亲在庸医的所谓治疗中逝去，这也促使鲁迅下定决心去日本仙台学习西医，以求用自己高明的医术拯救哪些被庸医害命的人。

4. 培养青年为国家和民族而奋斗的爱国情怀

鲁迅先生向我们描述了一个没有尊严没有地位的中国。在《藤野先生》一文中，鲁迅给我们讲了他在日本留学的经历。当时日本人都瞧不起中国人，认为中国人都是低能儿，鲁迅考试得了60多分，却被他们认为是作弊。我们从中可以看到我们的祖国那个时代所处的地位，能够加深对那个时代的认识。鲁迅还介绍了弃医从文的原因。他和同学们去看了一部关于日俄战争的影片，讲的是日本和俄国都企图得到中国东北的大片土地从而引发了战争。而剧中的中国人不是想如何保卫自己的祖国，竟去给俄国人当间谍。被抓后要当众枪毙时，围观的中国百姓不但没有一丝愤怒，反而拍手叫好。屏幕之外的同学们也都拍手叫好。这一幕在青年鲁迅的心灵中带来极大的震撼，也因此改变了鲁迅的人生。他认识到医学再进步，肉体再健康，如果没有一个追求进步和光明的灵魂，也不可能实现国家的进步。我们从此可以感受到鲁迅的一颗拳拳爱国之心。

鲁迅在写长妈妈的故事时，重点写了《山海经》，这个故事除了写长妈妈这个劳动妇女外，作者或许还有一层隐含的意思就是写《山海经》这本书。他非常渴望《山海经》这本书，只是因为里面有人面的兽，九头的蛇，有以脐为口双乳为目舞干戚的刑天，对九头蛇的兴趣不正是鲁迅对未来的自己将会成为这个社会的怪兽的一种暗示和隐含的渴望吗?刑天与帝争神，哪怕头颅断了也要以脐为口双乳为目，不正是《铸剑》中的眉间尺、黑衣人即使头颅掉了也要用头颅搏斗的情景吗? 头断了，头还可以相互搏斗，头断了，身体还可以搏斗。鲁迅是“真的猛士”，为了使得中国有个光明的未来，宁愿化为刑天，我们可以看到他那颗为了国家而不惜牺牲自身一切亦要反抗到底的决心。

我们要学习鲁迅的爱国精神，保持一颗爱国之心，从点滴做起，努力学习，使自己成为一个有益于祖国、有益于社会的人。

5. 领略并寻找诗意童年的纯粹之美

当人在困难的时候，需要回忆给予自己内心的安宁、精神的慰藉、继续前行的力量。我们每个人都有一个不一样的童年，但童年的快乐和纯粹却是一样的。我们都会回忆起童年的人和事。鲁迅写藤野先生、无常、猫与狗等，都可以看作作者心情的一种表达，又不仅仅于心情，如果是这样，《朝花夕拾》就是一部杂文性质的回忆了。作者写了从百草园到三味书屋，长妈妈与《山海经》，在这些纯粹的没有掺与任何现实影子的回忆中，我们得到了一种纯粹的回忆童年之美的感受。这才让《朝花夕拾》并没有表现出愤世嫉俗的面貌，保留了童年的纯真，回忆之美的纯粹，同时，在某些篇章中，作者又把回忆和现实结合在一起，似乎只是随意提到，却是和回忆的情节恰如其分地契合。这让作者的回忆又添了一种现实的悲愤，回忆中的人、鬼等似乎也带着作者忧愤不安的情感给人以强烈的心灵冲击。

在《五猖会》中，作者意在写父亲作为封建家长的形象对儿童爱玩天性的扼杀。可读者却从字里行间能感到作者将要去看五猖会所带来的欣喜和愉悦。可能是知道了最终的结果，“我”背出了父亲要求背的书，如果“我”没背出来，可能故事就会萦绕着一股深重的遗憾氛围。结果，长妈妈和工人们的着急和之后的轻松喜悦，仿佛让读者和他们一起欣赏了江南水乡一路的风景，这个风景在小说《社戏》中已经呈现过，所以作者这里并没有再重述。鲁迅通过父亲要“我”背书的环节让读者在对困境的解围中反而营造了一个温情的童年回忆，因而在阅读中让我们能够想象那一路想欣赏的曾经在《社戏》中展现出来的美景。故乡风景又一次来到了读者的面前，比作者的直接描写更让人回味深长。很多人搬着吃食、椅子等到船上去看五猖会，那种温馨热闹、让大人孩子们心驰神往的气氛就从字里行间渗透出来了。

四、出版信息

《朝花夕拾》（典藏对照本）：鲁迅著，周作人解说，止庵编订；出版社：中华书局；出版时间：2013年1月。

撰写人：黄文学

《背影》导读要点

摘　要：《背影》是中国现代散文大家朱自清1928年出版的经典散文集，其独特的美文艺术风格包括质朴语言的表达、画意美景的描写、浓烈感情的融入都为散文增添了色彩，是白话文散文的典范。而朱自清先生的民族气概和精神亦是值得每一个人传承和发扬的。

一、内容简介

《背影》是中国现代散文大家朱自清1928年出版的经典散文集，其中收录了，包括《背影》《匆匆》《桨声灯影里的秦淮河》《荷塘月色》《白马湖》《春晖的一月》等名篇。朱自清以独特的美文艺术风格，为中国现代散文增添了瑰丽的色彩，为建立中国现代散文全新的审美特征创造了具有民族特色的散文体制和风格。

朱自清（1898—1948），原名自华，号秋实，改名自清，字佩弦；原籍浙江绍兴，生于江苏东海；现代著名散文家、诗人、学者、民主战士；其散文朴素缜密，清隽沉郁，语言洗练，文笔清丽，极富有真情实感。

二、价值概述

朱自清是继冰心等人之后又一位突出的散文家，他对白话文的发展有很大贡献，在新文学史上有着极为重要的地位。

首先，他彻底打破了复古派认为白话不能作美文的迷信；其次，他在中国古典文学的基础上和中西文化交流的背景之下，创造了具有中国民族特色的散文体制和风格。他的散文具有极高的艺术价值，是白话文的典范，为后来的散文创作提供了宝贵的艺术经验。《背影》中文章平实而蕴藉温情，细腻又不失率真，在通俗与清雅间写尽人生况味，不论写景抒情，均能通过细密观察或深入体味，委婉地表现出对自然景色的内心感受。抒发自己的真挚感情，具有浓厚的诗情画意。朱自清是我国著名的爱国人士、民主战士，其宁可饿死也不愿领取美国救济粮的民族气节和高尚情操，也值得大家去敬仰和学习，毛泽东称他“表现了我们民族的英雄气概”。

三、导读要点

《背影》收录了朱自清具有代表性的数十篇散文小品，其中的《背影》和《荷塘月色》更是朱自清的传世之作，曾入选各种版本的《中学语文》课本历来为广大师生所喜爱，也是大多数中国人喜爱的美文佳作。

1. 意境之美，诗情画意

《荷塘月色》是朱自清散文中最为脍炙人口的名篇，其中描绘出了一幅荷塘月色图，全文就像是一幅工笔画。写月色是荷塘里的月色，写荷塘是月光下的荷塘，层次里复有层次，使整个画面有立体感、渗透感；其中动静、虚实、浓淡、疏密，是画意的设置，也是诗情的安排，这就不仅使画面色彩均匀悦目，而且透出一股神韵，氤氲着一种浓郁的诗意。文章中描写叶子、花朵的情态，以及被微风带起的凝碧的波痕，都是在轻淡月色映射下形成的。接下去着力写月色，写月光如流水般倾泻在花叶上的情景，单写月光比较单调，因此又着力摹写月的投影，光影交错，把岸边树、塘中荷叶连结在一起，构成了美丽而繁杂的图案，荷塘在其衬映下更显得风情绰约了。

《威尼斯》是朱自清的一篇欧洲游记散文，条理性、层次感极强，按照作者笔下的描述，将这些空间建筑按文中所叙的顺序和位置连缀排列起来，会轻而易举地临摹出一幅以圣马克广场为中心的威尼斯主要胜地的游览图，而且准确清晰，文章还穿插了威尼斯风情风物的介绍，表现出作者在建筑、造型、绘画、音乐、工艺制造、风土人情等多方面广博的知识和深厚的造诣。

2. 语言之美，朴素典雅

《背影》的语言非常忠实朴素，又非常典雅文质， 采用白描记叙事实，不作任何修饰、渲染。通篇像“关心”“爱护”“感激”这一类的抽象现成的字眼，全文集中描写的是父亲在特定场合下使作者极为感动的那一个背影。作者写了当时父亲的体态、穿着打扮，更主要地写了买橘子时穿过铁路的情形。并不借助于什么修饰、陪衬之类，只把当时的情景再现于眼前。这种白描的文字，读起来清淡质朴，却情真味浓，蕴藏着一段深情。所谓于平淡中见神奇。其次，作品还运用了侧面烘托的手法。如写儿子“看见他的背影”，“泪很快地流下来了”。又写父亲买橘子回来时，儿子“赶紧去搀他”。这些侧面烘托手法的运用，更加反衬出父亲爱子的动人力量。《背影》的语言还有文白夹杂的特点。例如不说“失业”，而说“赋闲”，最后一节因父亲来信是文言，引用原句，更见真实，也表达了家庭、父亲的困境和苍凉的心情与复杂的感受，同时，文白夹杂的语句，也笼上了一层时代赋予小资产阶级知识分子的特殊语言色彩。

3. 艺术之美，奇特新颖

《荷塘月色》成功地运用多种艺术手法，突破一般经验而产生一种奇特而新颖的手法，如“微风过处，送来缕缕清香，仿佛远处高楼上渺茫的歌声似的”，花香本来诉诸嗅觉，但作者把它写成有旋律的歌声，给人以嗅觉兼听觉的感受。又如“光与影有着和谐的旋律，如梵婀玲上奏着的名曲”，流动的光波，本是无声的，被描写成动听的音乐，给人以视觉兼听觉的感受。照理说，香味、光影和歌声、琴声没有什么相通之处，但作者却运用了古典诗歌中常有的“通感”的艺术手法，把嗅觉和视觉的形象，转化为听觉的形象，模拟了香和光时断时续、似有若无的形态，使难以描摹的感觉，通过另一种可感形象而具体化了。这种出神入化的艺术处理手段，在现代散文创作中是不多见的。

4. 情感之美，至情至真

朱自清的情感散文，文艺界评论较多的是他的名篇《背影》。它构思精巧，真挚感人。儿子从背后看父亲，既扫去了平素父亲面对作者时所作的对一切不如意之事的掩饰，使其喜怒哀乐真实呈现，又暗示了儿子是在一种为父亲所不知的情形下去领会这份爱心的。父子间相互体贴，又不让对方知道，文章的深情便漫散开来，悠长深远。《给亡妇》也是一篇用作者的“至情”写就的“至文”，它写于1932年10月，其时距其妻逝世已三个年头。全文语言明净素雅，如话家常，在如水般清亮的文字中，作者的深情不禁氤氲而出、娓娓道来。然而其中最让人流连忘返、回味无穷的还是那巧妙构思，以及这种构思所蕴含的深刻情感。

5. 成长之美，民族精神

朱自清原名自华，号实秋，后改名自清，字佩弦。中国现代散文家、诗人、学者、民主战士。朱自清之名是他1917年报考北京大学时改用的，其意是勉励自己在困境中不丧志，不同流合污，保持清白。

在北大期间，朱自清积极参加五四爱国运动，后又参加北大学生为传播新思想而组织的平民教育讲演团。他参加了“三·一八”惨案的请愿游行，他虽然是小资产阶级知识分子，但富有正义感和爱国心。惨案后，他撰写《执政府大屠杀记》等文章，声讨军阀政府暴行。《匆匆》写于1922年3月，恰逢“五四”运动落潮期。当时的“五四”知识青年忙于救国，忙于追求进步；他们备受当时政治环境的压迫，却没有停止追求进步的脚步；他们苦恼、彷徨，却在冷静的沉思后，继续追赶人生的路。1927年“四·一二”反革命政变后朱自清既反感于国民党的“反革命”，又对共产党的“革命”心怀疑惧，陷入不知“哪里走”的“惶惶然”中，他“躲到学术研究中”，躲到大自然中，既是“避难”，又在与政治保持距离中维护知识分子的相对独立。《荷塘月色》就是在这种心情下诞生的。“一二·九”运动中，他同学生一道上街游行。抗日战争爆发后，随校南迁，任西南联大教授。1946年10月返北平，受校方委托主编《闻一多全集》。同时，积极参加各项民主活动。朱自清由一位小资产阶级出身的知识分子成长为“表现了我们民族的英雄气概”的著名诗人、作家、学者，走过了一段坎坷不平的道路。

四、出版信息：

朱自清. 背影：朱自清经典散文集［M］. 杭州：浙江文艺出版社，2017.

撰写人：王艳彦

《小二黑结婚》导读要点

一、内容简介

《小二黑结婚》是赵树理的成名作，作者赵树理（1906-1970），山西沁水人，中共党员，毕业于山西省立长治第四师范学校。1937年参加抗日工作。历任高小及初中教师，山西阳城县新编八区区长，《黄河日报》路东版编辑，《中国人报》、新华书店、《新大众报》编辑。1949年后历任《工人报》记者，全国文字工作者协会常委、创作部负责人，《说说唱唱》编辑、副主编，北京市文联副主席、创作部长。全国第八届人民代表大会代表，全国文联委员，中国作协第一、二届理事，中共第八届代表大会代表，中国曲艺家协会主席。1933年开始发表作品。1952年加入中国作家协会。著有长篇小说《盘龙峪》、《三里湾》、《李家庄的变迁》，中篇小说《李有才板话》，短篇小说《小二黑结婚》、《福贵》、《锻炼锻炼》、《邪不压正》、《传家宝》、《卖烟叶》，鼓词《庞如林》、《石不烂赶车》，文学剧本《万家楼》、《打倒汉奸》，报告文学《孟祥英翻身》，《赵树理文集》（四卷）等。

作者的创作灵感源自一起真实的案件。1943年4月，赵树理在和房东的亲戚拉家常时得知，房东亲戚的侄儿叫岳冬至，是村里的民兵小队长，因为与从河北武安县搬进山里的一个叫智英祥的俊女子自由恋爱，结果被几个把持村政权的坏人以"搞腐化"的"罪名"迫害致死。县政府经过几番侦讯，案情大白，依法惩办了凶手，赵树理到发案的村子做调查时发现，受害者两家都不同情岳冬至和智英祥的"自由恋爱"，反而认为打死岳冬至固然不该，但教训教训他则是理所当然的，而村里其他人竟然也持同样的论调。当时根据地刚颁布了《妨碍婚姻治罪法》，赵树理认为青年人自由恋爱结婚应当得到支持和保护，为了解决这个普遍存在的社会问题，提高人民群众的思想觉悟，他决心以岳冬至为原型进行创作，来刺激人们被传统习惯愚弄得麻木不仁、是非不分的神经，把他们从封建旧势力的束缚中拯救出来。赵树理经过精心构思，于5月份写出了《小二黑结婚》。

《小二黑结婚》主要讲述了1942年，山西某抗日根据地的山村刘家峻的青年队长、杀敌英雄小二黑，与本村俊美聪慧的姑娘小芹相爱。但因违背了封建迷信思想严重的父母亲的意志，遭到了各自家长二诸葛和三仙姑的强烈反对。其时，担任村干部的流氓恶棍金旺，亦凭借手中职权，兴风作浪，罗列罪名，趁火打劫，对小二黑和小芹进行残酷迫害，几乎使这对恋人的爱情夭折。后由抗日民主区政府区长出面支持，经过一番斗争，惩办了流氓恶棍金旺，教育了封建愚昧的落后群众，此时的二诸葛和三仙姑也表示支持儿女的婚事。至此，这对追求婚姻自主、向往美好生活的情侣，终于如愿以偿。

《小二黑结婚》中塑造了在历史变革中农民的各类群像，小二黑和小芹的爱情命运在中国现代文学史上具有深远的意义，揭示了当时农村中旧习俗的封建残余势力对人们思想行为的束缚、新老两代人的意识冲突与变迁及农村中新生的进步力量同落后愚昧的迷信思想及封建反动势力之间的尖锐斗争。主人公在新政权的支持下突破阻碍获得幸福的婚姻，显示出民主政权的力量和新思想的胜利，反映了中国在反封建革命上取得的巨大进步。说明实行民主改革、移风易俗的重要性，同时歌颂了民主政权的力量，反映了解放区的重大变化。

二、价值概述

《小二黑结婚》写于1943年5月，取材于太行山农村。当时“土改”刚刚开始，地主利用农民群众的愚昧和封建迷信思想妄图阻挠“土改”。为了使“土改”顺利进行，反对封建意识、破除愚昧思想就具有必要性。基于以上背景，《小二黑结婚》就表现出了对时代的强烈的关注意识，它虽然是以农村日常生活、家庭婚姻为题材，但是蕴含着尖锐的现实针对性。它对问题的揭示，也成为对农村生活的启示录。

首先，整部作品致力于对传统婚姻观的否定，促发农民对自由恋爱观的追求，“大团圆”的喜剧结局也表明了作家对这种恋爱观充分的肯定，这给予了农民自由追求幸福的希望和可能；其次，他致力于促进旧农民的觉醒。当时的农村有一项与“土改”同等重要的任务那就是反对封建思想。广大农民在阅读作品的同时感受到的可笑可悲的二人其实就是他们自己的缩影，在嘲笑的同时也必定会引起农民对自身的反省；最后，三仙姑和二诸葛的转变，这也给予农民在思想观念等方面潜移默化的引导。

《小二黑结婚》流淌出来的是对现实社会的思考，为解决当时的时代问题做出了巨大贡献。赵树理借鉴了评书的技法，开拓了一种新评书体，成就了一种中国老百姓喜闻乐见的形式。

《小二黑结婚》是一部富有时代气息的优秀作品，其对人物形象的刻画、对现实问题的揭露及面向大众的创作形式都有很突出的成就，具有很高的历史价值。

小说自出版以后，得到多位名人名家的高度评价，并被改编成电影、豫剧、评剧、歌剧、连环画等多种艺术形式，深受广大群众喜爱。

三、导读要点

（1）反应现实，贴近生活

小说反映了解放区农村社会关系的变革，塑造了历史变革中的农民形象，歌颂了新的人物和风尚。充满自信，敢于斗争的新一代农民的成长，标志着一个深刻的社会变化已经兴起，并且正在深入发展。

（2）形式新颖，通俗易懂

创造了为中国老百姓所喜闻乐见的民族形式—“新评书体”，为中国现代小说的通俗化、大众化提供了艺术经验。在语言的运用上，《小二黑结婚》形成了一种通俗化、大众化的特点，朴实生动、幽默风趣，表现力强，避免了五四以来文学语言的欧化现象，达到了民族化、大众化、艺术化的高度结合。比如，小说的结尾：“小二黑好学三仙姑下神时候唱‘前世姻缘由天定’”，“小芹好学二诸葛说‘区长恩典，命相不对’”。淘气的孩子们去听窗，学会了这两句话，就给两位神仙加了新外号：三仙姑叫“前世姻缘”，二诸葛叫“命象不对”。口语化的表达，平易风趣又富于生活气息，但仔细品读就会发现，这句话在承载通俗性的同时也具有艺术性，这表露出青年的一代与老一代旧观念彻底决裂的崭新的面貌，这个结尾是一个希望的结尾。这种通俗性和艺术性的结合笔者认为还可以从语言艺术中的选词技巧更集中地看出。选词技巧是语言特色中非常重要的组成部分，为这部作品的别具一格做出了不可忽视的贡献。

赵树理继承了中国炼字的传统，在人物塑造、故事情节的发展等方面也充分表现出了他对词语选用的重视。如此，将故事、人物等更加生动、鲜明地表现出来。对词语的选择和锤炼，需要从两个方面进行：意义和形式，这两者中间有着一定的联系，只有意义表明确定，声音表达和谐才可以将词句之间的含义进行深刻的表达。

（3）注重细节，形象丰满

在人物描写方面，继承了中国古典小说的传统方法，通过人物自身的行动及语言来表现他们的性格，少有静止的景物和心理描写，二诸葛愚昧迷信而又老实怯懦的性格是通过“不宜栽种”和“恩典恩典”的具体言行表现出来的，三仙姑装神弄鬼、老不正经的性格则通过“米烂了”、“看看仙姑”等有趣的事件展现了出来。在故事情节的开展中，赵树理运用传神写意的白描的手法和细节描写刻画了各具特色的人物形象，小二黑和小芹的性格突出表现了新时代农民的诸多特征；二诸葛、三仙姑虽然是作为主人公的陪衬者出现的，但相比起来，性格塑造得却更加丰满，作者突出刻画的是他们性格中的愚昧迷信、自私荒唐等旧意识、旧思想、旧观念，目的是揭示他们的心态和行为的不合时宜，这种包含善良的调侃、嘲弄，使作品具有了一种难得的乡村幽默风味。

（4）结构连贯，故事性强

结构上，学习了中国传统说唱艺术和古典小说的长处，采用了单线条发展的手法，情节连贯，故事性强，结构严谨，首尾呼应。故事性强是赵树理小说的突出的特点。这有别于“五四”时期的短篇小说。“五四”时期的作品多是截取生活的横断面来表现人物，这样故事性比较差，而《小二黑结婚》突破了这一点，情节连贯完整，故事性强，易于被广大农民接受。小说以小二黑和小芹的恋爱这一事件单线进行，穿插描绘了三仙姑、二诸葛，金旺兄弟的阻挠，情节起伏，同时也穿插描写了三仙姑和二诸葛的可笑故事，使得作品展现了多个人物的故事，情节饱满，故事不单调，不枯燥。

另外，作品还采用大故事嵌套小故事的艺术手法。这部小说一共有十二个小节，每个小节即为一个故事，看似独立但实际上关联甚密。它们一起串联成一个完整的故事，但同时每个小故事也清晰全面。作家保留了每个故事中的关节之处，这样就使得情节环环相扣，引人入胜。如在第二小节《三仙姑的来历》的结尾，“三仙姑有什么本领能团结这伙青年呢？这秘密在他女儿小芹身上”。这一小节在此处用问句形式突然结束，有些出人意料，这必定会引起好奇，然后这一关节在下一小节得以进一步阐释，揭开谜底，“她才慢慢看出门道来，才知道人家来了为的是小芹”。如此，两个小节之间的关系就变得非常紧密，关节处的戛然而止在增强感染力的同时又引发思考，不禁感到妙趣横生、意味深长。

（5）地域文化，特色鲜明

小说以晋东南农村作为写作背景，其人物语言、社会风俗习惯都具有浓厚的山西味道，如正月里扮故事、请神算卦等，如文中出现的“暗暗”“查查”的AA式，“活生生”“打哈哈”的ABB式，“哼哼唧唧”“鬼鬼捣捣”的AABB式，“咕咚咕咚”“呼扇呼扇”等ABAB式叠音词的表现形式使得人物的性格特点、内心情感得以生动的表达，口语化的节奏也很好的展现了地方特色。

在其影响下形成的“山药蛋派”作家群，是中国当代文学中最有地域文化特点的流派之一。不仅宣告了文艺大众化在解放区的成功，也不仅仅意味着一种新的农村题材小说模式的崛起，标志着“五四”以来的中国新文学真正开始了整体结构的转型。

四、出版信息：

《小二黑结婚》，赵树理（著）；出版社：陕西师范大学出版社；出版时间：2018年。

撰写人：王　璐

《我们仨》导读要点

摘　要：杨绛的《我们仨》平实地讲述了一家三口几十年的朴素生活。不紧不慢的语调，不急不缓，却仿佛一只无形的手，时刻指引着我们，发现生活中细微的小事组成的真挚爱意，带来触动人心的力量，彰显“挚爱亲情之美”“知识分子人格精神之美”“爱国情操之美”“写作手法的艺术之美”以及“传统文化的意味之美”，感染并激励每一个人牢固树立起勇于担当、以学强国、奉献报国的崇高理念。

一、内容简介

《我们仨》这部散文集首次出版于2003年7月，讲述了一个单纯温馨的家庭几十年平淡无奇、相守相助、相聚相失的经历。作者杨绛本名杨季康，江苏无锡人，中国现代作家、文学翻译家、外国文学研究家、中国社会科学院荣誉学部委员。在《我们仨》这部作品中，杨绛以简洁而沉重的语言，回忆了先后离她而去的女儿钱瑗、丈夫钱锺书，以及一家三口那些快乐而艰难、爱与痛的日子。该书的最初设想，是一家三口各写一部分，钱瑗写父母，杨绛写父女俩，钱先生写他眼中的母女俩。但是到1996年10月，患病的钱瑗已经非常衰弱，她在护士的帮助下断续写了5篇，最后都不能进食了，还在写。杨绛见重病的女儿写得实在艰难，劝她停一停。这一停，钱瑗就再没有能够重新拿起笔。1998年，杨绛的丈夫钱锺书逝世。一生的伴侣、女儿相继离去，杨绛晚年之情景非常人所能体味。在人生的伴侣离去四年后，92岁高龄的杨绛用心记述了他们这个家庭63年的点点滴滴，结成回忆录《我们仨》。

《我们仨》共分为三部分。第一部分为杨绛老年时的一个梦境，以“锺书大概是记着‘我’的埋怨，叫‘我’做了一个长达万里的梦”拉开全文序幕。第二部分，杨绛用梦境的形式完整地记录了这一“万里长梦”，讲述了一家三口在人生最后阶段相依为命的深刻情感，回忆了女儿钱瑗、丈夫钱锺书先后离去的过程。第三部分杨绛采用回忆录的写法，从生活里的每一件小事下笔，记录了自1935年伉俪二人赴英国留学，并在牛津喜得爱女，直至1998年女儿与钱先生相继逝世，这个家庭鲜为人知的坎坷历程。

二、价值概述

《我们仨》是一部具有独特的价值和美的散文集。作者杨绛在这部作品中力避一般的传记范式，依然采用她一贯的立足平凡人生、顺应天性自然的写作姿态，用适情任性而又优雅练达的散文笔调，娓娓诉说人生中最平常也最悠长的亲情体验和甘苦滋味，一是动乱年月中一家三口相互呵护扶持的深沉真挚情感，给读者以情感力量；二是知识分子朗朗清气和努力“读书和工作”的学者风范所内蕴的精神力量，对读者大有裨益。这些都展示出丰富深刻的人生大境界，传递给读者睿智丰厚的思想与情感。同时，这部朴素真挚的作品也体现了传记文学的美学品格，使读者充分感受到平淡朴实却韵味无穷的艺术风格所带来的美。事实上，散文的创作与发展无法离开对美的追求，身为当代散文大家，杨绛先生以其独有的笔法营造出散文的美。这些对于读者提升自己精神的高度和思想的深度，树立正确的人生态度、家庭观、时代观和价值观，梳理勇于担当、奉献报国、以学强国的崇高理念都有很大帮助。

三、导读要点

《我们仨》这部作品从女性视角出发，以平实而细腻的语言，揭示了一个善良美好的家庭世界，深刻地表达出作者对亲人的深深不舍。它用朴实的语言和生活化的态度，向读者讲述了一个观点，那就是只有家，才是最好的港湾。同时，作品又自始至终融合着、彰显着近代中国社会与文化此起彼伏之中的知识分子人文情怀，请同学们重点关注书中以下五个方面：

1. 挚爱亲情的浓墨抒发之美

《我们仨》是一本颇为个人化的书，是一本告别的书，亦是一本思念的书。虽然该书仅有九万字，但却叙述了杨绛、钱锺书一家真实感人的故事，是一本至情至爱的好作品。平淡、平静、平和的文字，让读者的心思跟随杨绛先生的回忆一起走过了这个家庭经历过的那几十年的风风雨雨、聚散离合。

从内容的选择和组织构架上，“我们俩老了”，似乎是一个序言，一个“前篇”，杨绛先生用几百字的篇幅向她的丈夫钱锺书先生讲述了一个梦境，两个人在梦里走散了，却怎么也无法再次寻见。“我们仨失散了”，是一个老人迷迷糊糊的低语，以锺书“开会”离家而开始的故事，宛若梦中，一个更长的超长的梦境。模糊的行程，模糊的风景，“不许询问”的客栈，难以抚慰的焦灼。杨绛先生真假参半的讲述了女儿钱媛和丈夫钱锺书的离世，“我们仨失散了”。看似安安静静的叙述，却难掩无法逃脱的压抑。那是在与至亲告别的“驿站”上，没有一个人能逃脱的、绝望的、无边无际的梦魇。“我一个人思念我们仨”，看似悲凉的题目，却一转“失散了”中令人窒息的语调，文字渐渐明朗、真实起来。从回忆杨绛先生与钱锺书先生的一见倾心、结婚，到婚后去牛津、巴黎，从我们俩到我们仨。一个早已暮年的老人，将自己毕生最亲爱的人诉诸笔端，无论困窘还是清贫，一家人都过得充满诗意，文字里更满满的都是爱意，仿佛就连最艰难的时期，因为有了彼此的陪伴而颇感甜蜜。它使读者更能理解这种生离死别的不舍和痛苦，也更加钦佩这位老人，她没有一蹶不振，而是“我一个人回忆着我们仨”。它更多地告诉读者生命的意义，不会因为躯体的生灭而有所改变，那安定于无常世事之上的温暖亲情已经把他们仨永远联结在一起，家的意义也在先生的书中得到了尽情的阐释。

特别是作品中杨绛描述钱钟书的“痴气”，说他为了对女儿阿圆用情专一而喃喃地嘀咕不肯再生第二个孩子。让读者觉得他们是不是名人，是不是学问家都不重要了，重要的是文字里这份家的恩情，千山万水，万水千山都牵着那一条穿过心底的细线，动一动，疼；疼也爱，手握在一起，目光缠在一处，脚步回响着同样的节奏。阳光雨露也好，风雨飘摇也罢，甚至生离死别都不怕，总之是心念爱恨全都攒在一处的一家人。还有什么比这更大的幸福呢！作品显性的表达结合理性的升华，让读者树立起正确的家庭观。

2. 知识分子人格精神的自然凸现之美

《我们仨》中一家人的性格各有特点。钱锺书生活上的憨厚与学问上的严谨，杨绛自由温和出得厅堂入得厨房，女儿圆圆大胆聪颖有孝心。这样温情的一家，这自由心与甘于平淡的心最是难得。正如杨绛先生所说：“我们这个家很朴素，我们三个人很单纯，我们与世无求，与人无争，只求相聚在一起，相守在一起。各自做力所能及的事。”“我们仨”能够过得这样温和，处变不惊，与世无争，与他们嗜书如命有着极为直接的关系。钱锺书、杨绛夫妇出国留学期间，每天做的主要事情就是在图书馆里读书。即使是假期，同学到处旅游，夫妇二人依然把所有的时间都放在了读书上。按照自己的课程表，夫妻俩一本一本的从头到尾地细读每一本书。读完了英文作品再读法文作品，读完了法文作品再读德文作品，读完了德文作品继续读意大利作品。回国后的动荡日子里，一家三口仍然做着各自喜欢的事情，读书、写作、翻译……读书对于他们来讲是终极幸福，是生活的动力，这是真正喜欢读书的人。

杨绛先生在书中谈到“我们不论在多么艰苦的境地，从不停顿的是读书和工作，因为这也是我们的乐趣”。真正的读书人，内心是富足的、贯通的、睿智的、善良的、慈悲的，读杨绛先生的文字，能深深地感受到这一点。真正的读书人，是身藏功与名的，就像钱锺书辞去了联合国给予的职位，不吃“胡萝卜”，也就不用受“大棒”的摆布，钱锺书曾对杨绛说：“有名气就是多些不相知的人。”他们深知权势、名利为何物，因而他们深谙如何取舍。

“我们仨”都是出类拔萃的人，但是他们都没有野心，他们毕生所努力的，不过是做好本职工作。他们从来都不争取什么，即使被安排在了并不喜欢也不适合的岗位上，也选择默默接受，并不反驳或做格外的要求。对于名利，他们唯恐避之不及，他们甚至视名利为祸害，为累赘。钱锺书因《围城》而出名，杨绛先生在本书的末尾处写到“他并不求名，却躲不了名人的烦扰和烦恼。假如他没有名，我们该多么清净”。知识是有重量的，它能够拉着人的心往下沉。书读多了，心便沉静下来，对于很多身外之物便可以看得淡然。正如作品中，钱媛年近六十岁患病不能起床的时候，她写给父母的书信中仍不乏幽默的玩笑和温暖的昵称，这是一种超然的生活态度。他们从年轻到年老，都沉浸在那些只有彼此了解的小快乐中：出门“探险”，分享彼此的“石子”，或者对着旁桌的人“格物致知”，他们感到知足。这些也告诉读者读罢掩卷，那朴素，是深植于内心的宁静；那单纯，是“质本洁来还洁去的追求”；也是“不著一字，尽得风流”。

《我们仨》是杨绛先生一家的断代史，也是那个时代背景下知识分子的沉浮史。它让读者在感受知识分子人格精神的自然凸现之美的同时，能形成正确的价值观，恬淡超然又不乱分寸地生活。

3. 爱国情操的本然流露之美

《我们仨》中的爱国情操与传统的爱国情怀不同。后者往往是比较慷慨激昂、激情澎湃的。但在《我们仨》中描述了杨绛先生一家在“文革”那段艰难的日子里，忍辱负重而又无怨无悔的爱国情操。

作品第三部分写了一家三口从英国回来，经历了抗战，“文革”等时期。杨绛先生在写他们经历的那些不堪回首的往事时，并不是情绪激动地去控诉，而是用她一贯的风格，用简洁朴素的语言去描写那段生活，看起来平淡，实际比那种强烈的控诉更具张力。

英国留学结束时，钱锺书先生和杨绛先生本可以留在英国，那里有着优厚的待遇，可是他们放弃了，毅然决定回国。当时的中国正处在战火纷飞的抗战时期，许多人颠沛流离，居无定所，他们依旧回到祖国的怀抱，这是他们的理想信念，是他们的爱国情怀的坚守。正如书中所说：“我国是国耻重重的弱国，跑出去仰人鼻息，做二等公民，我们不愿意。我们是文化人，爱祖国的文化，爱祖国的文字，爱祖国的语言。”

钱锺书先生致力于弘扬中国传统文化，对于外来文化也是取其精华，去其糟粕。虽然在生活中，杨绛先生说他笨手笨脚，可是在工作和学习中总是抱着严谨的态度，一丝不苟。他希望把中国文化深厚的底蕴带到世界舞台，可以推进中外文化的交流，促进中外文化的互相借鉴与发展。这样可以让西方人了解中国文化，也可以让国人学习西方文化。钱锺书先生这样的治学态度促进文化的交流，在文学研究的方向取得了辉煌。这些爱国情操的本然流露之美影响读者，让读者不仅能够充分体验到当代知识分子的爱国情操，更牢固树立起勇于担当、奉献报国、以学强国的崇高理念。

4. 散文写作手法的艺术之美

（1）虚实相生

《我们仨》全书虚实互补、虚实相生。特别是第一部分和第二部分，杨绛先生采用半梦半醒的写法，虚虚实实，虚中有实；如幻如梦，幻中有真。以实笔写生，以虚笔写死。这样一来，“生”的部分写得充实而丰厚，杨绛先生一家的音容笑貌、性格特征、人生历程历历在目。那些实实在在的故事，那些生动有趣的细节，给读者留下了不可磨灭的印象。以“梦”的形式描写女儿和丈夫最后的岁月，以虚笔写死，也许一方面是由于那一段是作者不愿去回忆的、让人撕心裂肺的岁月，她还没从伤痛中走出来，不愿再重复亲人所受的痛苦和折磨。所以，作者以“梦”的形式，滤去不堪回首的往事和细节。另一方面，从内容和形式的结合来看，死亡本是虚幻缥缈的东西，很难用文字把握，用此种形式描写死亡，更易揭示其真实面貌。从这个角度来看，以虚笔写死，也许本身就是内容表达的需要。正如作者在作品结尾所说：“我清醒地看到以前当作‘我们家’的寓所，只是旅途上的客栈而已。家在哪里，我不知道。我还在寻觅归途。”寓所与驿站，古驿道和医院，虚虚实实，相互交错。而虚实交错中，更使读者亲历人世间的悲欢离合。这样的文字看似平淡实则震撼人心，该书的这种时空切换，多读以后才能体会其中的深意。

（2）象征手法

文中杨柳的描写不断出现，写得最多的是寒柳和秃柳：“驿道上又满满地落叶，一棵棵杨柳又都变成光秃秃的寒柳”，“堤上的杨柳开始黄落，渐渐地落成一棵棵秃柳。”柳树是古代诗歌表达离情别绪的原型意象，是中国抒情传统中的分离树，它所含的韵味是苦涩的。面临生离死别，杨绛使用了这一传统的象征意象。与一般离别不同，杨绛笔下的是寒柳和秃柳，暗示死神日渐逼近，象征的是死别和永别。秃寒二字折射出作者内心极为孤单和忧伤的悲情。亲人逝矣，作者也变成柳树的一片黄叶，脱落飘零，“抚摸着一步步走过的驿道，一路上都是悲情。”景因情而生，情由景而传。情是悲到极致，景亦写尽凋零败落，两者相融，遂也觉黯然销魂，但情借景调节了强度，景因情有了韵味，两者中和便有了艺术的含蓄蕴藉，营造了“萧萧落叶，漏雨苍苔”的悲凉意境。

古驿道是一个不可忽视的重要意象。在虚写死亡的部分中走上古驿道、古驿道上相聚、古驿道上失散，杨绛与钱锺书以及钱瑗的一切聚散都在古驿道上演绎。古驿道不仅仅如同古书中象征着离愁别绪，更是象征着人生旅程的结束。这一段古驿道是人生的必经旅途，不可逃避。在这古驿道上，杨绛将钱锺书送了一程又一程，最终只能眼睁睁地看着那船远去。即便是自己如何想变成山上的石头守望着已经看不见的小船也不可得。最终只变成了一片黄叶，风一吹，就从乱石间飘落下去，落在三里河的家里。古驿道上的一切都不以个人的意志为转移，该离开的最终会离开，该留下的最终会留下。感受作品这些散文写作手法的艺术之美，让读者不仅获得文学知识，还获得优秀的审美观。

5. 中华传统文化的古典意味之美

《我们仨》含有浓郁的中华传统文化的古典意味之美，一是淡泊功利的人格精神，表现于“我们仨”对家的相聚相守以及酷爱读书勤奋治学，这是他们的精神支柱，推动他们走向高远超凡的境界。二是平和朴素的语言风格，平和即和谐、中和，杨绛先生最善于把各种对立的因素和谐地统一起来，达到恰到好处的理想状态。三是哀而不伤的抒情笔调，通过情景交融古典手法，通过情景交融营造梦境的邈远迷离，分载过于深重的死别的悲情，把丰富复杂的情感寓于景中，通过意象比喻、象征、暗示、尽显古典文化的韵味。作者在书中运用现代派手法以求意识流动的自由和主观感受的真实，但情感的表法依然是节制含蓄的。梦开始，杨绛虚构了客栈、小船和古栈道，对应现实中的家、医院和两地间的路途。烟雾迷蒙、杨柳成行、杂树丛生、野草滋蔓的场景描写，暗示通向死亡的荒凉、迷离，是作者内心伤感悲凉之情的外射和物化。第二部分以“梦”的形式表现了这段深重的情感经历。写梦是我国古代悼亡诗常用的形式，以此描写幻境，抒发真情。杨绛用此手法，从心理上看，女儿和丈夫先后病重去世，情感深受刺激，恍如梦中，亦幻亦真。心理学认为，情感到了极致，无论悲喜都会幻以为梦。从创作上看，以梦入书并结构全文，易于情感的自由流动和主观真实感受的表达。可以达到多层次和自然流动的状态。同时，以艺术手法叙述描绘，缓解自然情感的强度，可使其升华为“诗的感情”。

从全文看，杨绛先生散文平和的风格更体现为缓急有致、悲喜相济的结构。新中国后，诸多政治运动给知识分子许多压抑和苦闷，每写至此，便会转写一段趣事，以缓激愤之情。写钱锺书病重，语速急速迫促，转写普通人家的温情，缓缓道来，语调温柔平静。缓疾交错，悲喜相济，最终达到“和”。其实现实生活中并无单纯的快乐和苦恼，两者总是杂糅在一块，中和一体。杨绛先生以平和之心去认识生活和采撷生活的时候，自然切中了生活的自然规律，也切中了“以和为贵”的古典思想。这也说明中华传统文化的古典意味之美，要引导读者们注重这一点，发扬这一点。

四、出版信息

杨绛. 我们仨［M］. 北京：生活·读书·新知三联书店，2003.

撰写人：姚　雪

《平凡的世界》导读要点

摘　要：《平凡的世界》是一部现实主义小说，也是一部小说形式的家族史，主要讲述的孙家两兄弟在大时代背景下的奋斗历程。作者浓缩了中国西北农村的历史变迁过程，在小说中全景式地表现了中国当代城乡的社会生活。高度体现了平凡生活当中的“奋斗”“生活”“爱情”以及“节俭”之美。

一、内容简介

《平凡的世界》是我国著名的作家路遥先生创作的一部百万字的长篇巨作。作者在中国70年代中期到80年代中期近十年间的广阔背景上，通过复杂的矛盾纠葛，以孙少安和孙少平两兄弟为中心，刻画了当时社会各阶层众多普通人的形象；劳动与爱情、挫折与追求、痛苦与欢乐、日常生活与巨大社会冲突纷繁地交织在一起，深刻地展示了普通人在大时代历史进程中所走过的艰难曲折的道路；读来令人荡气回肠，不忍释卷；被誉为“茅盾文学奖皇冠上的明珠，激励千万青年的不朽经典”。

二、价值概述

《平凡的世界》是用温暖的现实主义的方式来讴歌普通劳动者的文学作品。作家把苦难转化为一种前行的精神动力。描写苦难的新时期作家不乏其人，但真正把苦难转化为一种精神动力的作家却并不多，路遥当属其中之一。这部小说在展示普通小人物艰难生存境遇的同时，极力书写了他们克服重重困难的美好心灵与坚韧不拔的奋斗精神。作品中的主人公孙少安、孙少平是挣扎在贫困线上的青年人，但他们自强不息，依靠自己的顽强毅力与命运抗争，追求自我的道德完善。其中，孙少安是立足于乡土矢志改变命运的奋斗者；而孙少平是拥有现代文明知识、渴望融入城市“出走者”的。他们的故事构成了中国社会普通人人生奋斗的两极经验。

三、导读要点

1. 奋斗之美

孙少安和孙少平两兄弟在面对生活的困难时，能够百折不挠，坚韧不拔。少平的失偶、毁容，少安砖厂倒闭都未能使两兄弟倒在生活的泥泞中，反而两兄弟跟能站在生活的苦难上，重新面对生活，两兄弟以最初的贫穷生活为起点，在十年之间追寻理想，都改变了自己的命运。将兄弟二人个人的奋斗史与整个大的历史背景融合起来显得极具时代特点，既真实又感人。让读者完全地感受到在生活道路的苦难曲折并催动着一代代年轻人向前奋进，追求幸福。

2. 生活之美

本书以双水河村为主要基点，塑造了双水河村、铜城煤矿、原西县高中多个极具时代气息和生活特点的地点，文中大大小小共描述百余个人物。主要围绕孙家两兄弟，事件叙述详略安排得当，各种事件线条主细分明。将普通人在生活中的抉择与对抗生活的行动清晰明确地表现出来，作者穷百万字之功，给读者描绘了一个真实平凡但又温暖感人的世界。

“在这个世界上，不是所有合理的和美好的都能按照自己的愿望存在或实现”这句书中的名言正是生活和生命的本质。

3. 爱情之美

文中详细地描述了两个兄弟在面对爱情时的抉择，少安更加理性，向生活低头，在面对润叶时，敢于放手，情感豁达。少平执拗，在爱情面前敢于表达和坚持。但面对小霞的离去，又能够释然，将生命的后半部精力放在照顾工友的遗孀上。书中运用大量的笔墨描写着平凡的世界中的爱情。少安与润叶的情感与矛盾、少安和秀莲夫妻间的相互支持与恩爱、少平与小霞爱情浓烈与纯粹、金波对恋人的痴情与怀念、田润生对郝红梅的庇护与支持、金秀对少平的痴情。书中的描写充分的显示出不同性格及背景条件下个人对爱情的抉择与努力。让读者切身地感受到爱情的美好与生活的无奈。

4. 责任和亲情之美—孙少安

作为孙家的长子，面对日渐年老的父母和奶奶，面对弟弟少平和妹妹兰香，少安几乎是独自挑起了维持全家生计的重担。他有强烈的责任感，尽管学习成绩优秀，但为了家里他辍学回村干活，十几年来为整个孙家撑起一片天。无论什么事情，他都是为家里着想的，宁愿自己饿着，也要父母和弟弟妹妹吃饱。少安的文化水平不高，几乎在农村生活了一辈子，却依然能展现出他过人和胆识。他的砖厂虽经历过失败却又重新崛起，使孙家的过上富足的日子。少平高中毕业后，本应回到村里分担哥哥的重担，但充满理想的他想到城市里闯荡一番。少安作为哥哥，最后决定给予了他理解。少安通过努力，使得弟弟妹妹能够实现自己的理想，少安为整个孙家奉献了青春，奉献了所有的精力，他的责任心和对亲情的看重使人动容。

5. 节约艰苦、奋斗之美

上学时孙少平吃的就是最差的黑面馒头，连丙菜都吃不起。少安在给生产队中牛看病时在夜间将衣服披在牛身上，自己结婚和妻子住在队里的种子仓库。少平刚去铜城煤矿中不带被褥，坚持上满每一个工。少安、少平两兄弟在发达后筹钱为父母建新窑洞，供养上大学的妹妹，少安更是不光照顾好家人自主捐钱修缮本村学校。少平少安兄弟在文中各个细节中展示出的爱岗敬业、与人为善、坚韧不拔、自强不息的传统美德深深地打动了读者。熟读小说后，发现在他们兄弟中都能找到我们每个人的影子。普通人展现出的人性美是褒扬这部小说主人公兄弟的最好评价，也是我们广大青年读者应该奋力追求的品质。

四、出版信息：

路遥. 平凡的世界［M］. 北京：十月文艺出版社，2009.

撰写人：马姣阳

《平凡的世界》导读要点

摘　要：《平凡的世界》是一部现实主义小说，也是小说化的家族史；作家高度浓缩了中国西北农村的历史变迁过程，作品达到了思想性与艺术性的高度统一。

一、内容简介

《平凡的世界》是中国著名作家路遥创作的一部百万字的长篇巨著；这是一部全景式地表现中国当代城乡社会生活的长篇小说；全书共三部；作者在中国70年代中期到80年代中期近十年间的广阔背景上，通过复杂的矛盾纠葛，以孙少安和孙少平两兄弟为中心，刻画了当时社会各阶层众多普通人的形象；劳动与爱情、挫折与追求、痛苦与欢乐、日常生活与巨大社会冲突纷繁地交织在一起，深刻地展示了普通人在大时代历史进程中所走过的艰难曲折的道路……读来令人荡气回肠，不忍释卷。

二、价值概述

《平凡的世界》被誉为“茅盾文学奖皇冠上的明珠，激励千万青年的不朽经典”，它是一部现实主义小说，也是小说化的家族史；作家高度浓缩了中国西北农村的历史变迁过程，作品达到了思想性与艺术性的高度统一，特别是主人公面对困境艰苦奋斗的精神，对今天的大学生朋友仍有启迪。

路遥是中国当代著名作家，代表作有《平凡的世界》《人生》等，其中《平凡的世界》获得了中国文学最高奖项——茅盾文学奖。

三、导读要点

1. 人性之美

路遥笔下的小说呈现在人们眼前的不仅是小说里的世界，还为人们打开了一扇窗户，通过这扇窗户人们可以看到自己内心的精神世界，人生也会因此变得豁达、空旷、坚毅。路遥也因此受到了这个平凡世界中诸多人的尊重，用温暖的现实主义风格来赞美最普通的劳苦大众是他文章中时常所表现出来的风格。作者在《平凡的世界》中把苦难当成是激励人们前行的动力，着重刻画的不是小人物的苦难悲惨经历，而是借此来突出他们克服困难的美好心灵和永不屈服的超人毅力，因此也就把小说的精神主旨上升到了人性的高度，传达着温暖的情怀。

2. 女性之美

《平凡的世界》描述了20世纪七八十年代我国西北地区农村的重大转变，歌颂了广大劳动人民最朴实和最真切的人性之美。本文分析了作者对女性人物的刻画与描写，它充分展现了当代女性善良、仁义、知性、朴实、勇敢、坚强、乐观的传统美德，让她们的优良品格在平凡的世界里散发出奇异的芬芳，温暖了亿万读者的心。

3. 文字之美

路遥先生在书中并没有堆砌华丽的辞藻，反而更多的是朴实无华、细腻厚重的语言，但正是这些平常自然的文字，鲜活刻画出了当时社会各阶层众多普通人的形象，劳动与爱情、挫折与追求、痛苦与欢乐、日常生活与巨大的社会冲突纷繁交织在一起，深刻展示了普通老百姓在时代历史进程中所经历的不平凡的艰难与曲折，这种单纯明朗，通俗易懂的语言表达形式，释放了强大的文学力量，人物以及情节刻画的真实感，让读者仿佛置身于那个时代，体验着那个时代的风雨，更让我品味到了书中深刻的精神内涵——自强不息、厚德载物。

4. 变革之美

孕育希望。路遥先生笔下故事的发生地点位于陕北黄土高原上的一个普通农村，但在70年代末80年代初，这个农村却发生着极不平凡的变化，孙少安迎着改革的春风办起了砖厂，从穷光蛋到万元户并被县里表彰，逐步成为致富的典范，它折射出的正是中国改革开放前后社会的巨大变化，以及人们思想、生活的改变。从大锅饭到分田到户，到新型经济的发展，质朴的农民经历了新中国翻天覆地的变化，他们何其幸运，因为新中国的这场变革为他们带来的是无限的光明与希望。

5. 爱情之美与遗憾之美

《平凡的世界》中的几种爱情，其中也有遗憾：

首先是第一种爱情，孙少安和田润叶，他们之间的爱情由于身份地位的悬殊而显得不切实际，或者说是不堪一击。至少对于孙少安来说，他自始至终都很清晰地认识到了这一点，所以他面对润叶的表白，既表现出一种发自内心的激动，同时又保持着一种清醒的克制。

因为少了门当户对，得不到来自父母的支持，所以即使有爱，他们最终也没有在一起。在过了几十年后的今天，可以说门当户对依然重要，但是如果是真的相爱，我觉得还是该去尝试，至少也该去尝试一下。两个人的爱情也许没有百分之百的胜率，但在它被摧毁之前，也不该轻易缴械投降。

第二种爱情，转身离开的孙少安，下一刻就踏上了寻找他合适伴侣的路途。这个即将出场的人物，就是贺秀莲——孙少安的妻子，也就是第二种爱情，起于合适，浓于陪伴，忠于亲情。其实这样的爱情放在今日也很常见，两个人因为觉得合适而在一起（当然这里的合适又多了许多种含义），在相依相伴风雨同舟中愈发觉得对方的重要和美好，这种感情在岁月的沉淀中慢慢转化为亲情，最后执子之手，相携一生，亦甚是美好，亦该感到满足。也许你会觉得它不够浪漫甚至如水般平淡，可你该知道，浪漫能够给你惊喜却也会让你患得患失，而平淡，它能给你稳稳的幸福，让你心安。

第三种爱情，田润叶和李向前的爱情，与其说是爱情，不如说是一种责任和感动。田润叶是在一种极不情愿和无奈的情况下答应嫁给李向前的，其时她一点儿都不喜欢他，甚至可以说是厌恶，厌恶他的不屈不挠死缠烂打。

第四种爱情，孙少平和田晓霞的爱情无疑是最令人羡慕同时也是最令人感到惋惜的，他们互相懂得，彼此理解，抛却家世而言，他们之间的爱情无非是最理想的一种模式。原本我以为他们两个人一定会在一起，有一回迫不及待想知道后面的剧情，往后翻一翻却发现田晓霞居然死了，一时之间我很难接受这样的结局。如果说他们没有在一起我还有心理准备，毕竟他们之间同样家世悬殊，一个是煤矿工人，一个是省报记者，但我万万没想到她会以这样的方式与读者作别。一个年轻而有活力的生命就此逝去，还未来得及在这个世界留下太多的印记就匆匆告别，实在让人感叹。

作家路遥给其他人的爱情都画上了一个还算圆满的句点，为何唯独对于孙少平和田晓霞，这一段过程最最自然最最美好的爱情，却要以这么残忍的方式收尾。在我看来，他和她，应该是属于相交的两个人，他们身上有很多的共同点，他们都有自己的想法，并且自己认定的事情都会坚持下去……

他们的感情并没有因为分隔两地长时间的不见面而变质，他们在书信中互诉衷肠，他们相约在古塔山再次相见，他们对未来有着太多太多的憧憬……他们的爱情是如此令人心生向往。正因如此，当我看到田晓霞为救人而被洪水吞没的那一段，心中久久不能平静，明明他们的幸福就近在咫尺，触手可及，却一下子变得分崩离析，再无破镜重圆的可能。

在现实中，找到一个彼此懂得默契十足的人是多么困难的一件事，更多的相处，是需要忍耐磨合和宽容的，找到一个愿意为你改变的人，就已是一种幸运。我看过更多的婚姻，充斥了抱怨、不满，或沉默或争吵，早已看不到我想要的理想中的爱情的样子。

四、出版信息：

路遥. 平凡的世界［M］. 北京：十月文艺出版社，2013.

撰写人：李　玮

《亮剑》导读要点

摘　要：长篇小说《亮剑》是一部战争艺术和传奇色彩融会贯通的主旋律作品。作者用冷静凝重的笔触书写李云龙的军旅生涯，以主人公李云龙的经历为主，讲述他富有传奇色彩的一生。《亮剑》的主人公李云龙是一个重诺轻生、铁骨柔肠、豪气干云、肝胆照人，一生都在血与火中搏斗的名将。他的人生信条是——明知是死，也要宝剑出鞘，这叫亮剑，即使牺牲，也只有用前胸去迎接子弹，而不是用后背。

一、内容简介

《亮剑》是都梁创作的长篇小说，《亮剑》以主人公李云龙的个人经历为主线，反映了从抗日战争、解放战争直至新中国成立后的历史。《亮剑》是一部糅合了史诗风格和悲剧色彩的战争题材作品，具有较强的艺术风格。

二、价值概述

《亮剑》自1999年底问世以来，受到社会各界好评，到2006年10月，小说印刷23次，印数达40余万册，改编的同名电视连续剧一度在各大电视台热播，受众激增。

从小说《亮剑》多次再版重印，到电视连续剧《亮剑》反复重播，前后近10年间，《亮剑》这部作品逐渐在中国人民精神文化生活中产生了深刻影响，尤其是近年来，学界、商界、实业界、政界、军界及社会各层面反响热烈。现象之一，由小说热到电视剧热，又电视剧与小说同热，据央视索福瑞收视率调查显示，《亮剑》在播出第一周收视率平均11.42，最高13.7，收视份额28.7。以平均10.7%收视率夺得2005年中央电视台收视冠军 。现象之二，书评、影评、书与剧比较评论交相辉映；现象之三，从礼赞英雄李云龙到张扬小说与连续剧《亮剑》所展示的我们国家、民族、军人可歌可泣、发人深省的亮剑精神。

《亮剑》张扬地体现中华民族特有的亮剑精神，它穿越时空，跨越地域，联动民众，是中华民族崛起征程中应对世纪风云变幻的巨大精神动力。它的意义在于，面对困难，明知可能无法战胜，也要勇于挑战，开拓进取。

三、导读要点

（1）弘扬不屈不挠的英雄意志

小说塑造了一群可歌可泣的英雄群像，展现了这些英雄的悲剧以及其中深刻的意义。他们具有强大的不可战胜的精神力量，面对不可抗拒的命运也毅然“亮剑”。在作者的笔下，李云龙的形象更为深刻，与以前的英雄形象有着巨大的差别。李云龙之死是小说的浓墨重彩之处，这时的李云龙不但有着超乎常人的英雄意志和英雄业绩，同时还具备了大彻大悟的英雄的精神力量，他的死亡是撼人心魄的悲剧，是面对更为强大的外在力量的不屈抗争，他以死来肯定生，以他的毅然亮剑来张扬生命的尊严与高贵。

（2）体会艺术描述的丰富复杂性

文学有着深刻而丰富的魅力，它的全部魅力就在于对人的丰富性和复杂性的描绘与刻画。小说《亮剑》正是以它的丰富性和复杂性对中国当代文学做出了独特的贡献，它的贡献就在于对悲剧美的拓展与揭示上。引发读者深刻地思索，在揭示中张扬了民族精神和人性的崇高与伟大。

（3）勇往直前慷慨无畏的亮剑精神

从《亮剑》中的英雄人物身上可以找到英雄之间的共同点，那就是精神上的至高无上与不可战胜。他们在面对强大的外敌时表现出了万众一心，其利断金的伟大决心，还有可歌可泣的生命的高贵与尊严。勇往直前、慷慨无畏的亮剑精神，用主人公李云龙的话描述，就是："面对强大的敌人，明知不敌也要毅然亮剑；即使倒下，也要成为一座山，一道岭。"这种自强不息、奋斗不止、坚忍不拔的亮剑精神，其动机、动力与目的，来自"人民军队为人民"的大忠大义。民是国之本，为民即为国；"为人民服务"，是军队的宗旨，也是军人的天职；为了人民的根本利益，个人生死荣辱是那样微不足道。

作者站在人道主义的立场塑造英雄，人道主义简言之就是批判和摒弃无视甚至践踏人的尊严和自由的封建价值观，强调人的尊严、自由和发展。以人道主义的情怀表现战争，不仅写出了战争中双方的各种各样的人物形象，而且写出了人的生命的宝贵、人的尊严的神圣以及战争对人的生命和价值的破坏和毁灭，达到了一种人性的高度，表现了一种进步的现代意义的战争观。在一定程度上反映了战争的残酷性和反人类性，这样的战争表现才能更适合人类的精神需要，更符合人类的审美理想。

（4）文学描绘人物的现实性

文学手法将李云龙塑造得极有个性，使之成为一个有血有肉的不服输的军人：他打仗时具有谋略，能将生死置之度外，性格中有鲜活的狡猾和锱铢必较。他几乎张嘴就是"老子"，闭嘴就要骂娘，这种土匪无赖式的语言特色让人赞不绝口。这些语言特色与观众欣赏的口味相符合，让观众倍感亲切，似乎使英雄回到了普通人的生活。每个人都可以在其作品中找到自己的原型或者感受到真实背景下的真实生活。我们都可以通过其作品人物不同的语言风格感受生活的真实与语言美。

读《亮剑》，会发现人物形象是三维的，既有特定时期兽性的一面，又有鲜为人知的人性化一面，正面形象也好，相对反面也罢，所有人物都是有血有肉的，都是生活中确有的原型和真实，这正是小说的魅力所在。

（5）战争史诗和传奇色彩的军事场面

《亮剑》中爱国精神与英雄主义、铁血丹心与人世常情、斗智与斗勇、友情与爱情交相辉映。《亮剑》这部小说坚持从生活出发，从客观事实出发，写出了战争开始、高潮、结局等发展过程中的偶然性、曲折性、复杂性，写出了战役发展过程中的不为人所控制、所设计的复杂性，给人以浓重的逼真感。战场上态势瞬间万变，敌我双方都会根据战场情况随时调整、改变自己的部署。《亮剑》给人的强烈冲击是，打破了长期以来被传统理性细细梳理了的历史头上的浪漫光环，真实地展现了战争的无序、混乱的事实真相，对战争做多侧面、多层次上的描写。

四、出版信息：

都梁. 亮剑［M］. 北京：解放军文艺出版社，2000.

撰写人：张艳彦

《活着》导读要点

摘　要：余华的小说《活着》讲述了主人公福贵复杂而悲惨的生活，穿越了中国五十年的历史，在残忍的社会和政治变革的背景下，主人公的生活勇气和对苦难的承受能力令人惊讶。《活着》写人对苦难的承受能力，对世界乐观的态度，为我们提供了如何生活，尤其是如何在困境中求生的理念。

一、内容简介

小说《活着》的作者是余华，“作家的使命不是发泄，不是控诉或者揭露，他应该向人们展示高尚。这里所说的高尚不是那种单纯的美好，而是对一切事物理解之后的超然，对善和恶一视同仁，用同情的目光看待世界。”[1]正是在这样的心态下，作者听到了一首美国民歌《老黑奴》，歌中那位老黑奴经历了一生的苦难，家人都先他而去，而他依然友好地对待这个世界，没有一句抱怨的话。这首歌深深地打动了作者，于是有了一篇这样的小说《活着》，写人对苦难的承受能力，对世界乐观的态度。

《活着》讲述了农村人福贵悲惨的人生遭遇。福贵本是个阔少爷，可他嗜赌如命，终于赌光了家业，一贫如洗。他的父亲被他活活气死，母亲则在穷困中患了重病，福贵前去求药，却在途中被国民党抓去当壮丁。经过几番波折回到家里，才知道母亲早已去世，妻子家珍含辛茹苦地养大两个儿女。此后更加悲惨的命运一次又一次降临到福贵身上，他的妻子、儿女和孙子相继死去，最后只剩福贵和一头老牛相依为命，但老人依旧活着，仿佛比往日更加洒脱与坚强。

余华的小说《活着》讲述了主人公福贵复杂而悲惨的生活，穿越了中国五十年的历史，在残忍的社会和政治变革的背景下，主人公的生活勇气和对苦难的承受能力令人惊讶。这部书为我们提供了如何生活，尤其是如何在困境中求生的理念：人是为活着本身而活着的，而不是为了活着之外的任何事物所活着。生活是属于每个人自己的感受，不属于任何别人的看法。

二、价值概述

余华的每一部长篇小说，都震撼着一批又一批的读者。他的长篇小说是中国当代文学中的经典之作。《活着》荣获意大利格林扎纳·卡佛文学奖最高奖项（1998年）、台湾《中国时报》10本好书奖（1994年）、香港“博益”15本好书奖（1994年）、第三届世界华文“冰心文学奖”（2002年），入选香港《亚洲周刊》评选的“20世纪中文小说百年百

[1]　余华.《活着》. 作家出版社，2008（5）：中文版自序第3页.

强”、中国百位批评家和文学编辑评选的“20世纪90年代最有影响的10部作品”。

作者平凡的文字中满是不可磨灭的冷酷残忍。句句长流泪、字字刺人心。尽管，小说本身就不是为了描述现实，而是在现实与想象中找到交集，从而来反映生活。写得太接近现实反而会发现太多的丑恶和阴险，所以有人言：“人类无法忍受太多的真实”。可恰恰就是这种源于现实而又高于现实的作品，让我们更能深刻并且宏观地品味生命。

三、导读要点

1. 学会承受苦难，所有的经历都是美丽人生

余华是上世纪八十年代著名的青年作家，读者和评论家总用悲天悯人、悲观主义和充满温情等词语来评论此书。《活着》作为余华描写人生苦难中“生存小说”的代表作，通过福贵经历的7次死亡，体现了活着的重要性，感受了生之不易，忍耐并承担生命的苦难。文章主要论述了余华《活着》的“苦难书写”，阐释了对苦难的忍耐。

书中的福贵一生经历了太多。首先是败光了家产，一夜之间变得一贫如洗，生他养他的父亲也因此离世。其次，他经历了社会的动荡，被国民党抓过壮丁，这个地主家的少爷，一个从来没有过忧患顾虑的人，就这么突然被带上战场，随时可能面对真正的战争，随时可能面对真正的死亡。终于，他被解放军释放，有机会回到家中与家人团聚，迎接他的却是母亲死亡的消息以及女儿变成聋哑人的噩耗，后来又赶上了人民公社和文化大革命，不断开展的运动给福贵一家带来了难以承受的压力，而在这些苦难之间又不断夹杂了亲人的离世。

换做他人，经历其中的任何一件事，我想都可能会精神崩溃，更何况还要同时面对亲人的不断离世，生活上巨大的压力，他“活着”就在不断的迎接痛苦，然后一次次的挺过来。福贵的命运多舛令人唏嘘，而他在一次次接二连三的苦难之后居然都能勇敢坦然地面对而后继续坚强地活下去，这样一种活着的力量，活着的勇气，不禁令人敬佩不已。我们每个人的一生都不可能一帆风顺，都会或多或少地遇到这样或那样的挫折，而面对困难和挫折的态度却因人而异，而福贵身上坚韧的特质正是人性的闪光点，需要我们用心去学习体会并践行。

2. 坚持和憧憬就是活着

当第一次看完这本书，我开始深思，这样的痛苦后面又藏着什么。 无法实现的心愿、无法兑现的再会、无法消弭的误会和不断累积的怨憎……这些究竟意味着什么？而一个人又能承受多大的苦难？一个人活着的界限在哪里？我还能做到什么？但是，哪怕这样，哪怕在这样的黑暗中，我仍然无比骄傲的颂扬人性。那光明般的征兆或许是家珍对于福贵的不离不弃，那是大半辈子无悔的守望；或许是家珍因为得了病，连针都无法拿起，而在床上呜呜的痛哭；或许就是这样柔柔的糯糯的温情，支撑着我们所有人这一世的坚持。

福贵的一生可谓当时底层社会的一个缩影，劳苦大众对于生活的磨难只有坚忍，而没有力量去改变他。赌光家财，气死老父，他的人生从平坦大道走向了死胡同，但最可贵的是他乘着自己年轻气盛，以狂妄不羁的性格得到了他这一生中最爱的女人—家珍。他的幸福大门为家珍而开，也从未关过。

一个人不能完全的沉浸在过去痛彻的苦痛里。也许在看完《活着》后，更多人的唏嘘里还夹杂着自己对于痛苦的看法；也许余华先生就是为我们佐证了这一个道理———在无数的绝境之中，人性真诚的美好永远不会消散，反而会在活着的生命中流长。这不是神明的一时兴起，而是坚定不移的信仰。虽然每个人的活着总是大相径庭，也千差万别。有人说，人一出生就走向生命的尽头。其实说得挺对，一个人的生和死永远不受自己支配，活着，就要尝遍人间烟火，做自己想做的事，人生才有意义，坚持和憧憬就是活着！

3. 对世界对人生持乐观的态度，善于发现美

《活着》一书讲述了福贵的一生。从少年不识愁滋味，狂妄不可一世，到后来世事变迁，父母亲的离世，一个人在富贵和贫穷中踟蹰，又在战争中离散，尝尽对家人的思念，在和平年代又经历生的喜悦和死的悲恸。儿女的出生和离去，可怜的妻子的离去……福贵经历了种种遭遇，亲人们，像信徒般走向死亡，福贵只能偶尔在梦中与他们相见。小说的整体篇幅并不长，都是福贵倚在土地上，看着远方深深的回忆。而每一幕，作者都没有评论，没有看法。但在读者心中，每一个故事都是沉重的痛苦，每个人都可以感觉到那股荒芜带来的悲伤，甚至可以吞噬掉人的悲情或喜悦。

《活着》一书描述了主人公富贵一生在苦难下所表现出来的坚强乐观以及对命运中苦难的承受能力，向读者展示了在悲惨的社会环境下，农民最朴实、最平实、最坚韧的生活态度。本文通过探讨分析作者余华的成长经历，来理解主人公承受苦难却乐观面对生活的精神来源。

福贵的一生是那么的漫长也是那么的短暂，让我强忍悲痛来复述他的一生吧!成亲不久，赌光家财，气死老父，同时失去了最有力的精神之柱和物质之柱；家道中落，岳父强行带走怀孕的媳妇，好在家珍最后回来了；外出买药，不幸被国民党抓壮丁，战场上捡了一命，回到家以为全家四口人可以安心过上好日子了，不料儿子有庆十三岁时却因为救人献血过多而死，生活再次陷入悲痛；女儿凤霞人机灵漂亮，但因为小时候的一场高烧变成了聋哑人，本来就不舒心的日子更加难过，还好找到了一个能当半个儿子的女婿—二喜；在以后的这段时间里恐怕是福贵一辈子中最快乐的时候了，女婿对他们很好，全家其乐融融，但可怕的事又发生了，女儿凤霞在医院生孩子的时候死去了；不久之后他生命中最珍爱的人，终于承受不了打击离他而去；但好歹他还有爷孙三人相依为命，没过几年二喜因为一次建筑事故被水泥板砸死了；原本一个六口之家，还剩两个人，但命运觉得给他的痛苦还不够多，再一次夺走了他只有六岁大的外孙的生命。一个迟暮之年的老人，经历了如此多的生死离别，却依然坚强得活着。因为他知道，在这个世界上还有人需要他，被人需要也是一种很大的幸福；因为他知道，上天让他活着是去努力追求幸福的，尽管幸福离他很远，尽管只剩他一个人，但只要他自己不放弃，明天也许幸福就来到他身边了。有人说过幸福就像一只翩翩蝴蝶，你永远也追不上它，但它却在不经意间落在你的肩上。

4. 善于发现幸福，体味幸福

“人的幸福要等到最后，在他生前和葬礼前，无人有权说他幸福”——出自余华的短篇小说《活着》的自序。每当读这本书时，我就会觉得自己所面临的一切困难其实都不算什么，人总是这样，如果他没有体会到真正的痛苦，他会天真的以为他所面临的是天大的困难，所以便忧郁困惑，一筹莫展。读了这本书便给了我们莫大的勇气去追求我们想要的幸福。

“幸福是什么?”这是一个人从生到死都在追求的东西，也是一个人人生价值的所在，但往往还是有很多人找不到他们想要的幸福。活着，是为了什么而活?还是单纯的为了活着而活着?活着，是大自然赋予我们最基本的能力，简单的两个字却充满了对生命的渴望和对幸福的追求，但往往现实却给了我们太多的苦难、无聊和平庸。而我们只能一点一点的去忍受，去担负起生命赋予我们的责任，在经过一次又一次地披荆斩棘后才寻找到了属于自己的那朵幸福之花。正因为得来不易，所以才更加渴望和珍惜。

主人公叫“福贵”，一个在现代人看来略显俗气的名字，可是却代表了那个年代天下父母亲对子女的殷切期望。但什么是福？什么是贵？也许他们并不知晓，出生在富贵家庭的福贵并没有那么像父母所希望的那样福贵，他的人生还是发生了戏剧性的转变，到最后才知道好好地活着才是老百姓真正的福贵。想来也是警醒我们每个人：今天你所拥有的如果不努力抓紧，明天也许就不是你的了。要珍惜眼前，活在当下。

5. 感悟生命，珍惜幸福

宽容、善良是开启幸福之门的钥匙。福贵的儿子有庆是为了救他战友春生的老婆才不幸死去的，一开始家珍不肯原谅春生，但大家经历了提心吊胆后，命运悲苦的他们还是重归于好，所以遭遇不幸却依然懂得宽容的福贵仍然是幸福的，他用宽容和忘却来清除痛苦，让内心有更多的空间来容纳幸福。

也许我们所看到的，福贵的一生除了苦难还是苦难，但我相信任何人都会被他这种坚强所打动，从而来坚强地面对自己的人生。也许福贵的一生窄如手掌，但也许能宽若天地。幸福只是内心对生命流转的一种感受和领悟，而这种感觉不在于它的长短，但只要我们感受到了它的存在，珍惜它的存在就已经获得了幸福。

在贫苦的边缘，幸福仍然可以光顾，在光鲜的背后，幸福也许仍然味同嚼蜡。是否幸福，不在于你所处的环境，而在于你所营造的心境，是否幸福，不在于你拥有了什么，而是在于你内心感觉到了什么。做事遵循于本心，幸福就可以很简单，幸福的内心才是成就我们幸福人生的主体。

积极追求幸福是没有错的，但我们在匆忙赶路的时候，却忘记了祝福。现在的我们似乎都处于这样一种状态：一直在忙，一直在往前赶，以为拼命赶路的我们会在某个终点获得幸福。于是在这种不能停止的追求当中，我们深感疲惫，却一直不曾追到我们希冀中的幸福。生命本就是一个过程，如果我们只是匆匆忙忙、平平庸庸的追求幸福，然而却忘却了生命中的点点滴滴，那么我们是否幸福，都早已没有了感觉。所以当你不停向前奔跑的时候，适当慢下来，欣赏沿途的景和人，也许你会收获不一样的东西。生活中不缺少美，只是缺少发现美的眼睛；同样生活中也不缺少幸福，只是缺少感知幸福的心灵。就让我们放飞心灵，感悟幸福吧！

四、出版信息

1. 余华.《活着》. 作家出版社，2008（5）.

2. 罗静. 论余华《活着》的“苦难书写”［J］. 剑南文学（下半月），2016（8）.

3. 陈晓婉. 温情受难，只为活着？——评余华的《活着》［J］. 青年与社会，2014（22）.

4. 覃天然. 品读余华的代表作《活着》［J］. 新阅读，2020（08）.

5. 田泥. 福贵的《活着》与中国人的活着——“重读红色经典”之四［J］. 博览群书，2020（05）.

6. 都琳. 余华小说《活着》读后感［J］. 科学大众（科学教育），2019（12）.

7. 胡西宛.《活着》——分裂的文本［J］. 长江学术，2012（03）.

8. 祁琪. 活着，在生存中生活——浅析余华作品《活着》中的生存哲学［J］. 鸭绿江（下半月版），2015（02）.

9. 高圣华. 超然冷静下的“温情”与“忍耐”——论余华小说《活着》的生命启示［J］. 今日南国（理论创新版），2010（02）.

10. 胡宇彬. 活着是生命存在的方式——读余华小说《活着》有感［J］. 剑南文学（下半月），2016（05）.

11. 蛮子. 好好活着——余华小说《活着》读后感［J］. 神州印象，2019（02）.

12. 彭念慧. 死与生的沉重转换——解读余华小说《活着》［J］. 参花（上），2014（05）.

13. 蔡安延，赵华. 从死亡叙述到演绎活着——余华小说《活着》反映出的新变化［J］. 榆林高等专科学校学报，2001（04）.

14. 金纯真. 于死亡中探求活着的意义——我读余华《活着》［J］. 名作欣赏，2017（33）.

撰写人：谢　辉

《蒋勋说红楼梦》导读要点

摘 要：《蒋勋说红楼梦》是台湾美学大家蒋勋先生倾注心血的《红楼梦》赏析书，以独特的青春视角，从“文学艺术”“佛学思想”“人性哲学”“美学艺术”“中华传统文化”等多角度解读《红楼梦》，让读者感受到这部伟大中国文学巨著的非凡魅力。

一、内容简介

《蒋勋说红楼梦》是台湾美学大家蒋勋先生倾注长达半个世纪反复阅读《红楼梦》数十遍后的心血之作，蒋勋先生根据其对中国文化美学的精深研究，从人性的、文学的角度挖掘《红楼梦》独特的人文内涵，还原《红楼梦》真正的文学内蕴，这里没有“红学”的考据，只有迷人的小说本身，让读者真正感受到这部伟大的中国文学巨著非凡的魅力。我们不只是在阅读《红楼梦》，我们也在阅读自己的一生：一本书，可以不断让你看到“自己”，这本书才是可以阅读一生的书。

二、价值概述

《蒋勋说红楼梦》是我国台湾美学大家蒋勋先生的《红楼梦》私家讲堂。蒋勋老师阅读《红楼梦》多达三四十遍，《蒋勋说红楼梦》可谓品读最到位、讲解最感人的《红楼梦》赏析书。《蒋勋说红楼梦》在《红楼梦》和读者的人生间架设了一条通道，跟着蒋勋读《红楼梦》，其实也是在阅读自己的一生，《红楼梦》的每个角落也有我们自己的身影在其中。蒋勋先生说：“《红楼梦》是可以阅读一辈子的书。我是把它当‘佛经’来读的。因为处处都是慈悲，也处处都是觉悟。”

《蒋勋说红楼梦》能够让读者对社会与人生进行全面的观察、细腻的体味和深入的思考，并在丰富的审美体验中培养良好的价值观念、高尚的人格，提升文学素养，为读者提供了优质的审美教育范本。

三、导读要点

我国台湾著名散文家张晓风这样描述蒋勋：“蒋勋善于把低眉垂睫的美唤醒，让我们看见精灿灼人的明眸。善于把沉哑喑灭的美唤醒，让我们听到恍如莺啼翠柳的华丽歌声。”

1. 文学艺术之美

蒋勋先生根据其对中国文化美学的精深研究，从人性的、文学的角度挖掘《红楼梦》独特的人文内涵，还原《红楼梦》真正的文学内蕴，让读者不再陷入诸如考据、论证、红学派别的迷阵，真正感受到这部伟大的中国文学巨著非凡的魅力。

蒋勋老师一边用自己的方式抽丝剥茧地为读者梳理书中的线索，使人明了一件事的前因后果，一边细致地分析隐喻，使读者豁然开朗，同时中间还穿插讲解中国传统文化、中国艺术欣赏等内容，使读者对整个背景有更深入的了解和体会。按蒋勋老师的说法，《红楼梦》的作者引领我们去看各种不同形式的生命，高贵的、卑贱的、善良的、残酷的、富有的、贫穷的、美的、丑的；《红楼梦》的作者，没有嘲笑，只有悲悯，没有不喜欢，只有包容。生命是一种“因果”，看到“因”和“果”的循环轮替，也就有了真正的“慈悲”，“慈悲”其实是真正的“智慧”，《红楼梦》使读者领悟到“慈悲”的意义。

这正是《蒋勋说红楼梦》的魅力所在，通过优美细腻的解读帮助读者更好地理解《红楼梦》的文学内涵，激发读者的阅读兴趣，体会到《红楼梦》的文学艺术之美。

2. 佛学思想之美

《蒋勋说红楼梦》把红楼梦当作佛经来读，处处是慈悲，处处是怜悯，连贾瑞这样的可恶之人，都有可怜之处，因为他们的悲剧源自自己性情中无法抗拒的东西。

《红楼梦》多读几次，回到现实人生，看到身边的亲人朋友，原来也都在《红楼梦》中，每个人背负着自己的宿命，走向自己的命运，或许我们会有一种真正的同情，也不再会随便说：喜欢什么人，或不喜欢什么人。回看一生的荒唐、荒谬，错综复杂的喜怒哀乐、爱恨情仇的纠缠，其实是讲不清楚的。《红楼梦》让我们知道，结局本来就是假的，是我们自己虚拟的一个结局。什么叫作好，什么叫作坏，什么叫作命好，什么叫作命坏，大概也都很难确定。《红楼梦》的迷人就在这里，明知道全部是一场空，可是每一刻又都在执着。好的文学是真实的人生，不是一定有道理可讲。任何人的一生，像镜子一样地呈现，都是“满纸荒唐言，一把辛酸泪”吧。

蒋勋先生说：“慈悲”并不是天生的，“慈悲”是看过生命不同受苦的形式之后真正生长出来的同情与原谅。他在繁华的人间，看到芸芸众生，似乎每一个人，每一个生命，都像自然中的一朵花，他没有比较，只有欣赏，只有欢喜与赞叹。他让读者不仅感受到了文学的魅力，同时还获得了优秀的价值观和审美观。

3. 人性哲学之美

许多红学专家们喜欢从史实的考证和研究的角度来解读《红楼梦》，但这些高深的解读容易不切实际，偏离了《红楼梦》的本质，让普通读者感觉自己离名著很远，而蒋勋先生的解读则遵从内心及人性，加之他渊博的国学知识，感性和理性的思考，让读者感到亲切亲近，直击灵魂的最深处。

蒋勋先生说：“《红楼梦》最大的魅力，就是人与人之间的羁绊。”他把大观园比喻成“小社会”，把贾母比作“大家长”，把宝玉、十二钗比喻成现在的“中学生”。人们普遍认为薛宝钗精明世故，但蒋勋却觉得她就是个“缺乏安全感的小女生”，在人事复杂的大观园中如履薄冰，说到底也是个可怜的女孩；又比如很多人觉得林黛玉敏感善妒，蒋勋却说她是大观园里活得最明白的人，所以才从不讲场面话，爱恨从不掩饰。蒋勋把《红楼梦》中的每个人物都变成我们身边的父母、同学、朋友、爱人……每个人都有不同的性格特点，从而产生了不同的精彩故事，蒋勋先生通过洞察故事中的人性，治愈读者的心灵。

世界上很少有一本书，可以像《红楼梦》一样，事无巨细地展现每一个人的生活状态和幽微心理。蒋勋以“最人性”的视角，为读者讲述每一个人物的结局，反思是怎样的性情，决定了他们的人生和命运。宝黛钗的爱情纠葛，薛姨妈王夫人的教育心法，薛宝钗王熙凤的绝高情商……每一段关系都藏着生活和成长必须了解的事情，读懂这些人性的哲学，读者会更深入地了解人性，生活会通达得多。

4. 美学艺术之美

红楼梦就像一个极有韵味的古典园林，每回行走的随意一小步，都能看到不同的画面。蒋勋先生不愧是知名画家出身，美学功底深厚，对《红楼梦》中描绘的园林、景物、绘画、雕塑等事物的色彩把握与解读很是精细，画面感很强烈。他就如一位美学导师，让读者经历着看到风景、看到层层风景、看懂风景、灵魂与风景产生交织后的安生。

譬如，对于风景之美，蒋勋先生讲到“赏西湖十景，需在不同时间”。“苏堤春晓”在春天是最美的，柳绿配桃红；“三潭印月”则是在中秋节的晚上，会有二十四个月亮倒影在水中；“断桥残雪”一定是在冬季的雪天才有的景色。只这三个景，你就知道景色和时间的关系了。又或者“雨听芭蕉，是听觉的美”。听雨轩中种的都是芭蕉，雨季人们会坐在这里听雨打芭蕉的声音，它调动的是你的听觉。如果这个地方，种的是其他植物，那它是不会叫“听雨轩”的。芭蕉是园林里面常常用到的一种植物，在下雨天， 尤其是在江南的梅雨季节，最美的就是雨打芭蕉的声音，几乎成了听觉的享受。芭蕉还有一种视觉上的特征，画水墨画的人比较懂。芭蕉的叶子长老了以后，它的绿色很深，投射在白粉墙上的那一块影子是比较深的黑色，而从蕉心刚刚抽出来的叶子是非常薄的，透明的，它的影子投射在墙上就是淡墨。芭蕉通常都种在白粉墙前面，这样可以欣赏到白粉墙上浓墨和淡墨的变化，仿佛是一张以芭蕉为主题的水墨抽象画。

大自然的美，呼唤你生命中的喜悦，听听黄莺的声音，看看柳叶才吐的浅碧，你的心情马上就会好起来。《红楼梦》的园林、建筑、绘画、戏曲等等美学艺术里面，其实包含了很多跟美术传统有关、跟音乐传统有关、跟非常复杂的文学传统有关的记忆。

5. 中华传统文化之美

《红楼梦》是中华民族的文化圣经与美学圣经，凝聚了中国文化的精髓，是对中国传统文化的继承和发展，其中的文学、音乐、建筑、绘画、雕塑、风俗人情、宗教祭祀、衣食住行中蕴含着的中华传统文化之美令人叹为观止。

文学上，其中的诗词曲赋深深体现我国古代文学中的幽、雅、朴、深的特点。其中的描写秦可卿一句："气质美如兰，才华馥比仙"语言虽朴质无华，但其中的意味无尽。将抽象的，难以形容的"气质""才华"用可嗅可视的兰、仙比喻，淡雅贴切。而更为重要的是，曹雪芹对汉语有很高的造诣，游刃有余地运用了文字的意境，这当然也得益于汉字的简而深、朴而广的特点。我们的祖先留下了如此宝贵的财富，而曹雪芹超乎常人且游刃有余地将其发挥到极致。而将中国古典艺术之美运用如此者，前无古人，后无来者。

从胡适先生《红楼梦考证》到周汝昌先生所著《红楼梦新证》，红学人物及红学著作如午后春雨，下的大又下的急，听蒋勋老师说红楼梦，如同读中国传统文化，包括建筑、中医、饮食、茶艺、酒道以及社交学、心理学……蒋勋讲故事的角度，有佛家的角度，有老庄的洒脱，谦卑平和，怜悯又理性。如果说《红楼梦》是一片沃土，有人在这里建起高楼大厦，有人在这里考古深掘，而蒋勋，在这里种了一朵美丽的花。这朵花的功能不是严谨地考据和揭秘，而是带领更多普通读者领略其中华传统文化的美丽。

四、出版信息：

蒋勋. 蒋勋说红楼梦［M］. 上海：出版社：上海三联书店.

撰写人：金春玉

《古希腊神话与传说》导读要点

摘　要：《古希腊神话与传说》是一部体现西方文明的经典著作，也是一座价值诚连的人类文化宝藏。《古代希腊神话与传说》是人类探索自然、征服自然路途上的艺术表达形式，蕴含着“人文主义精神之美”，致力于在追寻和奋斗的过程中发现人的价值，是不同于东方文化的西方文明，让我们在感受“文化多元之美”的同时发现自我本身的意义。

一、内容简介

《古希腊神话与传说》包括《诸神的传说》《英雄的传说》和《俄底修斯的传说》三部分，作者在荷马史诗的基础上，构筑起古希腊神话与传说的完整构架，引人入胜而又娓娓动听地讲述了宙斯、阿波罗、雅典娜、普罗米修斯、阿佛洛狄忒、阿伽门农、俄底修斯、阿喀琉斯的脚踵、帕里斯的苹果、木马计等故事，使古希腊的诸神与英雄生动地展现在我们面前，这些古希腊神话与传说是世界文化宝库中的瑰宝，对人类文明的发展起到了不可磨灭的作用。

二、价值概述

《古希腊神话与传说》的人文主义精神之美能引导学生认识自身的价值，感悟人性的力量。《古希腊神话与传说》课程的主要教学目标是通过畅读古希腊神话与传说故事，有目的、有计划、有组织地对学生进行多角度、多层次的人文精神之美教育。引导学生了解作品的创作背景和本书对于人类文明发展的重要意义，帮助学生在引人入胜的神话故事里找寻人性光辉，通过神话中英雄所表现出的勇敢无畏，牺牲奉献的精神来感悟人性之美，引导学生学习英雄的优良品质，感悟人精神力量的可贵之处，重新建构爱与责任的认知，树立把握自身命运，勇于探索实践的价值观念。

三、导读要点

《古希腊神话与传说》包括《诸神的传说》《英雄的传说》和《俄底修斯的传说》三部分，请同学们在读故事的时候思考探究情节蕴含的深刻哲理，重点关注书中以下三方面：

1. 感受《古希腊神话与传说》的人文主义精神之美

《古希腊神话与传说》书中的诸神和英雄身上都闪烁着人性的光辉。诸神掌握着无上的权利和力量，但他们更像是掌握了超能力的人，他们拥有人的外形甚至人的社会关系，也有七情六欲和喜怒哀乐，神也拥有高度人格化的性格，古希腊神话故事中的神祇并不是高高在上遥远而不可及的，奥林匹斯圣山也并非一个常人所无法达到的仙境。众神之首宙斯，就是一个很好的例子，他拥有力量、智慧和神的能力，同时他也有贪恋权力、美色的性格。而这是一众这样具有人性的七情六欲的神祇，构筑了古希腊宏伟的神话世界。故事中的英雄则有更加鲜明的人文主义色彩，具有强烈的个体意识，对于美好生活充满期待，追求光明，向往真善美，充分显现了希腊神话的魅力。

古希腊神话与传说所体现的人文主义精神，对于解放人们思想具有重要作用，确立了理性的思维方式，使人类获得了精神觉醒。英雄们的人格力量，勇敢的大无畏精神也是对于人生和人的一种自我肯定。对于人们发挥主体意识，看到人的价值具有重要意义。

2. 体会《古希腊神话与传说》追寻和奋斗的意义

《古希腊神话与传说》中的故事情节跌宕起伏，人物描写形象生动，在人与神的关系构建中，神成为了拥有特权的一方，诸神用神力来操控人的命运，没有人能逃脱命运，但是总有人选择跟命运抗争，这些人被称为英雄，他们在追寻幸福和勇敢奋斗的过程中实现自身的价值，虽然在故事的最后这些英雄也无法逃出命运的诅咒，但是他们的名字被人们所铭记。命运决定的是结局，而人可以决定过程，命运无法阻止追寻光荣和幸福的脚步，这也是人为什么需要努力的原因所在。

所以，在神的世界中，命运无可把握，但对于光荣的追寻却成为可能，这种可能不来自命运，而来自人性的内在，比如勇气，比如美德。这些才是比命运来得更重要的东西。在神话中人类也许是棋子，但不能放弃希望，毕竟精神和理智同在。

3. 对比中西神话异同，感受文明多元之美

《古希腊神话与传说》与中国的神话传说有很大的差异性，对比探究时需要将两种传说置于各自时代背景与文化背景下。古希腊神话与传说创作背景来源于海洋文明而中国神话传说来源于农耕文明，文明来源的不同决定了二者内容的不同。海洋文明更崇尚勇敢的冒险精神，而农耕文明更倾向于对安定生活的向往，于是古希腊的诸神和英雄更多的在追求和奋斗，追求爱情和光荣，向往美好生活，人与神在紧密联系中共存；而中国的神灵各司其职，分工明确，为维护秩序而摒弃自己的欲念，中国的神话里拥有七情六欲是无法成神的，追寻爱情会受到惩罚，这一设定体现了农耕文明中对于秩序的重视，所以神成了需要奉献并具有绝对权威的设定。

这一差异也与二者所处的时代不同有很大关系，古希腊神话与传说的整理和重塑处于人发现自身价值的思想解放时期，而中国的神话传说主要形成于封建社会时期，古希腊神话与传说着重于提高人的主体意识，而封建社会下的神话传说更侧重于控制人的思想。但是中国神话中的神则本身就被塑造成了真善美的形象，而古希腊神话与传说中的神则拥有人类的性格特点，邪恶、嫉妒、背叛、欺骗等一系列丑恶的思想都有可能产生，这也体现出了东西方文化不同的表达特点。

在比较异同的过程中，我们可以发现二者的优缺点，因此我们必须提高辨别能力，学会取其精华去其糟粕，树立正确的价值观念，坚定追寻真善美的信念。

四、出版信息

［德］施瓦布，高中甫，译. 古希腊神话与传说［M］. 北京：商务印刷馆，2017.

撰写人：荣芳芳

《希腊神话与传说》导读要点

一、内容简介

《希腊神话与传说》课程是面向我校本科一年级学生开设的“名著之美”美育必修课程，也是普及古希腊乃至欧洲文化的窗口，是通过广博的知识和美好的想象介绍古希腊文明的美育通识课程，旨在通过“读”与“讲”相融合的美育形式，帮助学生树立社会主义核心价值观，引领学生树立正确的审美观，在潜移默化中接受道德思想教育。

希腊神话不仅对古希腊文学艺术的发展有很大的作用，而且对欧洲文学艺术的发展产生了深远的影响：希腊的一切文艺作品，大多以神话为题材；罗马神话则完全继承了希腊的神话故事；文艺复兴时期的文学艺术，特别是绘画，其题材的来源之一就是希腊神话；世纪古典主义悲剧，也有一部分取材希腊神话；世纪欧洲的浪漫主义作家，常常把希腊神话中的英雄作为歌咏的对象；20 世纪西方现代派作家，受希腊神话影响，以希腊神话为题材而创作的作品也不乏其例。

本课程推荐教材是德国著名浪漫主义诗人古斯塔夫·施瓦布的《希腊神话与传说》一书，它可谓是一部不可多得的了解和熟悉古希腊文明的最好指南。本书通过条理清晰的叙述方式，帮助学生了解古希腊的社会结构、生产活动、宗教信仰、婚姻制度、战争活动、生活情况等；书中章节总共分为五大部分，即希腊神话、特洛伊的传说、奥德修斯的传说、坦塔罗斯家族的最后一代和埃涅阿斯。第一部分主要讲述了神的起源、人类的产生及神的谱系关系等，也是阅读本书的难点部分。第二、三、四、五部分讲述了古希腊著名英雄及故事，是对远古的历史、社会生活和人对自然做斗争等事件的追忆。

《希腊神话与传说》中很多故事都带有哲学上的思索，比如“潘多拉魔盒”探讨人性之贪婪，“斯芬克斯之谜”讲述认识人类自身，“俄狄浦斯情结”讨论宿命与人生，“争夺金苹果”描述人的嫉妒与争论，“阿喀琉斯之踵”形容致命的弱点等。这些对人性的思索，对人生难题分判的命题，增加了神话的厚重性，也对后世有很大的启迪，而这也是古希腊神话所带给我们的很有意义的地方。

二、价值概述

《希腊神话与传说》课程的主要教学目标是按照章节，有目的、有计划、有组织地对学生进行多角度、多层次的阅读审美教育。将“引领学生树立正确的审美观念，陶冶高尚的道德情操、塑造美好心灵，以美育人、以美化人、以美培元”的课程美育目标融入其中，贯穿于课程教学大纲的各个单元，实现课程美育实施与教学目标的契合，与教学内容的融合，与教学素材的整合，与教学过程的结合。

三、导读要点

《希腊神话与传说》名著所包含的美育内涵及具体体现包括以下三个方面：

1.《希腊神话与传说》以美育人，引领学生树立正确的审美观念

《希腊神话与传说》内容的选择和组织构架体现了“经典之美”“永恒之美”，遵循了古希腊文明的永恒性和古典文化的哲理性。作者古斯塔夫·施瓦布收集整理了公元前8世纪以来希腊人民之间口耳相传的传说故事，借鉴了希腊盲诗人荷马创作的两部长篇史诗《伊利亚特》和《奥德赛》（统称《荷马史诗》）和赫西俄德的《神谱》。古代神话的产生历史久远，它乃是处在生产力发展水平低下时期的远古人类借助想象征服自然力的产物。由此，古代神话必然包括神的故事和人与神之间的关系和冲突的故事，即英雄传说两个方面。神的故事更明显地反映了古代人类把强大的自然现象形象化的丰富想象力，英雄传说则主要是对可能具有某种历史性的传奇人物及相关事件的崇拜和理想化，反映了远古人类的生存活动和与自然进行的顽强斗争。古希腊神话也是包括了这两个方面。

《希腊神话与传说》因其主要内容介绍了神的传说和英雄的故事，天然具有神秘色彩，其背后蕴含的通识理念和通识背景，符合马克思主义的基本原理之一“人的全面发展”，课程以多角度、多元素化的方式，让古希腊文明包含的美、智慧以及其体现的高尚品质，都通过对故事的阅读、讲解等方式，显性表达出来，这一理性的升华，是用完整、全面发展的观念去培育学生，让学生不仅获得阅读乐趣，还获得优秀的价值观、审美观。

2.《希腊神话与传说》以美化人，陶冶高尚的道德情操、塑造美好心灵

《希腊神话与传说》展示了古希腊文明基本文化的特点和“多样美”，说明古希腊人民更多是通过油画和雕像来表达对他们神崇拜的特点，在授课过程中应搭配丰富的视频、油画和雕塑等资料。作者在文字论述旁都选取了合适的油画和雕塑，并对油画和雕塑内容进行解释，这些油画和雕塑都是对史料的佐证，突出“年代感”，充满趣味性地、通过各种手段让读者在阅读的过程中融入个人的情感，与诸神和英雄们进行心灵的对话。

传说与故事往往与“美”“情感”等联系在一起，阅读传说和故事的过程，是发现美、接近美、认识美的一道“窗口”，不仅承载着人类思想的抒发及感情的交流，还是心灵体验的外在媒介，让学生得到心灵上的“滋养”，获得美的体验、情感的升华和精神的力量。浸润心灵的美育效果看似是隐性的，却能在潜移默化中帮助学生树立起正确的人生观与世界观，为将来的人生历程打下坚实的基础。

3.《希腊神话与传说》以美培元，弘扬中华美育精神

作者古斯塔夫·施瓦布收集整理近300个古希腊神话故事，包括神的出世、神的家庭、神的创造、神的战争、人类世界的起源、英雄传说、人神爱恋、人与神的合作和斗争等，展现了古希腊神话的全貌，是了解古希腊神话的理想读本，体现了“融合之美”“对比之美”。如本书的第三部分是俄底修斯的传说，所谓的俄底修斯漂流记指的即是这个传说，它讲述了在特洛伊战争结束后，作为这场战争的胜利者俄底修斯乘船返乡的一系列历险故事。他在这些险遇中显示出了他的大智大勇：骗过了凶恶的巨人波吕斐摩斯，制伏了会使魔法的半人半神的美女喀耳刻，摆脱了塞壬仙女的致命诱惑，逃脱长有六个脑袋十二只脚的怪物斯库拉的追杀，最后回到宫中，并设计杀死了向他的忠诚妻子珀涅罗珀求婚的一些恶徒。

《希腊神话与传说》课程将“诸神的传说、英雄的故事”的阅读和教师分析讲解的内容作为具体媒介，直接通过视觉作用于学生，培养学生认识美、体验美、感知美、欣赏美和创造美的能力，实现学生阅读理解能力、审美能力、的获得；使学生具有美的理想、美的情操、美的素养和美的品格，从而塑造学生的健全、理想人格，促进学生的全面、自由、和谐发展。

四、出版信息

［德］古斯塔夫・施瓦布. 希腊神话与传说［M］. 高中甫，等，译. 长春：时代文艺出版社，2018.

撰写人：寇轶磊

《麦田里的守望者》导读要点

摘　要：《麦田里的守望者》主人公的生活方式，引起上世纪五十年代的美国青年纷纷模仿。整整一代充满反叛精神的年轻人被史学家称为“垮掉的一代”，这一潮流甚至影响至今，这部作品更是领导了美国文学创作的新潮流。《麦田里的守望者》所展现的真善美的追求，东方辩证哲学美，孩童的天真烂漫之美，引起大、中学学生争相阅读，家长和教师也视小说为“必读教材”，把它当作理解当代青少年的钥匙。

一、内容简介

杰罗姆·大卫·塞林格（Jerome David Salinger，1919年1月1日—2010年1月27日），美国作家，生于纽约。1942年塞林格从军，1944年前往欧洲战场从事反间谍工作。1946年塞林格退伍，回到纽约开始专心创作。他的第一本长篇小说《麦田里的守望者》1951年出版，获得了很大的成功，之后塞林格变得更孤僻。他在新罕布什尔州乡间的河边小山附近买下了90多英亩的土地，在山顶上建了一座小屋，过起了隐居的生活。塞林格虽然从未放弃写作，但在1951年之后，就很少公开出版自己的作品。他后期的作品也越来越倾向于东方哲学和禅宗。塞林格也因此被称为“遁世作家”。

小说的写作背景20世纪50年代的美国刚刚赢得了二战的胜利，成为了一个政治、经济和军事大国。在这样的时期，“纽约”就是美国实利主义社会的一个代表。它象征着最“假模假式”的一切，人们的精神生活是一片荒原，没有人在意别人的感受。

《麦田里的守望者》反映了青年一代成长中的生存状况和精神状态，整本书充满了愤懑和焦虑。该书以主人公霍尔顿·考尔菲德（Holden Caulfield）第一人称口吻讲述自己被学校开除学籍后在纽约城游荡将近两昼夜，企图逃出虚伪的成人世界、去寻求纯洁与真理的经历与感受。

二、价值概述

《麦田里的守望者》被认为是二十世纪美国文学的经典作品之一。《麦田里的守望者》的文化影响:主人公霍尔登·考尔菲尔德的生活方式，以颓废的方式反抗现实，引起上世纪五十年代的美国青年纷纷模仿。这部作品领导了美国文学创作的新潮流，它使得思想贫乏、感情冷淡的五十年代的美国人为之倾倒，这个时期完全可以称作“塞林格时代”。

《麦田里的守望者》的社会影响:小说从1951年出版到现在给全世界无数彷徨的年轻人心灵的慰藉。小说一问世，霍尔顿这个对虚伪深恶痛绝的少年形象反映了二战后美国青少年矛盾混乱的人生观和道德观，主人公霍尔顿那种没有清楚目的的反抗，是当时学生和青少年的典型病症。《麦田里的守望者》发表后，大、中学学生争相阅读，家长和教师也视小说为“必读教材”，把它当作理解当代青少年的钥匙。

三、导读要点

（1）《麦田里的守望者》真善美的世界

作者描写了遮蔽在社会表层物质繁荣之下个体的沦丧，并试图与之抗争。霍尔顿作为一个游走在精神世界与现实世界中的漫游者，他渴望通过对抗人的精神堕落，唤醒迷失的自我，拯救处于危难中的纯真人性，使其免受社会异化的污染而保持精神的独立与纯粹。通过本书的阅读，能提高学生阅读、欣赏、理解的能力，促进学生人文素质的提高。

（2）《麦田里的守望者》语言美

通过对作品语言的感悟，提高学生对语言的敏感和驾驭能力，从而提高学生的精神境界，培养更纯洁、善良的人。

每个人都要走完自己该走的路，看完自己该看的风景，就像我们在这里路过了你，可能仅此一次，但我们还是要感谢生活，感谢自己，感谢遇见，感谢你！在生活，在繁杂纷扰的世俗一角，找到这样一个诗意的空间，供我们灵魂栖息。再回首可能就是戎马归故里，此心安处，愿君戎马半生。归来仍是少年！

每个人都有潜在的能量，知识很容易：被习惯所掩盖，被时间所迷离，被惰性所消磨。

一个人不成熟的标志是他愿意为了某个理由而轰轰烈烈地死去，而学校教育还有另外一个成熟的人的标志是他愿意为了某个理由而谦恭地活下去。

霍尔顿偷偷回到家里，幸亏父母都出去玩了。他唤醒菲比，向她诉说自己的苦闷和抱负。他对妹妹说，他将来要当一名麦田里的守望者：有那么一群小孩子在一大块麦田里做游戏。

你一定得认识到在自己想往哪个方向发展，然后一定要对准哪个方向出发，要马上，你再也浪费不起多一秒的是时间了，你浪费不起。

我们确实活得艰难，一要承受种种外部的压力，更要面对自己内心的困惑。在苦苦挣扎中，如果有人向你投以理解的目光，你会感到一种生命的暖意，或许仅有短暂的一瞥，就足以使我感奋不已。

（3）“霍尔顿”真实美

通过阅读名著，教导学生辩证看问题，抓住重点，透过霍尔顿的叛逆外表，看到其内心，准备把握作者传递给我们的正能量。以美华人，陶冶高尚的道德情操、塑造美好心灵。

善良的非教徒。霍尔顿不是教徒，他痛恨神职人员的虚伪做作，用谩骂的语言称僧侣是“傻杂种”，霍尔顿的不信教、不敬神、亵渎神职人员的无赖形象跃然纸上。就是这么一个非教徒、无赖，他却在自己经济拮据时，在非募捐时间给两个修女捐出了十元钱。霍尔顿的慷慨善举和那些居于神位、满嘴仁义、装腔作势的神谕传播者形成了鲜明对比。没有高调的豪言壮语，霍尔顿用他自己实实在在的义举，证明了他自己善良美好的心灵。

霍尔顿的种种愤世嫉俗的表象下面，隐藏的是一颗关怀他人、真诚善良的心。霍尔顿对那老师一如既往地尊敬爱戴，对同学更是宽容以待，经常把自己的衣服等东西借给他们穿；为了不让同学感觉太自卑，霍尔顿还把象征身份的高档真皮手提箱藏起来。善良的天性使霍尔顿总能体察别人的心境和难处，处处为他人着想，总是以热心和友爱来帮助别人。就像他自己说的那样："有些人我也许能痛恨那么一会……可我痛恨的时间并不长。我要是有一阵子不见他们……我反倒有点想他们。"

（4）质朴童真的捍卫者

在霍尔顿他喜欢和孩子交往，感觉在他们面前拥有莫大的轻松和自在。在他眼里，妹妹菲比聪明坦诚、活泼可爱，集儿童美好的品质于一身，是他心中纯洁女神的化身。因而把她当成了自己的希望和感情支柱。进而萌生了成为一个麦田的守望者的愿望。"有那么一群小孩子在一大块麦田里做游戏。毫无疑问，这里的"麦田"就是无忧无虑、天真烂漫的儿童世界的象征，"悬崖下面"则是虚伪龌龊的成人世界，而他就是防止儿童被成人世界污染、保持童真的守护神。用自己真正的行动来实践守望者的责任。

（5）《麦田里的守望者》色彩美

色彩作为小说创作者文化载体，每一种颜色往往都代表着不同的象征意义。通过《麦田里的守望者》中多种颜色的描写的阅读，引领学生欣赏色彩的象征意义。

在西方文化中，白色是备受崇尚的颜色，它代表高雅、纯洁，是上帝、天使、幸祸、欢乐和美德的象征。红色象征着炽热的情感、执著的追求和强烈的欲望，它具有激情和旺盛生命力的寓意。在霍尔顿的眼里，弟弟艾里是集所有美德于一身的圣人，妹妹菲庇则是个热情洋溢的孩子。他们俩共同的外表特征就是都有一头红头发。grey引申为"成熟的、老练的"。主人公霍尔顿生了许多白发，这是不争的事实，由此也就象征着十六岁的他尽管厌恶假模假式的成人世界，但他毕竟在不可抗拒地长大，走向成熟。蓝色是广阔大海和晴朗天空的颜色，身着湖蓝色衣服可以让人觉得清凉很多。在西方，蓝色代表早期母权宗教的颜色，用来装饰圣母玛利亚的外衣，此引申出的蓝色的象征意义是安静和忠诚。提到"green"、" pink"两个词。"She had a green dress underneath.。绿色通常给人的感觉是生机勃勃的，象征着青春韶光，人生最美丽的时光。她虽与霍尔顿年龄相仿，却过早失去童贞，沦为妓女。"All she had onwas this pink slip."这里的pink象征着她在做着一份"下流的、庸俗的"工作。但同时她的这件绿色的衣服象征着她的年龄与这一行当不该搭界。在英语中，绿色表示"没有经验、缺乏训练、知识浅薄等"。在她和霍尔顿交谈时，她总是很紧张，每每颤动她的脚。这时绿色又似乎暗示实际上她还是幼稚的，不成熟的，虽然她外表看起来很是世故。

四、出版信息：

作者：J.D.塞林格 著，施咸荣 译出版社：译林出版社。出版时间：2018年12月

撰写人：张淑卿

《呼啸山庄》导读要点

摘　要：《呼啸山庄》被后世誉为在维多利亚时代小说中“唯一一部没有被时间的尘土遮没了光辉的杰出作品”，它让读者能够感受到人性之真善美、体会到主人公积极反抗之精神美、领略到人与自然共生共长之生态美、欣赏到大自然万物之质朴美与动态美，引导读者能够领悟到天人合一之哲思美，同时树立起正确的人生观、价值观。

一、内容简介

《呼啸山庄》是19世纪英国现实主义女作家、诗人艾米莉·勃朗特唯一一部长篇小说。当时的英国，随着工业革命的完成，农业经历了一个由盛及衰的过程，社会阶级分层越来越明显。劳动人民不但受到腐朽的土地贵族阶级的剥削与压迫，而且还受到新兴资产阶级权贵的欺压，整个社会都是建立在金钱特权之上，身份第一、金钱至上的世俗观念横行于世。

小说讲述了呼啸山庄善良的老庄主从街头捡回来的孤儿希刺克厉夫，在领养他的庄主死后备受欺凌的同时，却与家中的小姐凯瑟琳积极反抗世俗，并互相欣赏、互为知己，长大之后彼此萌发了纯真、强烈的爱情。可是等级森严的阶级观念与爱人的背叛摧毁了希刺克厉夫心中的爱与善。“爱之深恨之切”，他对凯瑟琳强烈的爱变成了无尽的恨，开始了残酷无情的复仇行动。但是临终前他的人性开始觉醒，内心善良也已复苏，最终他放弃了对下一代继续复仇的念头。

二、价值概述

《呼啸山庄》是英国文学史上一部“最奇特的小说”，开辟了19世纪现实主义小说的新境界。作者借助鲜活的人物形象和扣人心弦的故事情节，一反同时代作品普遍存在的伤感主义情调，采用颠倒时序、多重叙述的方式，描写了呼啸山庄和画眉山庄两代人几十年的爱恨情仇，向读者展现了主人公反压迫、反世俗的斗争精神。

三、导读要点

《呼啸山庄》将现实主义与浪漫主义相结合，通过一个爱情悲剧，向人们展示了一幅当时社会生活的真实画面，也向读者呈现出了这部经典的永恒美。

1. 人性本善、人性向善之真善美

“人之初，性本善”、“恻隐之心，人皆有之；羞恶之心，人皆有之；恭敬之心，人皆有之；是非之心，人皆有之……非由外铄我也，我固有之也，弗思耳矣”。《呼啸山庄》为读者展现了人性的真善美，强调以真为美，以善为美，给人以向善的力量，激发人

们发现生活的美好。

小说中的人物都有善良的一面，像呼啸山庄的老庄主恩萧先生，将孤儿希刺克厉夫带回家，像对待自己亲生儿子一样，给予希刺克厉夫温暖与慰藉。就连凶狠残忍的男主人公希刺克厉夫身上也散发着善良的光辉，复仇前他的本性是善良的，之后残酷的现实扭曲了他的本性，迫使他变得暴虐无情，而当他获悉小凯瑟琳与哈里顿产生了真挚的爱情时，联想到自己与凯瑟琳，又被其感动，临死前放弃报复，重拾善良，人性复苏。

而温柔善良的小凯瑟琳则是真善美的化身。当父亲病情加重时，她不但日夜守护在父亲的身旁，而且对自己所受的委屈只字不提，强装笑脸，宁可自己痛苦也不让父亲伤心。而当她看到身体羸弱、脸色苍白的表弟小林惇时，小凯瑟琳抚摸他的头发，喂他喝水，对他关怀备至；当听闻小林惇快死之噩耗时，小凯瑟琳不顾阻拦，每晚冒着严寒，独自骑马到呼啸山庄给他读书，陪他聊天。甚至当女仆丁耐莉太太生病时，小凯瑟琳像一个天使一样，不顾当时强烈的社会等级观念，跑去关心丁耐莉太太、侍候丁耐莉太太。

2. 积极反抗之精神美

“每个人都是自己命运的锻造者”，小说中的希刺克厉夫与凯瑟琳也不例外。童年时，两人朝夕相处，共同反抗辛德雷的专横暴虐，在此过程中彼此产生了炽热的感情，相亲相爱，这也是对当时“身份至上”的社会等级的巨大反抗。同时辛德雷的皮鞭使希刺克厉夫感受到人生的残酷，画眉山庄的拒绝进入使他尝到身份卑贱所受的屈辱，也让他懂得忍气吞声的屈服无法改变自己的命运，只有反抗才有明天，他不畏压迫与摧残，毅然决然地选择反抗，敢于同扭曲人性、束缚个性的社会体制、传统观念作斗争，追求自由的爱情、人格的尊严与平等。但是爱人的背叛导致他所实施的一系列报复行动却是残忍的、冷酷的，这是金钱至上的社会环境与被这种环境所扭曲的性格所决定的特殊反抗。而凯瑟琳不但对世俗观念进行积极反抗，而且还在精神上与自我进行斗争，在经历了迷茫和矛盾挣扎之后，她选择遵循初心、回归本真，以极端的方式——死亡来对抗这扭曲人本性的丑恶社会。

3. 自然万物之质朴美

在小说中，艾米莉·勃朗特以诗人的独特视角，将诗情、画意、音乐完美地融合，描画出一幅幅花草树木、虫鱼鸟兽等自然万物有声有色、生机勃勃的自然生态画卷。

她不仅注重静态景物的描写，更在于将这些景物写活，动静结合，以动衬静，给静态的事物以生命和活力，以此来展示大自然的质朴美、动态美，小说中有很多自然音响的描绘。如“吉顿默礼拜堂的钟声照旧在响，山谷中小溪里，满满当当欢腾奔跳的潺潺流水传来了悦耳的声音。这是在夏日树叶沙沙作响之前美妙的天籁。”此外，还运用大量的色彩词汇，绘就出万紫千红、绿树成荫、缤纷多彩的自然景物。如“春天，金黄色的报春花竞相开放……青草被雨水和阳光滋养得要多绿有多绿，靠南墙的两棵矮苹果树正处开花时节”。

4. 人与自然和谐共生之生态美

庄子曰：“天地与我并生，而万物与我为一。”艾米莉·勃朗特笔下的自然万物不但具有荒原之美、质朴之美，而且与小说中的人物合二为一，是他们精神的庇护所和心灵的栖息地，也是进行心灵对话和感情交流的生命体，人物与大自然一同生长、和谐共生、天人合一。如“那是八月里一个难得的美好的天气。每一股从山上吹来的气息都是如此洋溢着生命，仿佛无论谁吸进了它，即使是气息奄奄的人，也会复活过来。凯瑟琳的脸恰像那道风景一样——阴影与阳光交替着飞掠而过；但阴影停留的时间长些，阳光则比较短暂，她那颗可怜的小小的心甚至为了偶然忘记忧虑还责备着自己呢。”

5. 英国茶文化之形式美

从十六世纪末十七世纪初到十九世纪，茶叶在英国由最初上流社会的奢侈品成为了英国各个阶层不可或缺的必需品，这个舶来品也慢慢沉淀累积成了独具英国特色的茶文化。不同于中国的茶文化，英国的茶文化更强调形式美、仪式美。根据英国人的饮茶习惯，可以将饮茶分为：英式早茶、英式上午茶、英式下午茶、英式晚餐茶。在饮茶时注重各种仪式，讲究沏茶的方式、饮茶的地点与茶具的摆饰。小说中呼啸山庄的主人会在起居室招待客人，而在象征着文明的画眉山庄则是在主人的书房招待客人，显示出对客人的尊敬。当洛克伍德先生刚刚来到呼啸山庄时，就看见三个茶叶罐排列在象征着家庭精神文化的壁炉上，可见庄园主人对茶具的重视。此外，从女仆询问主人如何招待客人可以看出，英国的沏茶方式为煮茶，并配以茶点。

四、出版信息：

［英］艾米莉·勃朗特（著），杨苡（译）；出版社：译林出版社；出版时间：2017。

撰写人：沈莉娜

《理智与情感》导读要点

摘　要：《理智与情感》聚焦于理智、情感两种人格范型在面对婚恋与生活时的利弊得失，歌颂了人性中的理智、善良、忠诚，批判了庸俗势利、虚伪空洞的权贵生活，使用了对照、反讽、悬念设计等多种写作技巧，展示了现实与浪漫兼备的文学之美。

一、内容简介

小说情节始于18世纪90年代的诺兰庄园，达什伍德姐妹花原本家境优渥，大姐埃莉诺理智稳妥，二妹玛丽安则感性热情，岂料她们年少失怙，由于长子继承制与限定继承制的约束，父亲所有的遗产都要归属同父异母的哥哥约翰。搬离诺兰前，埃莉诺结识了嫂子范妮的弟弟爱德华，二人彼此爱慕，但范妮嫌贫爱富，从中作梗。爱德华未及言爱，似有苦衷。之后姐妹与母亲及三妹玛格丽特在表亲的资助下搬到了巴顿庄园的乡舍居住。

在巴顿，她们结识了悠闲的约翰爵士、聒噪的詹宁斯太太、隐忍的布兰顿上校等人，布兰顿上校爱慕玛丽安，但碍于年龄性格的差异不敢表达。玛丽安偶遇青年才俊威洛比，陷入热恋。岂料威洛比是浮浪公子，在爱情与金钱之间选择了后者，他抛弃玛丽安，攀附了富有的格蕾小姐。此间姐妹俩先后来到伦敦，埃莉诺结识了庸俗愚蠢的斯蒂尔姐妹，发现自己心仪的爱德华少不更事时已与露西斯蒂尔秘密订婚，迫于道德约束无法毁约。姐妹俩离开伤心地伦敦。

返乡途中玛丽安心力交瘁，感染伤寒，几欲濒死。善良的詹宁斯太太与布兰顿上校尽力帮忙，威洛比亦来探望，做了伪君子最矫情的检讨，最自私的剖白。玛丽安转危为安，在对生命的重新审视之后与布兰顿上校结为良缘。而爱德华也因为失去继承权被露西抛弃，摆脱婚约的他向埃莉诺求婚。最终两对情侣共同奔赴美好的未来。

二、价值概述

《理智与情感》草创于1797年，付梓于1811年，是英国女作家简·奥斯汀小说中出版的首部作品，出版即获得文学界与读者的好评，被评论“写作严谨，刻画自然，顺理成章，趣味盎然”。跟作者的另一部小说——世界瞩目的《傲慢与偏见》——相比，本书鲜见浪漫理想的爱情喜剧，试图植根于更真实残酷的生活，探讨青年男女在真实的世界里，在爱情与面包只能选其一的抉择中，应当如何“不忘初心，回归真我”。

本书的思想价值是探讨了现代意义下的婚恋观。因为18世纪冲击欧洲大陆的思想启蒙运动与英格兰北部的工业革命，英国人开始重视妇女教育与提高妇女的社会地位。理想的婚姻应当以深挚的爱情，而非财产和生育为基础的观念，在18世纪末开始被英国人广泛认同。本书在爱情与婚姻刚刚水乳交融的时代应运而生，对理想婚恋、幸福人生做出探讨与描摹。

本书的艺术价值是开创了性格拟人的写作手法。正如它的名字，《理智与情感》以两位女性形象比拟两种人格气质，探讨了理智与情感在女性成长中的意义，难得的是作者并未偏颇地捧一踩一，而是呈现了理智与情感在人生中分担的不同意义。作者运用传神的人物语言描写、幽默反讽的艺术手法，构造出一个逻辑严谨、形象丰满的故事。在文化层面，它涉及风俗中的音乐、舞蹈、诗歌、艺术欣赏等诸多衍生话题，描绘了一幅摄政王时代的英伦风情画。

三、导读要点

1. 浪漫与现实兼备的文学之美

作为一部小说，《理智与情感》是伤感小说、哥特小说大行其道的时代中的一股清流，其叙事技法、人物塑造、结构铺排，都散发着独特的文学魅力。

在叙事理论方面，读者会在其中看到顺序变换、视角调节、悬念设置、引语转化等理论现象，感知叙事手法对情节推进、人物塑造的作用，这些都代表了奥斯汀纯熟的文学技艺；在小说结构方面，小说具备三卷式的故事节奏，在三卷中呈现出均衡的叙事时间与篇幅的对比，这是来自古典主义文学的均衡之美；在人物塑造中，不难发觉奥斯汀入木三分的雕琢功力，全书呈现了栩栩如生的人物群像，且带有犀利的讽刺意味，嬉笑怒骂皆成文章，尤其是本书对小人物的信手描摹，留下了诸多文学经典场面；在情节安排中，故事可谓一波三折、引人入胜，对悬念的设置，亦草蛇灰线、伏脉千里；从文学接受论的角度而言，对本书的阅读感受，考验着读者甄别小说的文学价值、体悟经典文学的魅力、辨识三流之作的短板、鉴赏文学文本的功力。

2. 纯真的人性与婚恋之美

本书对人物刻画入微，隐忍理智的埃莉诺、至情至性的玛丽安、淡泊随和的爱德华、潇洒浮浪的威洛比、正直隐忍的布兰登都是令读者拍案叫绝的主人公。除此之外，作品对次要人物的信手点染也相当惊艳，如第一卷第二章约翰·达什伍德与夫人范妮关于资助妹妹们的对话，经典流畅如相声贯口，对约翰·米德尔顿爵士与岳母詹宁斯夫人的刻画也栩栩如生。难能可贵的是，作品并没有对人物形象做黑白分明的扁平化处理，而是塑造了有血有肉的圆形人物。她既可以对玛丽安的冲动自我、威洛比的轻浮薄幸、米德尔顿一家的庸俗无聊进行讽刺批评，也可以对他们人格中的另一面，诸如真挚、坦率、善良进行肯定。

此外，作品通过各色人物表达了理想婚恋的愿景。众所周知，婚恋是奥斯汀小说的永恒主题，幸福是人类美育的终极目标。如何在婚恋中寻求幸福，是人生的重大课题。《理智与情感》大力宣扬以真爱为基石的婚姻，现在已得到了全世界的广泛认同。然而，如何寻找真爱、如何维系婚恋，则是现代人面对的难题。作品通过人物的行为抉择时时向读者暗示幸福的真谛，幸福不是机遇与美貌的等价物，而应该是一种主动态的人生。

读者可以在了解人物性格的基础上，对伟大闪光的人类美德进行认同与歌颂，对游移善变的小人意志进行质疑与评判，并认知辨识人性对选择婚恋对象的重要作用，进行坚毅正直的人格美育。另外，可以通过剖析书中女性的生存状态，类比当代女性的社会问题，切实深入作品中的典型婚恋案例，理性分析两性关系对当下人生的借鉴意义。

3. 田园牧歌式的文化之美

当代人要读懂这部小说，要对小说诞生的时代文化有一定了解。首先，在18世纪与19世纪之交的英国，所谓田园牧歌、衣香鬓影、绅士们的觥筹交错，小姐们的扇底春风，都只是表面风光。然而当代读者被这本书吸引，或许就是迷恋这些罗曼蒂克的表象风光之美。英国首相丘吉尔在二战殚精竭虑之时偏爱读奥斯汀的作品，认为那是远离现实世界喧嚣的精神世外桃源，可见奥斯汀的作品除了隔绝现实世界的战火之外，也在礼仪、服饰、建筑、环艺、室内设计等多方面为读者打造了精神世界的“应许之地”。导读过程非常适合还原小说环境，并进行审美陶冶。

其次，小说的深层文化，则涉及到当时英国的政治、经济、法律、国际形势等多个方面。比如跟小说情节密切相关的“长子继承制”“限定继承制”，英国当时的海军力量、国际殖民地的分布、英国人民对法国大革命的态度等，这些现实的与意识形态的状况，深入作品的肌理，造就了《理智与情感》的价值取向。通过深入分析，会使人懂得日不落帝国的运行机制，是一堂难能可贵的对资本主义的崛起深入剖析的历史美育课。

4. 协奏曲式的均衡秩序之美

一如《理智与情感》的书名，作品试图将人格类型二元化，并将价值指向理性与感性兼长并美的均衡之感。同理可见，作品从主题思想到艺术特征，在婚姻、道德、阶级、文化、政治、宗教等诸多方面均构建出一种秩序，这种秩序具备匀停周全的特色，给人一种古典主义的法度森严之感，尤其每每使中国读者在古老的中庸思想中得到共鸣。

比如作品的三卷式结构，承载了迷惘、伤痛、治愈三个人生阶段，从叙事时间看，暗合协奏曲快板、慢板、快板的三个乐章，使得故事线从整体上呈现出结构完整且富于变化的美感；值得一提的还有对两性地位与关系的思考，两位女主人公追求与男性思想感情的平等交流与沟通，要求社会地位的平等权利，坚持独立观察、分析与选择男子的自由，也是在男权社会中寻求均衡的尝试。

作者书写了资本主义生产方式带来的社会剧变，人们在适应新的生活模式时，不得不对原有的伦理价值观进行反思和重塑。读者通过思考奥斯丁的小说和她所持的态度，可以引发对理想中的美好社会秩序的思考。

5. 面向未来的批判哲思之美

在意识形态方面，奥斯汀的作品一贯聚焦18、19世纪之交的婚恋问题，并对英国当时主流的长子继承制、限定继承制的弊端有清醒的认知和批判。本部作品则重点突出了对女性弱势地位的思考，女性被剥夺了继承权，又缺乏谋生手段，只能依靠婚姻达成生存，而缺乏嫁妆又使得男性望而却步，这让女性陷入人生的死循环。此外，生育的天性亦让女性背负压力，再加上社会主流道德对男性价值观的保护，让女性即便秀外慧中、情智兼备，亦难以实现自身的价值。

比照现在，民法典对婚姻制度的诸多探索屡屡引发争议，家暴杀妻的惨剧诸见报端，激进女权的言论充斥网络，婚恋迷惘的苦恼压抑着后浪，可见我国女性的生存地位虽然较当日之英国已有巨大改善，然而女性意识层面的桎梏较奥斯汀时代犹未减少。在倡导社会主义核心价值观的当下，如何建立适应我国意识形态的两性观是值得当代大学生探讨的。

这就是奥斯汀对当代中国的意义所在。她以古早的姿态回归人性的本真，歌颂真善美，批判拜金、势利、庸俗的婚恋观，具备人类永恒的意义，亦适应当代的进步精神。

四、出版信息：

［英］简·奥斯汀，孙致礼，译. 理智与情感［M］. 北京：人民文学出版社，2017.

撰写人：李萌萌

《飘》导读要点

摘　要：《飘》是一部取材于美国南北战争和战后重建的小说，书名直译应为“随风飘逝”，取义于小说第24章的一段概括性描写，出自书中女主人公斯嘉丽之口，大意是说那场战争像飓风一般卷走了她的“整个世界”，她家的农场也“随风飘逝”了。斯嘉丽以这一短语抒发了南方农场主的思想感情，作者用来作为书名，也表明了她对南北战争的观点，这与本书的内容是完全一致的。通过了解小说中的人物命运紧紧与时代命运相联系，体现了在历史背景的局限下，人物命运的走向。

一、内容简介

小说《飘》以亚特兰大以及附近的一个种植园为故事场景，描绘了内战前后美国南方人的生活。作品刻画了那个时代的许多南方人的形象，占中心位置的斯嘉丽、白瑞德、艾希礼、梅兰妮等人是其中的典型代表。小说通过斯嘉丽·奥哈拉与白瑞德的爱情纠缠主线，成功地再现了林肯时期的南北战争以及美国南方地区的社会生活，展现了他们的习俗礼仪、言行举止、精神观念、政治态度。

《飘》的人物性格塑造打破了传统的、单一的塑造方法，人物性格多元组合成为这部小说的一个重大亮点，以战争为背景，鲜活地彰显了一个个鲜活的人物，更从斯嘉丽一家展现作者对于黑人平等的看法。性格组合展现了一个圆形的人物，通过圆形的人物集合又展示了小说历史环境的多个方面，从而详尽地记录下了一段动荡的历史，一段硝烟的时刻，以及在这种时刻不同人的成长。通过不同的性格发展，揭示了环境对于人的深远影响，这种性格组合的描述方法也对后世小说艺术创作产生了很大的影响。人类的生存不仅仅是物质上衣食住行的满足，还有精神上信仰和道德的满足。战争摧毁的不仅是外在的物质还有内在的精神。米切尔十年磨一剑，想要展现的便是当人类所依赖其生存的一切被摧毁之时，人应该如何安顿自身，重新满足物质生活，追求精神信仰的建构。

二、价值概述

仅因一部作品就名扬天下并在文坛上占有一席之地的作家是绝无仅有的，美国女作家玛格丽特·米切尔便是这样一位绝无仅有的作家。她出版的唯一作品《飘》一经问世便成了美国小说中最畅销的作品。自1936年出版之日起，《飘》这部美国内战时期的罗曼史便打破了所有的出版记录。1937年，小说获得普利策奖。三年后被改编成电影，连电影也成了美国电影史上的经典之作，而扮演男女主人公的演员克拉克·盖博和费雯丽更是因此而留在了许多影迷的心中。

三、导读要点

1.《飘》体现了“历史之美”

《飘》是一部取材于美国南北战争和战后重建的历史小说，书名直译应为“随风飘逝”，取义于小说第24章的一段概括性描写，出自书中女主人公斯嘉丽之口，大意是说那场战争像飓风一般卷走了她的“整个世界”，她家的农场也“随风飘逝”了。斯嘉丽以这些表达抒发了南方农场主的思想感情，作者用来作为书名，也表明了她对南北战争的观点，这与本书的内容是完全一致的。书名蕴藏着两层含意：这呼啸的飓风，指的是南北战争这段历史；那被飘去的云朵，指的是蓄奴制下南方农场主的安逸生活。而纵观人类发展史，所经历的战争与和平，全部都以教科书的形式为后人知晓，曾经的辉煌与荣辱也都随着历史的车轮，滚滚消逝了。

想要完全了解《飘》的内容，首先要对美国南北战争时期历史尤为熟悉，可以说这部作品也是当时美国历史文化的缩影。学生可以通过视频讲授方式以及线上互动问答、作业和直播在线问答等方法，了解美国南北战争的始末，熟知美国总统竞选过程以及评论曾经南方蓄奴制度的优劣。

2.《飘》拓展思辨美学视野

这部作品的女主人公斯嘉丽是一个复杂、独特的人物形象，她的最大特点在于女性气质与男性气质集聚一身。斯嘉丽漂亮、迷人，而在她的一生中任何时期都不忘利用自己的女性优势，比如她利用美貌轻易得到男人的青睐，利用女性的柔弱地位博取同情。同时，她也无法逃脱普通女性的狭隘和感性，比如缺乏知识、对事物的冷静分析和判断，喜欢幻想、盲目追求得不到的东西、自以为是。

抓住作品人物的特性，通过在线讨论和作业的形式，抛出问题，引导进一步思考。比如关于人物性格我们曾经的作业有：“请简述斯嘉丽在你心目中是不是淑女？并写出原因。”这样类似的题目看似非常开放，并没有唯一答案，但从回答中可以间接体会到不同经历不同性别的同学对于女性的要求和对于人物的体验。通过课下收集作业，课上总结的形式，传授思辨式思维模式，使读者逐步建立认识美、分辨美、感知美、欣赏美和创造美的能力。

3.《飘》拓展文化美学视野

在《飘》中有很多美国民俗文化的描写。比如斯嘉丽第一任丈夫去世后不能抛头露面参加社交活动，抑或她嫁给白瑞德之后也因为结婚三次而名声受损。从这些诸多描写中，我们能够体会当时美国在南北战争前后人们的思想意识和风俗信仰等，同时对比当代美国和当代中国的文化差异，感知当代中国的强大和文化的包容。可以采用书籍文字和影片短视频、试听分析等方法，丰富课堂形式，在调动学生表达的积极性的同时加深对相关文化的理解和美感认识。

4.《飘》的主人公奋进之美

斯嘉丽的性格中最令人欣赏的一面是她面对现实不畏困难的精神。纵观思嘉丽的一生，从故事开篇的情场失意，到战争使整个南方成了一片废墟，落在思嘉丽头上的打击一个接着一个，甚至到了生存下去都有困难的境地。“明天又是另外一天了！”这是斯嘉丽屡试不败的法宝，也成了众多读者的座右铭。是呀，过去的已经过去，不管遭遇了什么不幸和挫折，那都已经成为历史了。明天又是新的一天，明天会带来新的希望。只要付出自己的努力，没有过不去的坎，没有克服不了的困难。明天的一切都会好起来的！这是小说中最能激励鼓舞人的一个主题。

自出版之日起，《飘》便吸引了千千万万的读者，发行量居高不下，到1949年底已售出近400万册，此后便是不计其数的重印，还被译成多种文字。《飘》打破了时代和读者群体的限制，读者群是一代接一代的。老一辈读者有之，中年一代亦不乏其人，年轻读者更是不计其数。究其原因，斯嘉丽面对现实、克服困难这一性格魅力不能不说是起了重大作用的。这一信条不但适用于斯嘉丽生活的年代，而且适用于任何年代。人，不管生活在什么年代，不管生活在什么社会里，总会碰到这样那样的困难。在困难面前低头的人，只能是生活的弱者，而勇于面对现实、不畏困难的人，便能成为生活的强者。斯嘉丽是个生活的强者，而读者从她身上汲取的也就是强者的精神。这也是一开始只被定位为畅销书的《飘》能够历经长期的历史考验最终让学术界认可，被誉为经典世界文学名著的原因所在。

四、出版信息

［美］玛格丽特·米切尔，庄绎传，译. 飘［M］. 北京：人民文学出版社，2000.

撰写人：李　杨

《老人与海》导读要点

摘 要：《老人与海》这本书给人以身临其境的感觉，读后让人感悟到字里行间描写的良好品行修养潜移默化地影响着我们，“坚持不懈精神之美”“乐观心态之美”以及“挑战未知领域雄浑魄力之美”，激发了我们面对困难时拥有乐观心理状态和面对危险时迸发强大精神力量的能力。

一、内容简介

《老人与海》在世界文学中具有突出地位，作者［美］欧内斯特·海明威讲述了老渔夫驾驶着小渔船，在汪洋中困难重重的捕鱼经历。故事的结局有点遗憾，但是在这样的遗憾中，老人不屈不挠的精神得到了进一步的升华。孤独的年迈的老渔夫圣地亚哥连续84天没能捕到鱼，不舍不弃，只身一人驾船未知海域，终于钓到了18英尺的大马林鱼。经过精疲力竭的搏斗，圣地亚哥终于降服了这只前所未见的大鱼，绑在了船舷上。夜色降临，浑身是伤的圣地亚哥满怀喜悦地返航了，但是没想到。在平静的海上，很多饿得发疯的鲨鱼循着血腥味尾随而来。老人拼尽全身力气去驱逐鲨鱼，直到手中已经没有抵抗鲨鱼的武器与力量，最终还是没有保住大鱼，拖到海岸上的是一副巨大的鱼骨架子。这样的老人体现了海明威的人生哲学和道德理想，也就是人类不向命运低头，不服输的斗争精神和积极向上的人生态度。

二、价值概述

《老人与海》奠定了海明威在世界文学中的突出地位，并相继获得了1953年美国普利策奖和1954年诺贝尔文学奖。《老人与海》时时刻刻都在向人们传达着高尚的品格，读者在读书的过程中能够领略到老人那顽强坚毅的精神，这种精神对于学生来说也是人生中不可缺少的宝贵品质，通过对书的阅读和课程内容的理解，可以感受到主人公面对困难时乐观的心理状态和面对危险时迸发的强大精神力量，对大学生人生价值观的塑造有着很大的帮助作用。

三、导读要点

1. 淳朴、善良与忠诚品格之美

文中的小男孩贯穿了整本小说，开篇与结尾是小男孩的的确的、真实的出现，而在小说的中段，也就是老人在大海上孤独奋战、漂泊的时候，小男孩则出现在了老人的心中，或者说出现在他的信念之中。小男孩在文中有着巨大的作用，在长达84天没有捕到鱼的情况下，小男孩的存在让老人有了出海的动力，小男孩是老人力量的源泉。在与大鱼搏斗的时候，老人多次提及小男孩，那时小男孩是老人的精神慰藉。小男孩曾和老人说过，世界上有许多好的渔夫，伟大的渔夫，但你却是唯一。小男孩尽管离开了老人，却并没有抛弃他，老人高贵的品质和他高超的捕鱼技术赢得了小男孩的尊重和爱戴。小男孩一句很朴素的“只要世界上还有我，决不能让你不吃饭就去打鱼”，非常打动人心。未来十至二十年，老人数量将会越来越多，社会面临的问题也将增多。当有子女不愿赡养老人时，有没有想过他们起初的善良、淳朴、忠诚的美德去哪了？是逐渐消失还是未曾开启？

海明威在谈及创作成功因素之时将老人与小男孩相提并论，从他的言语中体现出了对小男孩这个形象塑造的满意以及小男孩的重要性。小男孩体现了人性中淳朴、善良与忠诚之美，小男孩的一言一行牵动着读者的心，增强了作品的可读性，丰富了作品的内容，使学生感悟到小男孩优良品质之美。

2. 坚持不懈精神之美

老人84天未捕到鱼，却不服输，迎难而上。在文中有着这样一段对老人与鱼搏斗的描述：“我可能撑不住了，老人想。每一次他都觉得自己快要晕倒了。我可能不行了。但我一定要再试一次。”尽管老人的双手已是血肉模糊，在老人还没动手前就要晕倒了，但是老人想的是“我还要再试一次”。他一次次的失败，却又一次次尝试，即使没成功也坚持到底。这种屡败屡战的精神彰显了老人奋勇无畏的形象。

海明威借用老人的各种行为诠释着坚持不懈和永不放弃精神的真谛，让学生体验到坚持不懈和永不放弃精神的无穷力量。进而引导学生体会到无论在做任何事，都可能会面临各种问题、挫折或打击，能否坚持下去，是最锻炼我们内心的一个过程。坚持不懈是我们迎接挑战和面临机遇所应具备的品质，那些了不起的举动多是无数不起眼的坚持成就的。

3. 乐观心态之美

在写《老人与海》前，海明威是处于写作低潮期，上一本小说饱受劣评，事实上也写得不好，于是大家都认为海明威写不出好作品了，海明威已经没落了。可是海明威写了《老人与海》后，好评如潮，一经推出便成为畅销书。两年后，获得诺贝尔文学奖。正如书中的老人，虽然此前运气不好，连续84天捕不到一条鱼，但是最后捕到了一条18英尺的马林鱼。而这一条大鱼，便足以告诉那些曾经嘲笑老人的人，说：“之前只是运气不好，现在我又回来了！”

即便连续84天捕不到鱼，即便大家都在嘲笑自己，依然相信这只是自己暂时运气不好而已。老人很乐观，他认为大海是人类的朋友，海上的小鸟、海里的大鱼、乌龟都是自己的朋友。他甚至认为跟他搏斗了的大鱼也是可敬的朋友与敌人。乐观是一种技能，不是谁都会的，而是要通过不断反复练习，才能学得会的。

老人尊重并战胜自己的对手大马林鱼，在被鲨鱼围追时，那句“一个人不是生来要给打败的，你尽可以把他消灭掉，可是打不败他”的压力下的风度让人钦佩。再结合去年热播的电影中的“我命由我不由天”，能唤起学生在面对不公和困难时需要的精神支撑、信仰和入世的态度。

4. 挑战未知领域雄浑魄力之美

老渔夫远航前想“这里离海岸实在是太近了，也许在更远的地方会有更大的……”老人这时已经打到了一些鱼，但他没有安于现状，为了捕获大鱼前往未知海域，向着更大的目标前进。结合此内容启发学生对老人行为的联想，老人的行为可让学生联想到象牙塔，舒适区，还有现实社会。激励学生要敢于面对和探索，并且要锻炼过硬的本领，平时注重专业素养、能力的提升，还需要一颗勇敢的心。现实生活中也会遇到各种各样的困难，在面对一个全新的领域，手足无措之时也会产生放弃的想法，但是放弃并不是解决问题的最佳办法。学生的双肩担负着祖国的未来，未知会阻挡前进的步伐，结合老人那种勇于挑战未知领域的精神给学生树立正确的人生价值观，使学生感受到勇气与勇敢的美。

5. 名著经典永恒之美

《老人与海》的创作手法与展现的内容体现了“经典之美”“永恒之美”，这部作品主要是告诉人们，对信仰的执着追求，即使在求知的路上我们面临数不尽的诱惑、险阻，都不要轻言放弃，理想信念是导航的灯塔，是冲锋的号角，只有对信仰坚定必胜的信念，才会取得成功。

所有艺术作品的所谓经典其实指的是艺术作品本身传达的一种精神，经典作品在时间流逝中也不改它优秀与美的本质，选择这样的作品作为内容，有着向经典致敬的意义，同样也有向后代传播以及普及优秀的思想精神的重要内涵。本书中贯穿式介绍“主人公捕鱼”历程，提问人格特点和读者的聆听感受，意义在于激发读者积极思考，帮助读者通过独立思考获取知识，激发读者学习兴趣，使印象更加深刻、巩固记忆。

四、出版信息：

［美］欧内斯特·海明威，王仁才，译. 老人与海［M］. 北京：中国友谊出版社，2016.

撰写人：马姣阳

《乞力马扎罗的雪》导读要点

摘　要：《乞力马扎罗的雪》是由美国著名作家欧内斯特·米勒·海明威于1936年出版的中篇意识流小说，通过主人翁哈里意外受伤死亡过程中看似极为矛盾的行为和精神救赎的过程，体现了作者对死亡意义的苦苦探索以及战争后遗症带给人民的巨大伤害，启迪人们应更加珍视生命、热爱生活。

一、内容简介

《乞力马扎罗的雪》是美国作家海明威创作的一部中篇小说。故事主要讲述一个作家哈里去非洲狩猎，途中汽车抛锚，皮肤被刺划破，染上坏疽病。他和他的情人在等待一架飞机来把他送到医院治疗。小说围绕“死亡”和“即将死亡”来写，但根本的主题是哈里回到过去，从过去走到现在的历程回顾。哈里热爱这个世界。他有很多经历。跟不同女人的经历，以及自己所从事的不同职业的经历，他都想写下来但却没来得及写。他最终没有能达到心中的目标。死前，他悔恨至极。故事的结尾，他死于一个梦境：他乘着飞机，向非洲最高峰——乞力马扎罗的山顶飞去。就小说内涵而言，这是一篇讨论“死亡”的作品，表现出作者客观对待死亡的态度和对死亡由恐惧到平静的心理历程，因而也充分体现出海明威赖以成名的“压力下的风度”。整篇小说由人物对话建构而成，风格简约到了极致。

二、价值概述

作者欧内斯特·米勒·海明威（Ernest Miller Hemingway，1899年7月21日—1961年7月2日），出生于美国伊利诺伊州芝加哥市郊区奥克帕克，美国作家、记者，被认为是20世纪最著名的小说家之一。

《乞力马扎罗的雪》是海明威最直接描写死亡，以生与死为主题的作品。其中哈里作为主人公，在病重将死之际半昏迷半清醒的状态下回顾了脑海中还存有的一些记忆，而这些都笼罩在死亡的阴影下，尤其是战争带给哈里的巨大创伤，对死亡他由原先的恐惧，暴躁到愤怒，厌倦最后是坦然地接受。同时在这些记忆片段中还有着哈里对自己以前人生的一个不算总结的总结，大部分是对自己过着纸醉金迷，不思进取的庸庸碌碌的生活，蹉跎岁月，浪费自己的才华的无尽的后悔和感叹中，在自己人生那一刻的冥想中，他梦见自己的灵魂攀上了乞力马扎罗山的顶端，肉体虽然死去，灵魂却得以提升。而哈里这些所思，所想都在海明威巧妙精湛的叙述描写中展开，让读者窥见哈里那纷乱的思绪，寂寞的心灵和勇敢积极，向往崇高的灵魂。

与此同时，通过阅读此书，青年学生了解战争不仅直接造成人民生命和财产的损伤，其所带来的伤痛在人民精神世界的延续将无法终止，令学生体会生活在和平稳定的时代是多么幸运幸福的事情，而我们伟大的祖国是实现人民的安居乐业的强大保障，增加学生对和平的珍视和对祖国的热爱之情。

三、导读要点

在学习阅读《乞力马扎罗的雪》一书的过程中，希望学生们关注以下五个方面：

1. 风景之美

乞力马扎罗山到底有多壮观？其位于坦桑尼亚东北部及东非大裂谷以南约160公里，赤道与南纬3度之间，是非洲最高的山脉，也是一个火山丘。乞力马扎罗山是火山也是雪山，山顶终年布满冰雪，但由于全球变暖，冰川消融现象非常严重。有专家预测未来乞力马扎罗山的雪将只会停留在历史中，“赤道雪峰”奇观将永远消失。乞力马扎罗山素有“非洲屋脊”之称，而许多地理学家称它为“非洲之王”。该山的主体以典型火山曲线向下面的平原倾斜，平原的高度约海拔900米。该山四周都是山林，生活着众多的哺乳动物，其中一些是濒危灭绝的物种。

2. 寓意之美

乞力马扎罗山被当地人认为是“上帝的宝座”，在坦桑尼亚人心中无比神圣，很多部族每年都要在山脚下举行传统的祭祀活动，拜山神，求平安。坦桑尼亚独立时，将乞力马扎罗山的主峰改称为“乌呼鲁峰”，意为“自由峰”，象征着勤劳勇敢的非洲人民在争取民族独立、国家自由的斗争中所表现的不屈不挠的坚强意志。

3. 爱情之美

人总是对自己最深爱的人有太多的挑剔和偏见，在两个人相爱在一起时，总是尽一切可能和对方争吵。什么样的爱也禁不起这样永不停歇的折腾啊！最后两个人被相互伤害的伤口弄痛，伤痛之后又总会时常怀念过去的那种依恋。

男人在爱过痛过之后总能更加理智和现实，不过太过于理智冷静让女人觉得太冷酷、残忍。男主人公在野外打猎时腿部受伤，开始没在意结果腿部开始腐烂以至于最后因为腿腐烂而丧失了生命。在这个过程中，他把自己的痛苦和恐惧发泄到身边的女人身上，他开始不自觉地回味自己一生中惦念的人与事，但往事如烟，逐渐地意识到过往的风景只是人生的一段经历，能够真正陪伴他左右，一同分担的人，才是细水长流的爱情。

4. 意识流之美

哈里意识流部分的描写属于团块描写。一个个事件之间似乎没有联系，是独立的事件集合。从豹子死亡开始，哈里想到了与雪有关的种种往事，从而想到巴黎的颓废生活、战场上的可怕经历和一些不经意碰上的死亡事件。其中打猎的事情似乎比较轻松，但紧接着又说到了特里贝格客店主人的死、保尔·魏尔兰的死。回忆威廉逊的死亡是和死亡联系最密切的地方。尤其是当他想起了威廉逊死前无法消除的痛苦，而他此刻却是丝毫不疼。这些关于死亡的回忆，导致了他在现实中说出了自己厌烦的话，由此我们可以看出哈里这个人物的悲剧所在：他不仅是厌倦了生活，他还厌倦死亡。他在厌倦中失去了自我存在。在串联这些死亡事件的过程中，最值得注意的是哈里上飞机飞向乞力马扎罗的描写。这一段使用的是罗马体，暗示讲述的是现实中的事情，但我们又明白，哈里正在帐篷里的担架床上死去，他不可能坐上飞机，所以这一段写的并不是事实而是意识活动。海明威用代表现实的罗马体写哈里的意识终结，正是要说明，哈里从各种回忆的死亡事件中，真正走向了死亡。

从一个词到另一个词的滑动，渐变为一组意象到另一组意象的变换，死亡不但接近了哈里，也进入了读者的心灵。正如海明威所说，作家要“写得真实，并在理解真理何在的前提下把真理表现出来，并且使之作为他自身经验的一部分深入读者的意识”。

不难发现哈里意识流中的事件都与死亡相关。如果把斜体字部分看作是流动，那么文章开端的一段也应该是哈里的意识流动。有人对海明威这篇小说的技巧提出过质疑，认为海明威没有在小说的结尾处呼应前文豹子遗骸的事件，属于写作中的一个失误。这并不是失误，而是海明威的高妙之处。正因为他明确地用字体差别区分了哈里的故事和哈里的意识，因此文章开头部分的斜体字不是引文，而是哈里意识流动的开端。哈里的意识开始于乞力马扎罗雪山上的豹子遗骸，也并不是一个不可解释的谜。文中表述的豹子遗骸使用的单词carcass（useless remains）具有“无用的”的含义，豹子那已经无用的残骸冰封在雪山顶峰附近，具有极其重要的影射含义。为了给自己的灵魂“减肥”的哈里因受伤停留在热带草原上，那条没有了感觉的坏死的腿，恰恰就是一个无用的遗骸。结合哈里的人生经历又发现，他本身也像一具骸骨一样毫无用处。从无用的豹子骸骨到哈里无用的身躯，乃至无用的生命，一种无法避免的死亡阴影越来越浓密，直到渗透了哈里的人生。

5. 升华之美

《乞力马扎罗山的雪》将他对死亡的美学感悟体现地淋漓尽致，哈里的出生与人生轨迹与海明威的个人经历极其相似，甚至书中提及哈里的四段感情，也和海明威现实中的四段感情相应。哈里对死亡的感知体验，无疑是他真实经历的转嫁，临终前的梦境将看似终结的死亡升华为纯净的向往，寥寥数句对乞力马扎罗山顶的描述，却传达出哈里这个痛苦的生存者终于解脱的喜悦与安宁，这大概是海明威所说的死亡之美吧。正如美国学者罗伯特·斯比勒所评价：“他只写一个主题：在一个失去所有价值，只剩下强烈情感的世界上人类会如何面对死亡。”片首一段描写并不是平淡的，它与片尾遥相呼应。在西高峰的近旁，有一具已经风干冻僵的豹子的尸体，它到这样高寒的地方来寻找什么，没有人能做出解释。其实它是来寻找生存的，也可以说是寻找死亡。哈里在生命终结时并不痛苦，却很无奈。结合当时的时代背景，哈里的无奈与现实的残酷密不可分。试想哈里如果生活在当下，那他的理想是不是已经实现了呢？一个和平稳定，百业待举的社会环境，对于个人的发展是何等重要。我们的国家克服重重困难，维护国家的和平稳定与发展，为个人的发展提供强大的保障和支持。作为年轻的一代，更要珍视宝贵的时光，为自身的发展和维护这一方平静做出自己的贡献。

四、出版信息：

［美］厄尼斯特·海明威，杨蔚，译. 乞力马扎罗的雪［M］. 天津：天津人民出版社，2003.

撰写人：徐菁蔓

《飞鸟集》导读要点

摘　要：《飞鸟集》是印度诗人泰戈尔创作的诗集，是泰戈尔的代表作之一，也是世界上最杰出的诗集之一。泰戈尔的诗歌抒发了对整个大自然、整个人类，以及整个宇宙间的美好事物的赞颂。《飞鸟集》在世界各地被译为多种文字版本，泰戈尔的《飞鸟集》曾在中国现代诗坛产生了较大影响。

一、内容简介

《飞鸟集》是印度诗人泰戈尔创作的诗集，创作于1913年，首次出版于1916年。是泰戈尔的代表作之一，也是世界上最杰出的诗集之一。泰戈尔的诗歌抒发了对整个大自然、整个人类，以及整个宇宙间的美好事物的赞颂。他认为人类情感和自然力之间是有内在联系的，或自然融入人类的感情，或人类的感情融入自然。只有融入自然才能净化自己的生命。

《飞鸟集》包括325首清丽的无标题小诗，其中绝大多数的诗只有一两行，或者捕捉一个自然景观，或者述说一个事理。诗集并没有明显的逻辑结构和明确的中心，只是诗人在日常生活中的感触、思考、情思的片段的记录。这些诗的基本题材多为极其常见事物，不外乎小草、落叶、飞鸟、星辰、河流等等。由于诗人忠实于自己的思想，具有敏锐洞察自然、社会的能力和一支善于表达心曲的妙笔，这些形似只言片语的小诗就蕴涵了丰富的思想、深奥的哲理，表现出一种清新明快、优美隽永的风格。

《飞鸟集》其中的一部分由诗人译自自己的孟加拉文格言诗集《碎玉集》（1899），另外一部分则是诗人1916年造访日本时的即兴英文诗作。诗人在日本居留三月有余，不断有淑女求其题写扇面或纪念册。诗人曾经盛赞日本俳句的简洁，他的《飞鸟集》显然受到了这种诗体的影响。

二、价值概述

泰戈尔（Rabindranath Tagore，1861—1941），印度诗人、作家、艺术家和社会活动家。1913年获诺贝尔文学奖。生于加尔各答市的一个富有哲学和文学艺术修养家庭，13岁即能创作长诗和颂歌体诗集。1878年赴英国留学，1880年回国专门从事文学活动。1884至1911年担任梵社秘书，20年代创办国际大学。1941年写作控诉英国殖民统治和相信祖国必将获得独立解放的著名遗言《文明的危机》。

《飞鸟集》是我国最早介绍和翻译的泰戈尔诗集之一。早在1921年1月，《新人》杂志7、8期合刊上就发表了署名王靖的译文，译名为《迷途的鸟》。1922年，我国学者郑振铎从英译本选译了其中的二百五十七首，由上海商务印书馆出版。这本译文于1926、

1933、1947年三次再版。1931年，上海中华书局还出版了姚华泽的《五言飞鸟集》。1956年，郑振铎又补译了六十九首诗，这是《飞鸟集》的第一个中文全译本，由上海新文艺出版社出版，1959年，该译本由上海文艺出版社再版。1961年，郑振铎译《飞鸟集》由人民文学出版社收入十卷本《泰戈尔作品集》的第二卷中。1981年，湖南人民出版社把《飞鸟集》和《新月集》合为一册列入“诗苑译林”丛书出版，翻译家石真为该书写了序言。

《飞鸟集》在世界各地被译为多种文字版本，泰戈尔的《飞鸟集》曾在中国现代诗坛产生了较大影响，对于中国的“小诗运动”的产生与发展具有推动作用。郑振铎译的《飞鸟集》出版后，诗坛上随感式的小诗十分流行。女诗人谢冰心在她的诗集《繁星》序里曾说过她的诗受了泰戈尔的影响。历史学家、作家、政论家李敖曾评价泰戈尔这本《飞鸟集》：成书已有92年，现在读来，仍像是壮丽的日出，书中散发的哲思，有如醍醐灌顶，令人茅塞顿开。《飞鸟集》译者郑振铎在翻译泰戈尔的这部散文诗集，曾深情地称它“包涵着深邃的大道理”，并形象地指出，泰戈尔的这部散文诗集“像山坡草地上的一丛丛的野花，在早晨的太阳光下，纷纷地伸出头来，随你喜爱什么吧，那颜色和香味是多种多样的。”

三、导读要点

1. 思考理解飞鸟的意义及章节结构

《飞鸟集》是诗人泰戈尔内心历程的记录，犹如旅途之鸟留下的一个个脚印，尽管鸟的足印是散乱的，但还是有迹可循。全书没有明显的逻辑结构，是诗人日常生活中的点滴感触和思考，刹那的情思、片段的记录，零碎短小而又丰富深刻。飞鸟的意义还在于一种像小鸟一样活着的生命方式，而不是像黄叶一样“叹息”的生活。

总之，在泰戈尔的诗里，世界是人性化的，自然也是人性化的，万物都有它们自己的生长与思考；而他只是为它们的人性化整理思想碎片而已。而这，便也是《飞鸟集》名字的由来：“思想掠过我的心头，仿佛群群野鸭飞过天空，我听到了它们振翅高飞的声音。”这就是泰戈尔，这就是《飞鸟集》。诗集大体讲述以下篇章内容。

结构1：生死之思、永恒之爱、惊世之美、智慧之诗、岁月之殇、澄澈之境

结构2：哲理篇、自然风景篇、童真童趣篇、女性歌颂篇、爱情篇

结构3：漂泊与追索、生命与奉献、权势与荣辱、爱意与心灵、欲望与理性、虚伪与真实

2. 歌颂大自然的美妙，自然与人的契合

泰戈尔在《飞鸟集》中十分注重对自然的描写，一只鸟儿、一朵花、一颗星、一个雨滴、也都具有人性与生命力。他热爱整个大自然。他认为人类情感和自然力之间是有内在联系的，或自然融入人类的感情，或人类的感情融入自然。只有融入自然才能净化自己的

生命。自然不仅提供了暗示的形象，而且还积极的协助我们抹去人类生活中一切分离的痕迹；情人可能会分离，而这种分离将淹没与在阳光里欢笑的绿草和繁花之下。读了他的作品，便令人觉得宇宙的活动和人生的变化是有意义的，是快乐的，便给人以无穷的勇气。

在诗里他还赋予了“晨的意义”。“每日清晨的到来，并不是一件以无休止的单调重复着的琐碎小事，而是一种永恒的惊奇。因为它在光明战胜黑暗，自由战胜束缚的生命的戏剧中是一支重要的插曲。如第235首“不要说‘这是早晨’，并以昨天的名义将它打发掉，像初次看到的一个新生的，尚未取名的婴孩那样看待它吧。”又如第32首“神自己的清晨，在他自己看来也是新奇的。”

诗人并不是为了自然而写自然，这里的自然是和人相契合的。抒写广阔博大的自然世界实际上是为了给人性极大的自由。鸟儿在天上的飞行，这就暗示人类理想望却又不可企及的巨大的自由。然而暮色中归巢飞鸟的翅膀，又使诗人想起人类情爱的不可阻挡的力量。“星星也是自由，爱情和欢乐地象征；它们就像天庭盛开的花朵，它们又似乎在默诵着神自己的美妙乐章。”

3. 富含艺术的诗句给人美的遐想，蕴含深沉的哲理

《飞鸟集》基本题材多为极其常见植物，不外乎小草，流萤，落叶，飞鸟，山水，河流等等。读这些小诗时就像在暴雨后初夏的早晨，推开卧房的窗户，看到一个淡泊清亮的晨。平时孱弱的小溪无端的雄壮起来，加快了前行的脚步，哼唱着嘹亮的歌；阳光撒落在挂着水珠的树叶上，那水珠显得特别的明亮，这明亮把树叶衬托成一种透明的色彩；平坦的草地像是吸足了油彩，当心那跳跃着的小松鼠是否也会染上这亮绿的油彩；天边有几朵白云在倘翔，似乎在回味昨夜的狂欢；一切都是那样地清新，亮丽，可是其中韵味却很厚实，耐人寻味。用轻松的语句却道出了深沉的哲理，这正是《飞鸟集》吸引人的原因。《飞鸟集》的译者郑振铎在译完泰戈尔的这部散文诗集后，曾深情地称它“包涵着深邃的大道理”。

《飞鸟集》这本书比较短小，不会占据学生课后太多时间，而理解上又带有难度，属于文质兼美的类型，适合用以培养学生的思维品质，提高审美情趣。诗歌作为一种比较特殊的文学样式，带有词语跳跃性、主题丰富性、情感多样性等诸多特点，对培养学生的语言感悟能力和审美鉴赏力有着巨大作用。而《飞鸟集》有着属于它自己的独特性，它和其他书最显著的不同，就是它的风格是偏向于零散、随意、片段式的，整本书没有目录，每一首诗也没有题目，都是“无题诗”。诗人通过凝练的语言、形象的比喻，以进化论的观点和朴素的辩证观点揭示了生活中的许多真理。

4. 挖掘诗中深层次的精神追求

《飞鸟集》中表现了深层的精神追求——爱与和谐的宇宙终极原则或神，描绘自然万物的灵（神）性相通，有机一体，展现人与自然、爱与神的亲密无间、交互融溶，歌赞生命的自由、平等、博爱——从而生成了丰富隽永的人生哲理。在这里，神、自然、人与爱的界限已经模糊不清了，诗人追求人与神的合一、爱与神的关系、以及神与自然的统一，渴望与神“完全合一的形象显现”，也就是要达到有限生命与无限生命的统一，就是要达到人的最高的理想境界。

为此，诗中揭示，人必须完善自己的人格，要在“思想中摒除虚伪”，要驱走心中“一切的丑恶”，并且只能在“爱”中，在“爱的服务”中与神结合。诗人在诗篇中表达了人生的奉献与人生意义的追求，使诗篇充满着生机。由于诗人的生命哲学并不完善，在有限的生命与无限的生命最终统一问题上，显得无能为力，只好用道德的自我完善和“泛爱论”来求得统一，求得人生的圆满，求得社会理想的实现。

5. 感悟生命，珍惜生活

《飞鸟集》中更多表现的是一种对生活的热爱以及对爱的思索。毫无疑问，泰戈尔的灵感来源于生活，但同时更高于生活；他用自己对生活的热爱，巧妙地隐去了一些苦难与黑暗，而将所剩的光明与微笑毫无保留地献给了读者。他对爱的思索，更是涵盖了多个方面，包括青年男女间纯真的爱情、母亲对孩子永存的母爱、人与自然间难以言喻的爱……尤其是对于爱情，泰戈尔毫不吝啬地运用了大量的比喻修辞来赞美爱情的美好与伟大。在泰戈尔眼中，世界需要爱，人生更需要爱，正如他在《飞鸟集》中所写的一样：“我相信你的爱，就让这作为我最后的话吧。”

另一方面，泰戈尔捕捉了大量关于自然界的灵感。他说天空的黄昏像一盏灯，说微风中的树叶像思绪的断片，说鸟儿的鸣唱是晨曦来自大地的回音；他将自然界的一切拟人化。他让天空和大海对话，让鸟儿和云对话，让花儿和太阳对话……或许，对于人类的文明史来讲，《飞鸟集》不过是沧海一粟而已；然而，它是一种别具一格的清新，在如今繁忙拥挤的都市里，用它蕴涵的广阔无边的自然荒野，为我们开创另一个天堂。

四、教材及参考资料

1. 泰戈尔.《飞鸟集》［M］. 浙江文艺出版社，2014.

2. 张璐. 探析《飞鸟集》的哲理寓意［J］. 参花（上），2013（12）.

3. 张璐. 泰戈尔《飞鸟集》的文学价值研究［J］. 芒种，2014（22）.

4. 史宝莉. 析《飞鸟集》之精神启示［J］. 剑南文学（经典教苑），2012（06）.

5. 傅丽.《飞鸟集》中的浪漫主义与女性主义初探［J］. 芒种，2013（23）.

6. 赵丹. 泰戈尔《飞鸟集》认知语言学研究［J］. 今古文创，2021（18）.

7. 范颖娜. 泰戈尔《飞鸟集》的艺术成就［J］. 长城，2013（02）.

8. 王直华. 科学与艺术:山顶上会合——欣赏泰戈尔《飞鸟集》［J］. 科技潮，2010（11）.

9. 若何.《飞鸟集》中的智慧［J］. 师道，2011（02）.

10. 唐贵英. 泰戈尔《飞鸟集》的哲理蕴含及修辞手法［J］. 文学教育（下），2018（12）.

11. 吴晓静. 读泰戈尔《飞鸟集》有感［J］. 文学教育（上），2015（10）.

12. 袁苑. 爱的诗人泰戈尔［J］. 湖北社会科学，2012（05）.

13. 欧雨琪. 读泰戈尔的《飞鸟集》随感［J］. 长江丛刊，2017（34）.

撰写人：谢　辉

《简·爱》导读要点

摘　要：《简·爱》是女性主义的经典文本，塑造了独立顽强、自尊自爱的女性形象，这是20世纪女性才可能达到的，在维多利亚时期不同凡响，超越了时代，具有前瞻性。作者以饱满的热情描写了“女性人格之美”和“大自然之美”。同时，《简·爱》为女性主义和后殖民主义经典论著提供了研究文本，为人们了解19世纪的英国社会状况提供了资料。

一、内容简介

《简·爱》是一部带有较强自传性的小说，简·爱是个孤女，在舅母家饱受欺凌，后来被送到慈善学校，过着饥寒交迫的痛苦生活，简·爱长大后，来到桑菲尔德做了一名家庭教师和男主人罗切斯特相爱。简和罗切斯特的爱情坎坷真挚。罗切斯特爱简，她是他的天使：纯净、温柔而坚定；简也爱罗切斯特，他是她的仰望和心灵。但是由于地位和身份的差别，简在热烈的感情中保持着清醒和独立——“如果上帝赋予我财富和美貌，我会让你无法离开我，就像我现在无法离开你一样。”婚礼上，简知道罗切斯特有位疯妻子时，决绝地离开了。然而，简无法接受他人无爱的求婚，无法无视罗切斯特对她的呼唤，她跟随心底的声音，回到了成为废墟的桑菲尔德庄园，与残疾的罗切斯特结婚。简在罗切斯特疯妻死后选择了不离不弃，使爱情沐浴在阳光下，生根、发芽、开花、结果。

二、价值概述

《简·爱》是一部具有浓厚浪漫主义色彩的现实主义小说。整部作品以第一人称叙述形式写成。全书构思精巧，情节波澜起伏，引人入胜地展示了男女主人公曲折起伏的爱情经历，歌颂了摆脱一切旧习俗和偏见，在各种磨难中敢于反抗，不断追求自由与尊严，坚持自我，最终获得幸福的故事。作者描写了主人公之间的真挚爱情和自然风景，感情色彩丰富而强烈。

青年学生正处于世界观、人生观和价值观的塑形阶段，且激情充沛易于感动，正在或即将经历爱情和婚姻的选择，对于女性如何在恋爱中保持自尊，平等的精神追求，在经济上力图独立，特别是女性即使深爱，即使走进婚礼，当知道对方有活着的妻子时，如何抉择，都有现实意义。

三、导读要点

1. 对父权制社会的反抗

《简·爱》是女性主义的经典文本。通过了解西方女性主义的发展意识，三次女性主义浪潮，包括时间、倡导者、主要内容和主要流派，从而概括出女性主义的核心思想：

在父权制下女性处于被边缘化的他者地位，女性为争取平等，实现自身价值寻求出路。分析作品，简·爱在不同时期与代表父权制的男性角色的反抗，表现出的独立女性品质：简·爱具有反抗精神——反抗表哥约翰·瑞德的欺负，反抗寄宿学校的权威布洛克尔赫斯特的无理惩罚，反抗不平等的恋爱关系，最终成为婚姻的主动者，男性的引领者。

女主人在故事发展的不同阶段展示出了独立的女性品质，她敢爱感恨，性格倔强，她认为女性要像男性一样勇于生活、接受教育、寻求独立、赢得尊重、收获爱情。简爱最终和罗切斯特结婚，并成为罗特斯特的引导者，她的思想颠覆了维多利亚时代男女的关系。通过简·爱的成长经历，我们可以看出这部作品反映了妇女不应当被动地扮演社会指定给他们的角色，而应该、也可以通过自己的努力，追求经济上、婚姻上、人格上和社会地位上的平等。

2. 自尊自爱、追求独立和平等的女性人格

简·爱通过接受教育，寻找工作，经历完成了女性从童年到成年的成长，她性格坚强、经济独立、敢爱敢恨、自尊自爱、追求平等，最终赢得了幸福。主要通过文本细读进行说明。如简·爱和罗切斯特的对话：

“我告诉你我必须得走！”我回驳着，感情很冲动。“你难道认为，我会留下来甘心做一个对你来说无足轻重的人？你以为我是一个机器？——一个没有感情的机器？能够容忍别从我嘴里抢走一口面包，把一滴生命之水从我杯子里泼掉？难道就因为我一贫如洗、默默无闻、长相平庸、个子瘦小，就没有灵魂，没有心肠了？——你不是想错了吗？我的心灵和你一样丰富，我的心胸和你一样充实！要是上帝赐予我一些美貌和充足的财富，我会让你像我现在一样难以分舍，我不是依照习俗、常规，甚至也不是血肉之躯和你说话，而是我的灵魂同你的灵魂在对话，就仿佛我们两人穿过坟墓，站在上帝脚下，彼此平等——本来就如此。”（《简·爱》第二十三章）

简·爱自主自尊，叛逆反抗，追求精神上的自由、平等，感情炽烈，敢于追求真正的、完整的爱情跃然纸上。

3. 人与自然的和谐之美

文学作品中人物离不开特定的社会环境和自然环境，《简·爱》也不例外。通过作者对田野，清晨日暮，冬去春来的描写，读者和可以与作者一起感受生生不息的力量。

“仲夏明媚的阳光普照英格兰。当时那种一连几天日丽天清的气候，甚至一天半天都难得惠顾我们这个波浪环绕的岛国。仿佛持续的意大利天气从南方飘移过来，像一群灿烂的候鸟，落在英格兰的悬崖上歇脚。干草已经收好，桑菲尔德周围的田野已经收割干净，显出一片新绿。道路晒得白煞煞仿佛烤过似的，林木葱郁，十分茂盛。树篱与林子都叶密色浓，与它们之间收割过的草地的金黄色，形成了鲜明的对比。”

审美理解的基础是对话，文学给读者提供了“陌生世界经验”，从而可以通过阅读更新世界打量自我。简·爱的经历是大多数学生没有的经历，但是学生可以让文学作品进入自己的生命，对话作品中的人物，通过文学典型反观自己，发现自己，并达到“超越”，通过不同于他所习惯的世界的小说而发现一种新的现实。

4. 西方话语下人物塑造的本质

《简·爱》是后殖民主义批评家评论的经典对象。伯莎在白人殖民者的话语体系下，以殖民地女性的疯狂和牺牲，换得了简·爱成为理性的白人英雄。

伯莎是牙买加克里奥尔人，未见其人是像孤魂一样，笑声弥漫在古堡中，见到真人她是被妖魔化的动物，以“it”指代。勃朗特模糊了人与动物的界限，将人变成动物，表现出帝国主义意识形态对殖民地人民的一种偏见。后殖民主义的独特解读对西方白人女性批评家倡导的女性批评本身所隐含的欧洲中心主义倾向进行了批判。

文学理论和英语小说一直文学学习了研究的素材和对象，从不同视角分析作品，可以培养读者理性批判性的思维，树立正确的价值观和人生观。

5. 爱情和婚姻的选择

面对有妻子的爱情该如何了断？面对对方有疯妻子，又和你走进婚姻教堂堂的人该如何处理？如何两人真心相爱呢？简和罗切斯特是如何处理的呢？

罗切斯特爱简，她是他的天使：纯净、温柔而坚定。简也爱罗切斯特，他是她仰望的男神和心灵的归宿。但是地位和身份的差别，处于恋爱中时，简在热烈的感情中保持着清醒和独立——“如果上帝赋予我财富和美貌，我会让你无法离开我，就像我现在无法离开你一样。”婚礼上，简知道罗切斯特有位疯妻子时，罗特斯特请求简留下来和他生活，简决绝地离开了。她一路跌跌撞撞，尝尽凄风苦雨，差点丧命。我在苏格兰时，总感觉到了霍沃思，小说中描写荒野的凄冷苍凉，一下子从纸上跃入眼帘。在呼啸的风声中，感受到了简当年的痛苦、无奈和挣扎。那时，“我爱你”，所以简选择了离开——为了人格的平等，为了给爱以尊严和名义。然而，简无法接受他人无爱的求婚，无法无视罗切斯特对她的呼唤，她跟随心底的声音，回到了成为废墟的桑菲尔德庄园，罗切斯特疯妻子已死，他也残疾了。此时，“我爱你”，所以简选择了不离不弃。

四、出版信息：

夏洛蒂·勃朗特（著），黄源深（译），简·爱［M］. 南京：译林出版社，2018.

撰写人：杨东英

《所罗门王的指环》导读要点

摘　要：该课程主要讲述关于自然界动物的行为，培养学生人文素养和审美观念，融入创新精神、热爱自然、热爱生命等课程思政点，培养学生的美育情怀，热爱自然；塑造学生积极乐观的心态和对阅读的热爱。

一、内容简介

《所罗门王的指环》属于通识类必修课，课程阐述关于自然界动物的行为，作者养过各式各样的动物：水蚤、棘鱼、热带鱼、鹦鹉、金雕、穴乌、乌鸦、水鸭子等，为观察研究动物在自然状态下的行为，其中有一大部分是自由放养的，动物们也以他为友，能离开的不肯离开，在外面生活的时常来回访。如果想真正了解一个智力高、精力足的生物，唯一的方法就是让它自由活动，他从与动物交往的过程中，观察到了许多动物的生活习性和行为，发现了带规律性的东西。人和野生动物能建立起真正的友谊，这种体会真使作者非常快乐。课程旨在培养学生的美育情怀，热爱自然热爱生物，培养学生积极乐观的心态和对阅读的热爱。

二、价值概述

让学生能够了解作者的经历和创作背景，了解小说结构的特点，认识现代动物行为学的描述内容都有哪些，掌握动物行为都有哪些具体的表现。学生通过阅读和欣赏小说，理解人与自然的交情，不过是人与自己心灵的交情，大自然没有感情与原则，人的心灵有赋予它不同感情和原则的态度与思想。你对大自然知道得越多，就会更深刻，更持久的为它迷人的真相所感动，发自内心的欣赏造物之美。该课程能培养学生的美育情怀，提升学生的人文素质和审美素质。

三、导读要点

1. 美丽的多瑙河畔，绿柳成荫，草木繁盛，灰雁和野鸭在湖中嬉戏，黄鹂在枝头歌唱。在这片拥有最原始风光的绿洲上经历过战争洗礼的各种生物仍然生生不息。当人们面对如此美景时，任何艺术化的表现手法都不足以展现这份真实与感动，把自己看作自然的一部分，与动物们成为亲人、朋友，才能领略自然的美好。了解作者的经历和创作背景，了解小说结构的特点，认识现代动物行为学的描述内容，掌握动物行为都有哪些具体的表现。

2. 宠物鼠喜欢在家中乱跑，凤头鹦鹉整日聒噪，每一个动物饲养者都有自己的烦恼。但是对于思维活跃的高等动物来讲，只有获得完全的自由，才会表现得活泼可爱、妙趣横生。在这种情况下，人们获得了更多了解动物的机会。这是一位严谨科学家的切身体会，他与野生动物之间建立起了真正的友谊。

3. 一个人可以在鱼缸前坐上几个小时，盯着它，就像在盯着熊熊的火焰或是激荡的流水。在这种全然虚无的状态中，一个人会快乐地把各种思考丢到脑后。但就在这悠然自得的时光中，人们也能悟出宏观世界和微观世界最本质的真理。从大自然真实事物中获得的领悟远远胜于书本上的知识。理解人与自然的交情，不过是人与自己心灵的交情，人的心灵有赋予它不同感情和原则的态度与思想。你对大自然知道得越多，就会更深刻，更持久的为它迷人的真相所感动，发自内心的欣赏造物之美。

4. 看似平静和谐的鱼缸里隐藏着残忍的杀手：龙虱幼虫贪婪而狡猾，擅长猎杀移动中的物体，在得不到食物的时候甚至会自相残杀，彼此因为对方的毒液而丧命；大蜻蜓幼虫是伏击能手，能够准确地锁定猎物，眨眼间取其性命。

5. 求爱中的斗鱼激情如火，用曼妙的舞姿拉开爱情的帷幕；刺鱼间的战斗如同短兵相交的武将，你来我往，大战数百回合；而珠宝鱼爸爸更会每晚巡视鱼缸，将走散的宝宝含到嘴中护送回家……人们总是盲目地相信谚语而不加验证，可怜如此充满智慧的水中生物却给人冷血无情的印象。

6. 当我们看到猴子滑稽的行为时，多数人会忍俊不禁；看到变色龙或食蚁兽，也会嘲笑它们怪异的长相。有经验的观察者不会嘲笑动物身上的怪异之处，因为那是动物在无情地、讽刺地扮演我们；动物自身超出寻常的身体形状，也是神圣的大自然所赐，人们应当对此产生敬畏之情。

7. 人们习惯于对动物园中的某些动物深表同情，殊不知这些动物对自己的处境却很满意。狮子可能是猛兽中最懒惰的，动物园偌大的狮圈简直是一种浪费；象征狂野与自由精神的老鹰也是猛禽中最为愚蠢的一种。人们真正需要关心的是那些进化水平较高的动物，它们被困于动物园笼中，运动欲望得不到排解，渐渐退化为白痴。

8. 如果你想眼前拥有一片自然的色彩，可以欣赏到美丽的生物，那就买一个鱼缸；如果你想让自己的房间充满生机，那就选一对小鸟；如果你是一个孤独的人，希望得到亲密的接触，那么就选择一只狗来陪伴。饲养宠物让人们能更深刻地理解自然界，唤醒更多的人热爱自然。

9. 动物并没有真正意义上的“语言”。社会性动物经过长时期的进化，形成了一套用特定动作和声音表达情感的符号系统。这种符号系统与人类的语言有着本质的区别：人类的语言能力需要后天学习来获得，而动物在听到或看到同类的信号时，则是以先天的方式进行回应。通过对动物行为的观察，每个人都能与其亲密“对话”。人类为了得到文明和文化的超然成就，就不得不有自由意志，热爱自然，塑造美育情怀。

10. 水鼩看上去和企鹅一样笨拙，但入水之后，它们就完成华丽的转身，成为优雅的典范。它那圆鼓鼓的肚子和背部的曲线构成了完美的平衡，形成了漂亮、对称的流线体造型，再搭配上银色的外套、优雅的动作，形成一幅迷人的画面。如果你有能力置办一个大鱼缸，饲养几只水鼩将给你带来莫大的满足感。

11. 没有什么忠诚能永远恪守，唯一例外就是一只真正忠诚的狗。狗对主人忠贞不渝有两个原因：一方面，每一只野狗都有服从狗群首领的天性。另一方面，在高度驯化的狗身上，其最初对母亲的爱已经转化为对主人的爱。这两种感情的强弱程度，在不同犬种上的体现，就决定了狼性犬和豺性犬的关键区别。

12. 无论是秋天还是温和的冬日，寒鸦都会唱着春天的歌，绕着尖尖的屋顶飞翔。它们不会舍弃自己的家，长年居住在此，忠实地遵守第一批寒鸦留下的传统，代代相传。寒鸦丰富多彩的一生为动物观察者提供了宝贵的资料，它们不屈的斗争精神也给人们带来更多生活上的启示。

13. 打斗中的狼不会咬断同伴的脖子，乌鸦也不会去啄同类的眼睛，如果动物在进化的过程中形成了能致同类于死地的武器，那么这种动物为了生存，就必须形成一种相应的社会禁忌，避免这种武器危及种族的生存。而人类创造了身体以外的武器，毫无节制地使用，我们是否也该拥有充分的禁忌?人类会不会有一天因为自己的发明而毁灭?

四、出版信息：

[奥] 康拉德·劳伦兹. 所罗门王的指环 [M]. 北京：中信出版社，2012.

撰写人：宋土顺

《过去2000年最伟大的发明》导读要点

摘　要：当今时代，最伟大的发明莫过于有组织的科学，即科学团体和报刊。在这些组织发明之前，科学知识的积累极其缓慢，因为没有一个固定的传播和评论场所——尤其是缺乏一种鼓励新观念，驳斥无稽之谈的方法，也没有一个根据真实成绩进行承认和褒奖的制度。尽管这些组织日趋庞大，缺乏人情味，以至于必须设立若干分支机构，才能在人与人之间有规模地进行交往，但它们仍然是科学意义上不可或缺的社会架构，正是由于这个卓越的发明，知识才得以不断增长，我们人类才世代受益。

一、内容简介

《过去2000年最伟大的发明》是学习科学知识、了解科学史发展的一本好书，它引导读者更好的重温经典、感受科学的思想魅力，被誉为20世纪百部经典著作之一。著名图书策划人约翰·布罗克曼（John Brockman）在网上提出的这一问题，引来当今世上最杰出的科学精英和充满想象力的智者踊跃作答。布罗克曼挑出一百份来结集成书，实在是既省力又讨好的聪明办法。

编者把回答分为两类，一类是有形物体和技术的发明，一类是思潮的激荡和变迁。有人认为印刷术的发明对人类文明发展的影响最大、最长久，有人引申到电脑和网络，有人却把音乐选为最伟大的发明，因为音乐能为人类的愉快做最大贡献。在精神方面，很多人提民主、和平等观念的发明最重要，还有人把自由意志、营销、科学方法和对超自然力的否定等思想选为最伟大的发明。全书广征博引，结合科学与人文，读来有一种大开眼界之感。许多科学家、哲学家和企业家，如进化生物学家理查德·道金斯、哲学家丹尼尔·丹尼特、生理学家贾里德·戴蒙德和计算机专家马文·明斯基，纷纷响应，展开了热烈而兴趣盎然的讨论。他们的观点新颖独到，说理自成一家，集中了时代智者的新观念、新思想。布罗克从中精选大约一百份回答，结集成书。它以崭新的视角来审视人类，审视思维、宇宙以及大千世界；它集中了时代智者的新观念、新思想，推动着人类向前发展。

二、价值概述

《过去2000年最伟大的发明》既是小说又是科学史，因此科学是贯穿始终的主题。科学并非是无事可做之人进行的深奥思考，而是作为与生活相统一的事物出现。实际上正像作者在整本书中所强调的，要想成为一名科学家就不能停止提出问题。人们提出的问题可能并没有任何答案，但这也没什么，因为正是能够提出问题才让我们成为人，我们为什么会在这里，什么才是好生活。从作者的观点来看，所有这些科学问题就是人们可以提出的最重要的问题。

《过去2000年最伟大的发明》被誉为“20世纪末西方社会最有效的科学通俗读物之一”“将学术作品通俗化的杰出典范”，作者将一整部贯穿欧洲历史和文化的思想史深入浅出的娓娓道来。他用神奇般简单的语言，用魔术师、大白兔和姜饼人绘制出一部科学史卷。

三、导读要点

1.《过去2000年最伟大的发明》以美育人，引领学生树立正确的审美观念

《过去2000年最伟大的发明》内容的选择和组织构架体现了“科学之美”“发明之美”，唤醒每个人深处对生命的赞叹与对人生终极意义的关怀和好奇。作者将带领读者以崭新的视角来审视人类，审视思维、宇宙以及大千世界；它集中了时代智者的新观念、新思想，推动着人类向前发展。

全书广征博引，结合科学与人文，读来有一种大开眼界之感。许多科学家、哲学家和企业家，纷纷响应，展开了热烈而兴趣盎然的讨论。他们的观点新颖独到，说理自成一家，集中了时代智者的新观念、新思想。关于过去2000年最伟大的发明是什么以及为什么的科学问题，教师通过网络学习平台为学生们直播讲解《过去2000年最伟大的发明》，并在观看后，对学生进行线上互动“采访”，提问关于伟大发明及其原因何在，意义在于激发学生积极思考，帮助学生通过独立思考获取知识。

2.《过去2000年最伟大的发明》以美化人，陶冶高尚的道德情操、塑造美好心灵

《过去2000年最伟大的发明》展示了几千年来的科学的发展史观之美。从最初的自然派科学家，到理性主义，到古典派科学家，到繁荣蓬勃的希腊文化、印欧文化、闪族文化、黑暗的中世纪时期文化，再到豁然开朗的文艺复兴时期、巴洛克时期以及现代的笛卡尔、经验主义、浪漫主义、唯物主义、存在主义……丰富的内容带我们走过沧桑，让我们得到一种科学的洗礼与升华。在授课过程中搭配了丰富的音频、图片资料，作者在文字论述旁都选取了合适的图片，并对图片内容进行解释，这些图片都是对史料的佐证，突出“年代感”，充满趣味性地、通过各种手段让读者在“科学洗礼”的过程中融入个人的情感，与这些伟大的科学家进行心灵的对话。《过去2000年最伟大的发明》代表着主流知识分子的科学观点，它所表达的也极引人注目。这本书对真实的科学给予极崇高的评价：批判的、理性的和公正的评论；去除偏见、迷信和惯例；不做仓促和轻率的判断，一意追求真理、知识、美善和道德。它不仅承载着人类思想的抒发及感情的交流，还是心灵体验的外在媒介，让学生得到心灵上的“滋养”，获得美的体验、情感的升华和精神的力量。

3.《过去2000年最伟大的发明》的融合之美与对比之美

作者擅长以对话形式说故事，利用史学的年代顺序来记述科学的发展历程，将高深的哲理以简洁、明快的笔调融入作品情境，引发读者对个人生命、对历史中的定位以及浩瀚宇宙的探讨，体现了“融合之美”“对比之美”。如《过去2000年最伟大的发明》在阅读中增加中西方科学思想的对比条目，通过引导读者对比中西方科学思想的异同，适合教师在课程中达成弘扬中华优秀文化、全面提高学生素质美育目标，引导学生们注重中国传统民族文化的发展，树立起文化自信，为国家文化艺术领域的强盛贡献力量。

四、出版信息

［美］约翰·布罗克曼，袁丽琴，译. 过去2000年最伟大的发明［M］. 上海：上海科学技术出版社，2002.

撰写人：赵震红

《希腊神话与传说》导读要点

摘　要：该书主要讲述了宙斯、阿波罗、雅典娜、普罗米修斯、阿佛洛狄忒、阿伽门农、俄底修斯、阿喀琉斯的脚踵、木马计等古希腊丰富多彩的神话故事和英雄传说，培养学生对神话和传说的审美能力，融入拼搏和奋斗精神等课程思政点，培养学生热爱祖国灿烂文化的情怀。

一、内容简介

《希腊神话与传说》是丰富多彩的民间口头文学希腊神话的记录，它反映了阶级社会前人类生活的广阔图景，也以数以千计的人物形象表现了当时的社会风貌和人类童年时代的自尊、公正、刚强，具有不朽的魅力。作者施瓦布（Schwab.G）是德国著名的浪漫主义诗人，施瓦布一生致力于挖掘和整理古代文化遗产，他以德国人特有的严谨认真的作风，对杂乱矛盾的希腊神话和传说加以整理编排，编撰了这本谱系清晰、故事完整、情节曲折、引人入胜，人物形象丰满、鲜明的《希腊神话》，并被翻译成各种文字，在世界各地广为流传。

二、价值概述

《希腊神话和传说》为读者敞开了一扇观察和认识古希腊乃至欧洲文化的窗口，它以广博的知识和美好的想象丰富了欧洲文化，陶冶了人们的心灵，在世界文学史上占有重要的地位。

三、导读要点

1. 希腊神话的文学之美

希腊神话深刻展现了古希腊人的思想活动与日常生活，同时也彰显了海洋文明与人本思想的深刻内涵。希腊神话自身是文学作品中的一种，是西方文学的鼻祖，对文艺复兴后英美文学的发展起到了十分重要的作用。文学的发展与古希腊神话密切相关，古希腊神话的文学特征尤为明显。在古希腊神话中，故事情节的铺陈以及独特的创作方式均非后人所能模仿。希腊神话创作中，浪漫主义创作手法十分常见，基本体现在每一个希腊神话故事当中。如在奥林帕斯神话中，每一个神都具有十分鲜明的个性特征，且诸神个性特征在凡人身上也有所体现，神与人一样拥有情绪、情感和基本的诉求和欲望，同时神也对人类展现了仇恨、幽怨、善良和友好等多种态度。尽管神明十分向往和平，但在和平中也暗含着权力的斗争，以上特征均展现古希腊社会背景和人们的生活状况，完美描绘了当时的社会环境。

2. 引导学生从希腊神话体会西方文化

《希腊神话与传说》集中体现了原始先民初期的精神活动和思维方式特征，这种最初的精神文化和思维体系直接作用于民族的发展和成长，现如今的政治、经济、文化、历史、思维方式、民族精神无一不受影响。希腊是西方文化的发源地，希腊神话深深影响了西方的文化。

引导学生在阅读的过程中有意识地进行中西神话的对比，例如希腊神话具有人性本恶、服从自然、过去时间取向、展示取向和个体性的特点，而中国神话具有人性本善、征服自然、未来时间取向、行动取向和附属性的特点。并引导学生意识到不同的自然地理位置和民族文化背景是这些不同特点形成的重要原因。

3. 领略希腊神话的哲理之美

希腊神话所描述的故事情节均蕴含着深刻的人生哲理。其中，神家族的结合是最为常见的故事情节。神的产生和人类的出现和发展，以及人类的情感活动等内容十分丰富。神话故事中体现了在现实生活中，人的隐忍、正直、善良，且在故事中也充斥着仇恨和暴力。再者，神话故事中的神明的感情之路并非一帆风顺，充满着血腥与阴谋，文学性较强。希腊神话中的故事均将神明的情感变化具象化，一方面能够使读者阅读生动的故事，另一方面也能够感悟有关个人、有关生活的道理。这些道理多潜藏在故事情节的转折和发展之中，希腊神话以浪漫的元素来展现人们对自然与和谐的追求，彰显了人们对真善美的向往。

4. 引导学生注意中西方神话的差异，并分析差异产生的原因

中国和希腊两个文明古国，作为东西方文明的发源地，其神话对中西文化的发展更是产生了深远影响。但是在阅读过程中，我们发现中西方的神话差异很大，例如中国提倡的集体主义和西方的个人英雄主义。比如中西方神话产生的一个原因是当时的经济社会状况。中国神话产生于生产力水平极为低下的母系氏族社会初期，自然界为人类提供生活的资源，同时也使他们面临严峻的环境。农业生活依赖的是气候、土壤、降雨三个条件，这都不是人类所能控制的，人类的生产活动—采集、狩猎和捕鱼依然必须集体进行，否则就不能有效地抵御野兽、饥饿和疾病的威胁。封闭的农耕经济，对技术革新的要求不高，但很早就对水利进行了修治，例如对渭水、汾水及其支流进行利用、治理。水利工程需要投入大量的人力、物力，在生产力水平极低的原始社会，只有通过集体的共同努力，发扬团结协作的精神来完成。而希腊半岛山脉纵横，耕地有限，迫使希腊人向海外殖民，开辟新的家园。商业、航海业的发展，对外贸易的繁荣，激发了希腊人的活力，张扬个性，勇于实现个人的价值。人们有限的协作，也仅仅限于家庭成员间、亲属间或者数量有限的个体之间。总之，那个特定的时代，社会行为是以个人的“发飙”为主旋律。

四、出版信息

[德] 施瓦布. 希腊神话与传说 [M]. 北京：商务印书馆，2019.

撰写人：柳晓莉

《白夜行》导读要点

摘　要：《白夜行》用冷峻的笔调描述了由“欲”生“罪”的金钱至上社会的全息图，不需抨击、痛斥、煽情和刻意的矛盾，不粉饰罪恶、不回避罪恶的深远影响，却让读者看到失去童年的孩子内心深深的伤痕，发人深省，使人珍惜白日行路的平凡的美好。

一、内容简介

《白夜行》是日本作家东野圭吾的代表作，故事以1973年废墟中一名中年男子被刺杀这个并不复杂但找不到凶手的案件为起点，交叉讲述受害者之子亮司和嫌疑人西本文代之女雪穗的看似平行线的人生轨迹，直到最后才将一系列悬而未决的谜底解开，20年前的悬案终结了一段罪恶，却也是两个人永远走不出白夜的开始。

《白夜行》故事主要有三条主线，一条是男主人公过着看起来游走于道德和法律边缘的灰暗人生，一条是女主人公雪穗步步为营的光鲜美好“奋斗历程”，第三条是警察筐原对真相的追查。三条主线在小说的起点处相遇，又在小说的结尾重合，解开所有伏笔和谜题。三条主线贯穿全文，不仅有推理小说的抽丝剥茧的细节描述，情节的推动也伴随着科技和社会的发展变化。除了主线人物，园村有彦、川岛江利子、筱冢一成、栗原典子、今枝直己等人物的支线故事也有血有肉，故事情节有主线、有起伏、张弛有度。

二、价值概述

《白夜行》是一部新社会派推理小说的经典之作，近年来不断被改编为影视、歌舞剧等作品，受众广泛。小说整体感觉冷静而克制，杀人案的侦破从热火朝天的调查到趋于平静，受害者家属和嫌疑人家属生活看似毫无瓜葛，但看似平实的描述背后总有一丝疑云让人掩卷不能。作者对女主角的塑造刻意避开了心理活动的描写，恰到好处的疏离感让读者更有代入感。作者选取第三者视角，对主角的可怜和可恨之处没有任何评价，让我们无法简单地为任何人贴上标签。主角的成长和职业也跟社会发展密切联系，让人觉得他们也许就是生活中可以见到的人。但此书却不仅讲了一个故事，而是为我们打造了一个照出物欲横流的社会长夜的镜子。读了这本书，在唏嘘感慨雪穗和亮司没有未来的相守和人性丑恶的同时，对自己所处“正常的平凡”感到幸福。《白夜行》用悲剧的形式让我们思考人性、社会、家庭，启发我们正确认识人与人、人与家庭、人与社会之间的关系，重新审视自身的困境，并将其作为一面镜子，在追求物质文明发展的同时，用“正能量”守护家庭，构建和谐的社会环境；重视精神世界的建设，不在物欲面前迷失信念、丧失道德。

三、导读要点

对《白夜行》的阅读，除了欣赏故事情节之外，同学还可以重点关注以下四方面：

1. 感受“抽丝剥茧”的逻辑之美

《白夜行》首先是一本推理小说。侦探小说或推理小说最大的看点是抽丝剥茧的推理过程和谜底的意外性。作家带领读者一起去判断、去推理。案件发生、密集调查之后，警察的行动趋于平静，雪穗和亮司平静地度过了7年，这段描述中着重雪穗美丽高雅的“圣女”形象，而亮司则是一个冷静有想法的社会青年形象。其间发生了诋毁雪穗的女生被拍裸照、偷拍雪穗的混混被诬陷等小案件，犯罪程度不深，但使我们隐隐感受到了二者的关联；后期在意识到一直有人追踪当年亮司的父亲被杀案件以后，亮司隐藏身份、暗地里同雪穗相互配合，为达到目的而不断犯罪，最终犯下杀人、强奸未成年等不可回头的罪行，这个过程中总有答案呼之欲出，但是又突然断线，这种悬念一直留到最后。回过头才发现，原来作者看似不经意的一个描述，就是一条有指向的线索。《白夜行》因其推理小说的作品特点，情节间的逻辑性很强。学生在阅读过程中，受追寻真相、抓住真凶的趋势的影响，更容易注意细节。逻辑与细节观察的提升，符合马克思主义的基本原理之一“人的全面发展”中关于“智”的发展要求。

2. 感受独到的叙事之美

《白夜行》没有采取侦探或参与过程的“我”的内视角，而是采取了全局视角。警察笹原作为串联故事主线的人物，却并不是真正意义上的故事主角。“侦探”的存在更多像是作者借用的对象，为读者指出应该注意的细节。雪穗和亮司虽然是主角，整本书里却很难找到二者同时出现的画面；作者以“犯罪者”为主角，但没有对“犯罪者”进行心理剖析，为雪穗和亮司的犯罪行为进行所谓的“理解”和粉饰。雪穗和亮司从为求自保到犯下不可饶恕罪过的过程真实客观的展现在读者眼前。从亮司对典子的挣扎我们可以看到，用犯罪的方法去保护自己，最终会深陷泥潭。孩子是未来的希望，雪穗即便用肉体换取自己想要的利益，结婚2次也从未有过孕育生命情节；她学习过插花，但家里摆放的都是精致的假花等，无不是对雪穗内在生命丧失的暗示。《白夜行》采用多线式的叙事风格，将故事情节与历史事实紧密结合，时间节点的标识性事件能够清晰地为读者指明事情发生的时间。并通过多角色烘托的方式，将经济社会片面发展的伤疤和隐痛赤裸裸地展现在读者面前。

3. 重视原生家庭对人的影响

《白夜行》对人物的塑造结合了复杂的身世、社会背景。案件的发生不是孤立的。犯罪的产生有深刻的前因，也不会停止在罪犯被抓的一刻。《白夜行》中开端的案件不了了之，但罪恶之花并没有就此消亡。犯罪的产生，在于男性对妻子的不忠感到郁愤难消，转向了对未成年女性的猥亵；生活窘困的母亲用女儿雪穗的肉体换取经济的支援。亮司虽然保护了雪穗，却杀掉了自己的父亲，其后一系列故事，犯罪在不停地重复、升级。家庭正是整个悲剧的起点，它让年幼的雪穗丧失了少女原本应有的对整个世界的美好想象，扭曲的认为财富才是自己的最终堡垒，虽然外表光鲜、八面玲珑，却只有一副空空的皮囊；它让亮司负罪终身，为了赎罪，无法正常的拥有自己的生活，永远活在无间白夜。虽然现在是大学生，但未来都会拥有自己的家庭。我们应该深知自己的行为不光影响伴侣，也对孩子有深刻的影响。家庭结构、成员之间的关系、社会经济地位、父母的言谈举止、教养方式等都会对子女的人格形成起到至关重要的作用。“积善之家必有余庆，积不善之家必有余殃”，担负起家庭的责任才能得到平凡的幸福。通过阅读小说，感受原生家庭、道德观念的建立对人一生的重大影响，弘扬中华民族的家庭观和道德观，慎思笃行，恪守伦理道德。

4. 谋求法治与道德社会

《白夜行》中两个“犯罪者”主人公的家庭都是极端不幸的。雪穗的母亲为了金钱可以出卖女儿；亮司的父母经营店铺，经济上有余裕，但父母二人各自沉溺在自己的罪恶欲望中，使得亮司的内心是空虚而冷漠。亮司一直对社会有着深深的疏离，对雪穗的愧疚和弑父的罪恶感，让他无法面对自己和他人的真心，同世界保持着距离，相对受到伤害更深的雪穗，亮司依然有人性的一面，但他的生活依然无法走到阳光下，不断游走在道德和法律的边缘。可悲的是，他痛恨自己的父亲，却最终在雪穗继女的身上重蹈了父亲当年的罪过。当人们的关注点只有物质时，就会丧失道德底线，将欲望凌驾于法律之上。两个孩子因此形成了扭曲的人生价值。究其源头，在于社会的经济的崩塌和社会灾难的频发，在人群中形成了扭曲错误的世界观、人生观、价值观，导致了悲剧的产生。法治和法律可以遏制社会黑暗的蔓延，道德的光辉让人性中充满温暖。《白夜行》通过悲剧，让我们看到，平凡的生活正是雪穗和亮司永远也得不到的太阳；道德如同指路明灯，法律如同我们的护身符，助我们平安幸福地度过一生。

四、出版信息

[日]东野圭吾，刘姿君，译. 白夜行[M]. 海口：南海出版公司，2013.

撰写人：姜茉然

《宽容》导读要点

摘　要：该书主要讲述人类为寻求思想解放的艰辛历程，具有培养学生人文素养和审美观念，融入创新精神、主张思想自由、对异见宽容等课程思政点，培养学生的美育情怀，哲学思想，塑造学生积极乐观的心态和对阅读的热爱。

一、内容简介

《宽容》属于通识类必修课，从人文主义的立场出发，探寻千百年来人类精神上“不宽容”的根由，记录了精神专制造成的恐怖残酷罪行，说明人类的进步过程其实非常缓慢，摧枯拉朽的运动往往带来新的不宽容。课程叙述人类思想的发展历程，主张思想自由，赞美对异见的宽容，谴责反动分子镇压新思想，妙语如珠，举重若轻。引用《大英百科全书》对“宽容”的定义，“容许别人有行动和判断的自由，对不同于自己或传统观点的见解的耐心公正的容忍”。课程旨在培养学生的美育情怀，哲学思想，培养学生积极乐观的心态和对阅读的热爱。

二、价值概述

本书使读者能够了解作者的经历和创作背景，了解小说结构的特点，认识人类历史上所有有影响的思想家和他们所处的时代文明进化的状况，形象地描绘了人类发展史上的冲突、斗争、挫伤。读此书令人伤感：人类竟有那么多不该流的血和不该掉的头颅；读此书让人振奋： 历史与文明毕竟是渐渐挣脱黑暗与丑恶，一步一步向着光明在迈进的。掌握人类思想发展各个重要阶段的表现形式。学生通过阅读和欣赏小说，理解宽容是人类生活中至高无上的美德，宽容是一种无声的教育，赞美对异见的宽容，反对镇压新思想，尖锐地抨击政治文化专制。课程的目的为培养学生的哲学思想情怀，提升学生的人文素质和审美素质。

三、导读要点

1. 思想解放，有预见力

房龙的《宽容》不是凝固的语言逻辑推导，而是具有人类理性光芒的文明结晶。房龙虽然不是深奥的理论家，但也未必没有自己的生活体验和思想体系。《宽容》具有思想的丰富性、创新性和超前性。即使在今天，当我们面临风云变幻、扑朔迷离的世界形势，许多人感到不可思议，感到迷茫、甚至失落时，翻开房龙的《宽容》，我们就不难发现这部著作早就从多方面给予了解释和说明。用房龙的话来说，这是因为我们这些现代男女一点都不“现代”，相反，我们是洞穴人中的最后几代，大多数人的思想依旧停滞在16至17

世纪的思维方式和方法上，还抱着民族国家或政治团体这一概念不放。我们更可以看到，《宽容》中有许多不经意的论断，仿佛预言着今天世上发生的事件。

1940年8月，房龙在为《宽容》重版补写的后记《但是这个世界并不幸福》中告诫人们："我们自己在最近爆发的这场种族和宗教狂热的恶果中还相对安全。但如果我们不常备不懈，病毒就会登上我们的海岸，把我们毁掉。"六十多年后的今天，我们读到房龙的这段告诫时，不得不为房龙的远见所折服。

2. 见解深刻，有震撼力

对人类文明的发展，房龙明确指出："我们相信的是进步、发展和持续不断的改进。"他进一步指出："不过，'进步'是近年来才形成的概念，而低级社会形态的特点是，人们认为现状已经完美无瑕了，没有理由再做什么改进，因为他们从未见过别的世界。"在人类早期历史中，宽容的理念完全不为人知。"我们有时看到的宽容，实际上却是由于无知导致的漠不关心。"房龙认为，历史上的种种不宽容，其实均来自于权势者自身的恐惧，恐惧他个人和他的团体的既得利益的丧失，这是一种典型的狭隘和愚昧。

权力尽管大多来自武力，但武力的根本在于民众。那种以种种不宽容的残酷的手段对待异见，甚至包括用来对付其实有利于维护他们长远利益的异见，其结果只能加快他们走向灭亡。房龙所力主的宽容，绝不意味着对贪婪、专横、残忍等邪恶势力的无原则的容忍和退让，而是指思想观念上广采博取、去伪存真的精神，它是一种既相信自己也尊重与相信别人、容许别人讲话也容许别人超越自己的广博胸怀。正如杰出启蒙思想家狄德罗所说："尽管我未必同意你的观点，但我愿意为争取你拥有平等表达你的意见的权利而斗争。"

3. 超越现代，有感召力

房龙在《宽容》一书中指出："我发现从开始到现在，人类从来就是'群居动物'，只有当一个人感到自己属于由同路人继承的某种排他性集团，这个集团的成员都苟和于自己继承的信仰、偏见、偏爱、恐惧、希望和理想时，这个人才真正感到幸福。"房龙还强调："真正使许多人不顾艰难险阻和危险聚集在一起的原因，是因为他们有许多泾渭分明的共同信仰、共同偏见、共同偏爱、共同恐惧、共同希望和理想。"这段话深入浅出地将艰深枯燥的学问化作轻松风趣的精神食粮呈现给读者，成了房龙作品的显著特征。房龙是个很在行、很彻底的后现代主义思想者，他把偶像拉下神坛，并警告人们千万不要树立新的偶像，他说过去的一切标签都是错误的书写，但拒绝给出正确的标签。房龙认为，应该容许别人有行动和判断的自由，宽容的政策才能使真理得到发展。人类追求真理的力量是不可阻挡的，探索真理的先驱者是可敬的。房龙谆谆教导人们："宽容就如同自由，只是一味乞求是得不到的，只有永远保持警惕，才能拥有。"万物并作而不相害，千道并行而不相悖。房龙告诉我们，每个人的路归根结底要由自己来走。宽容就是洞察，就是忍耐，就是忘却，就是潇洒。宽容是一种博大，它能包容人世间的喜怒哀乐；宽容是一种境界，它能使人生跃上新的台阶。

4. 文笔优美，有吸引力

对待学问和文字，房龙在坚持人文主义立场的同时，逐渐形成了一套自己的理解和表达方式。著名文学家郁达夫说过：房龙的笔，有“一种魔力”，“干燥无味的科学常识，经他那么的一写，无论大人小孩，读他书的人，都觉得娓娓忘倦了”。房龙将文学、史学、哲学融为一体，巧妙联姻，开创了一种既富于思想性、学术性又具有浓郁文学色彩的新型著作样式。

《宽容》的语言朴实而清秀，见解深邃而透彻。在书中，房龙写道：“今天的异教徒到了明天就成为所有持异见者的大敌”；“胡言蠢话就如同炸药，只有放在狭小密封的容器里，再加上外力的打击，才会产生危险”；“世界上原来只有一个暴君，激进派却带来了两个”；“世间万物，唯有真理离我们最远”；“有些人认为真理女神嘴边一旦挂出一丝微笑，就不再是个好女人”；“宽容就如同自由。只是乞求是得不到的。只有永远保持警惕，才能保住它”。这些语句犹如警句、寓言般深刻，今天读来仍是那样地有新鲜感，那样地引人入胜。尤其是作为全书开宗明义的《序言》，作者并未直陈己见，而是别开生面地以一篇寓言故事的形式，生动地说明了一个创新与守旧两大势力进行斗争的历程。房龙写道，在一个封闭无知的山谷里，人们按照古书上制定的律条年复一年地生活着，“漫游者”不辞辛劳寻找到一条通向外面世界的道路，结果被守旧老人斥之为“亵渎神圣”，并被众人用石块砸死。后来一场特大干旱使无知山谷饿殍遍野，未死者记起了当初“漫游者”的话，不顾守旧老人的反对，开始了向外部世界的进军，他们终于找到了新的生存地。为表示对“漫游者”的感恩，他们为当年的探路者建起了一座纪念碑。《宽容·序言》末尾写道：“这样的事情发生在过去，也发生在现在，不过将来，我们希望这样的事不再发生了。”这种借寓言故事曲折表达己见的手法，正是文学笔法的精华。

四、出版信息：

[美]亨德里克·威廉·房龙. 宽容[M]. 北京：北京出版社，2004.

撰写人：任永强

《罪与罚》导读要点

摘　要：《罪与罚》是享誉世界的文学名著，自它横空出世文学的深度得到极大加深，是犯罪心理分析小说的大师级经典之作，俄罗斯心理现实主义小说的高峰。本书故事一波三折，情节环环相扣，心理描写妙到毫巅，学生在阅读中感受心理描写之美、矛盾之美、现实主义之美、法律之美、和谐之美，不一样的审美之美，使学生能够充分体验到错误思潮对大学生行为的毒害，树立正确的人生观、价值观，抵制错误思潮，抵御宗教渗透。树立法制意识，遵纪守法。

一、内容简介

《罪与罚》的作者是俄国文学大师陀思妥耶夫斯基，本书凶杀题材和紧张刺激的情节，采取“惊险小说”的叙事模式，使故事整体充满神秘感与立体感，读者更容易深入到作品的核心。

小说讲述了一个穷困潦倒的辍学大学生拉斯柯尔尼科夫，他认定自己是个超人，一心想成为“拿破仑式”的“伟大人物”，受无政府主义思想毒害，他杀死放高利贷的房东老妇人，为了灭口还杀害了老妇人无辜的妹妹。经历了一场内心痛苦的忏悔后，他终在姑娘索尼娅的规劝下，投案自首，流放西伯利亚救赎自我。作品着重表现主人公行凶后良心受到谴责，内心深感孤独、恐惧的精神状态，犯罪前后的心理变化刻画得非常精彩，广泛地描写了俄国城市贫民走投无路的悲惨境遇和日趋尖锐的社会矛盾。是一部社会心理小说和社会哲理小说，在世界文学史上具有不可替代的地位。

二、价值概述

《罪与罚》是享誉世界的文学名著，具有很高的艺术成就，是陀思妥耶夫斯基小说走向成熟的重要代表作，小说以主人公拉斯柯尔尼科夫犯罪及犯罪后受到自己的良心和道德的双重折磨为主线，广泛地描写了俄国城市贫民走投无路的悲惨境遇和日趋尖锐的社会矛盾。作者擅长心理剖析，尤其是对揭示内心分裂这一典型特征，通过人物悲剧性的内心冲突揭示人物性格，同时对幻觉、梦魇和变态心理的刻画也极为出色，让主人公更有张力，扣人心弦。阅读完作品可以增强法制意识，树立正确的人格。

三、导读要点

《罪与罚》具有直面现实、同情下层民众，呼唤社会正义的现实主义风格，陀思妥耶夫斯基对人类肉体与精神痛苦的震撼人心的描写来表现接踵而至的灾难性事件、复杂激烈的心理斗争和痛苦的精神危机，以此揭露资产阶级关系的纷繁复杂。陀思妥耶夫斯基的善恶矛盾性格组合、深层心理活动描写刻画了重重矛盾和深刻的悲剧性。

我们从心理描写之美、矛盾之美、现实主义之美、法律之美、和谐之美、不一样的审美之美几个方面来品读小说，为了方便大家更好品读本书，我对人物关系进行了梳理：

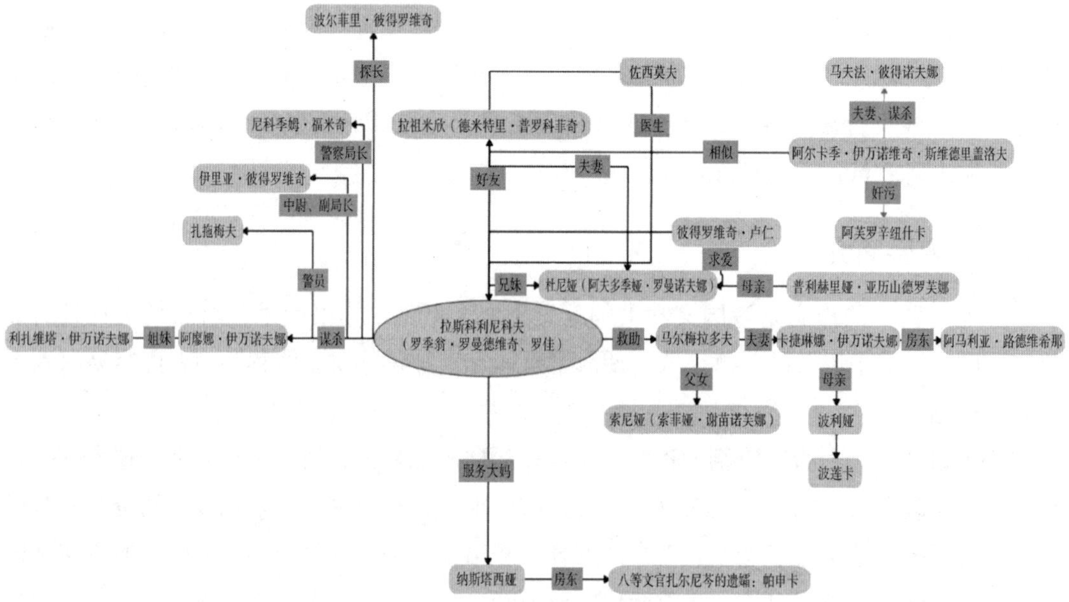

《罪与罚》人物关系图

1. 心理描写之美

这是一本心理小说，有很高的艺术成就。作者让这部小说充分体现了“刻画人的心灵深处的奥秘”这一特点，陀思妥耶夫斯基擅长心理剖析，尤其是对揭示内心分裂这一典型特征。作者始终让人物处在无法解脱的矛盾之中，而且正是有这种矛盾才让人物变得鲜活。作者综合运用了揭示、描述常态心理、变态心理、梦境幻觉、瞬间心理、无意识行为的多种艺术手法，把人物心中最隐秘、最深层的活动全面揭示出来。尽管作品中马尔美拉陀夫一家的遭遇令人同情，凶杀事件扣人心弦令人紧张，但它们都只是“一份犯罪的心理报告”的组成部分。描写拉斯柯尔尼科夫的内心分裂和双重人格，有时，拉斯柯尔尼科夫会发出一阵突如其来的癫痫性狂笑，忽然沉思起来，忧闷不乐；有时，一种奇怪的歇斯底里的感觉使他浑身哆嗦起来，在这种感觉里有几分难以抑制的快乐。正因为这样，拉斯柯尔尼科夫的内心世界才以前所未有的幅度和深度展现在读者面前。使我们的主人公这个人物形象表现的更有张力，扣人心弦。

2. 矛盾之美

在这部伟大的心理小说中，作者不仅将良心的反省和灵魂的拷问置于心中位置，淋漓尽致地施展自己的心理分析技巧，而且独具只眼地发掘笔下人物的双重性格——慷慨、善良、乐于助人的大学生竟会干出令人震惊的凶杀案；出卖肉体的少女索尼娅是那么纯洁如天使；醉酒贪杯的马尔拉托夫内心有那么深的爱心；沉湎女色的恶棍斯维德里加伊洛夫天良发现，把钱捐给卡捷琳娜的孤女们，然后自杀——从一片社会黑暗中探求人性和善的闪光，从而使小说具有一种人性的深度。读这样的书，会使人胸襟博大，对人类苦难充满悲悯和同情，同时也会使自己的灵魂在负罪感之中得到升华。他不仅仅是伟大的作家，同时又是伟大的思想家。

3. 现实主义之美

这是一本社会小说，描绘了俄国下层贫民艰辛的生活、 卢仁的卑鄙吝啬和极端利己主义、地主斯维里加洛夫的荒淫无度，还细致描绘出各种灾难性事件伴随着的复杂激烈的心理斗争、大量的人物心理活动和痛苦的精神危机，这些都向读者揭露出资产阶级关系的纷繁复杂，资产阶级“弱肉强食”对知识分子的毒害，广大民众食不果腹、衣不蔽体的艰辛生活。

作者笔下的京城彼得堡是一派暗无天日的景象：干草市场上聚集着眼睛被打得发青的妓女，污浊的河水中挣扎着投河自尽的女工，穷困潦倒的小公务员被马车撞倒在街头，发疯的女人带着孩子沿街乞讨……与此同时，高利贷老太婆瞪大着凶狠的眼睛，要榨干穷人的最后一滴血汗，满身铜臭的市侩不惜用诱骗、诬陷的手段残害“小人物”，以达到利己的目的，而荒淫无度的贵族地主为满足自己的兽欲，不断干出令人发指的勾当……作者怀着真切的同情和满腔的激愤，将19世纪60年代沙俄京城的黑暗、赤贫、绝望和污浊一起无情地展现在读者面前。

4. 法律之美

法律上的《罪与罚》是拉斯科尔尼科夫杀人犯罪行为，以及受到法律惩罚，了解主人公的生活背景，你会发现，没有人一开始就想着犯罪，每一个人都不容易，书由“罪”开始，由“罚”结束。“罪”即是犯罪、犯错。当错误发生后就会源源不断地有理由来支持或掩盖这个错误。“罪”就是因，“罚”即是果。

作者向我们揭示以暴力对抗恶的作法是不可取的，因为人无法逃避内心的惩罚，在毁灭他人的同时也毁灭了自身。永远不要因为一时的冲动和因受到生活沉重的压力，而去做违背良心，违背道德，触犯法律的事，因为那将会让你走向罪与罚的无尽炼狱之中，你会因为受不了良心的谴责，而几近崩溃，堕入深渊!

5. 和谐之美

拉斯克尔尼科夫亲眼看见了社会中种种的不合理：善良温顺的下层人民孤苦无告，辛劳一生却所获无几，只能在赤贫中等待着疾病、死亡的来临；而上层社会却无视良心和道义，终日花天酒地，过着骄奢淫逸的生活。他自己也处于悲惨的境地：无钱完成学业，因其好高骛远的性格而不愿去做一些诸如教孩子念书的小事，因为这只能得小钱，成天窝在房间里思考，这样家庭的经济负担便落在了老弱的母亲和待字闺中的妹妹身上，妹妹杜尼娅先是在做家庭教师期间遭到男主人斯维德里盖洛夫的骚扰和污辱，接着甚至要屈嫁给卑鄙的卢仁。

小说揭示了社会要减少犯罪，创建和谐社会，就应当着重解决人们的经济困难、消灭贫穷。我们中国人民经过共同努力，在迎来中国共产党成立一百周年的重要时刻，中国脱贫攻坚战取得了全面胜利，现行标准下9899万农村贫困人口全部脱贫，832个贫困县全部摘帽，12.8万个贫困村全部出列，区域性整体贫困得到解决，完成了消除绝对贫困的艰巨任务，创造了又一个彪炳史册的人间奇迹！在改善人们经济状况的基础上，还要注重思想和文化建设，提高公民思想道德素质，以德治国。

6. 不一样的审美之美

俄罗斯文学改变了中国读者的阅读习惯与审美情趣。

俄罗斯思想家别尔嘉耶夫说过："俄罗斯文学不是产生于令人愉悦的创造力的丰盈，而是产生于个人和人民的痛苦而多灾多难的命运，产生于对拯救全人类的探索。"家国不幸诗人幸，民族的苦难与摆脱这种苦难的追求，积淀为独特的民族历史文化传统，由其所孕育的俄罗斯文学便具有了深厚的人道主义内涵、"为人生"的主导意向、强烈的使命意识和沉郁与苍凉的底色。陀思妥耶夫斯基的《罪与罚》《被欺凌与被侮辱的》等作品，从20世纪初期起就被陆续翻译到我国来，对包括叶圣陶、郭沫若、茅盾、巴金、郁达夫等在内的中国作家产生不同的影响。

陀思妥耶夫斯基则注重人性内在本质的发掘，也即鲁迅所说的运用"精神苦刑法"来"描绘人的灵魂的全部深度"，一百多年来，本书使中国读者看到俄罗斯文学的丰富多样，也培养了一代代具有不同审美取向的读者群。

阅读本书需要注意的点：小说中的主人公虽然不信基督，但经过索尼娅的劝导，他最终选择回归上帝。大学生思想活跃，求知欲强，宗教表现出一定的哲理性、伦理性和心理性，特别是宗教具有一定的心理调适功能，能给人安全感和归属感，引发了大学生的兴趣。我们在阅读《罪与罚》时要正确看待宗教，培养科学精神、正确认识宗教本质，树立辩证唯物主义和历史唯物主义世界观，要树立马克思主义信仰，成为一名高心理素质的大学生，提升道德修养和法律意识，抵御宗教渗透。

四、出版信息：

［俄］陀思妥耶夫斯基，岳麟，译. 罪与罚［M］. 上海译文出版社，2015.

撰写人：李旺泽

《小王子》导读要点

摘　要：《小王子》作为著名的短篇童话小说，以其独特的叙事视角收获了无数孩子和成年人的喜欢。《小王子》所刻意追求并表现出来的想象力、智慧和情感，字里行间流露出"童趣纯真之美"，探求生活中的"生活本真之美"，感悟与接纳"生命未知之美"，使各种年龄的读者都能从中找到乐趣和益处，在净化美好心灵的同时能够发现新的精神财富。

一、内容简介

《小王子》被誉为写给大人的童话书，这本书用第一人称飞行员的口吻讲了一来自于外星的小王子的故事。书中所叙述的每一个情节都会让人想起生活中的片段，容易引起读者的共鸣和深思。这本书仿佛拥有魔力一般，能吸引读者一遍又一遍地打开它，一遍又一遍地沉浸在这纯真世界里面。这本书的语言纯真之美，能使读者觉得自己还像一个孩子，还可以像孩子一样表达自己的想法，从孩子的角度去思考和认识这个世界。

《小王子》这一童话以小王子的游历为线索，讲述了他在自己星球与玫瑰的情感纠葛，在其他星球遇见国王、虚荣的人、酒鬼、商人、点灯人以及地理学家的困惑，再到在地球上遇见狐狸、蛇、玫瑰园、飞行员的过程，每一个人物及情节都富含作者对于现实生活的思考以及对于功利主义的批判，借由小王子纯真的语言传达作者追寻真善美的价值观念。

二、价值概述

《小王子》的语言纯真之美能引导学生从小王子的故事中感悟生活，感受作家传达的价值观念，对培养和提升大学生发现美、认识美和感悟美的能力有很大帮助。

《小王子》课程的主要教学目标是通过畅读小王子故事，有目的、有计划、有组织地对学生进行多角度、多层次的语言审美教育。将"引领学生树立正确的审美观念，发现生活之美；陶冶高尚的道德情操，净化美好心灵；引导学生回归生活本真之美，树立正确价值观念；引导学生正确对待未知，感受未知之美"的课程美育目标融入其中，贯穿于课程教学大纲的各个单元，实现课程美育实施与教学目标的契合、与教学内容的融合、与教学素材的整合、与教学过程的结合。

三、导读要点

《小王子》书中对小王子的游历过程主要包括在自己星球、游历其他星球、游历地球、重回自己星球四个部分，而小王子在不同地方遇见的人物背后有不同的隐性含义，请同学们在读故事的时候思考探究情节蕴含的深刻哲理，重点关注书中以下四方面：

1. 感受《小王子》的纯真之美

《小王子》故事的叙述和语言的表达体现了“纯真之美”。作者安托万·德·圣·埃克苏佩里以一位飞行员作为故事叙述者，讲述了小王子从自己星球出发前往地球的过程中，所经历的各种事情。作者以小王子的孩子式的眼光，透视出成人的空虚、盲目，愚妄和死板教条，用浅显天真的语言写出了人类的孤独寂寞、没有根基随风流浪的命运。同时，也表达出作者对金钱关系的批判，对真善美的讴歌。

《小王子》因其是一本童话书，因此语言表述自然流露出一股纯真之美，作者借小王子之口，将一些成年人面临的问题天真地表达出来。在这本书中，一切常见的客体都有他美好的一面，因此课程应以多角度、多元素化的方式，让语言描述隐性包含的美、智慧以及其体现的高尚品质，显性地表达出来。这本书的故事情节虽然不长，但是可以在分析的过程中将情节细化分解，用发展的全面的观念去引导学生，让学生在阅读故事的同时，收获一双发现美的眼睛，用美的眼光去重读生活，从而培养学生优秀的价值观、审美观。

2. 体会《小王子》净化美好心灵的意义

《小王子》的语言纯真之美，能使读者放下考证的心情，去相信世界上有一个星球叫b612行星，使得读者来不及质疑，好像一旦质疑会惹怒那个小王子，那个一脸纯真地回忆自己经历的小王子。仿佛一问出口，就会失去一个顶重要的朋友一样；仿佛一问出口，就失去了读这本书的资格一样。《小王子》这本书展示了童话书特有的“童真美”，所以在分析故事时需带领学生置身故事情境，在授课过程中我们都是“小王子”，在站在小王子的角度思考这个世界时，让学生在描述这个世界的过程中融入个人的情感，与小王子进行心灵的对话。

童话故事往往与“真善美”“纯真”等联系在一起，阅读童话的过程，便是去繁求简，寻求本真的过程。《小王子》作为写给大人看的童话，追求本真的意义更加被发挥得淋漓尽致，因此这本书不仅承载着作者本身对于真善美的追寻与思考，还是作者对于成年人欲望追寻的一种批判，在引起心灵共鸣的基础上，让学生在心灵上的压力得以释放，获得美的体验、情感的升华和精神的力量。在娓娓道来的故事情节中，潜移默化地帮助学生树立正确的价值观、人生观与世界观。

3. 感悟《小王子》回归生活本真之美

作者用玫瑰和狐狸来映射美好的感情，让读者在一个比较轻松的状态下去重新审视友情、爱情和亲情。学生到了大学这个阶段必然会在感情方面有所感悟，甚至有所羁绊有所迷茫，而《小王子》这本书却用纯真的语言，质朴的故事为钥匙，打开了读者的心扉。如《小王子》第四单元小王子遇见了狐狸，明白了他星球上的玫瑰花为什么和千万朵玫瑰不一样，明白了玫瑰的娇弱与虚荣，也在狐狸那里明白了驯服的意义。在小王子和狐狸纯真的对话中，读者能看到爱情，甚至亲情、友情，这些感情最纯真的样子。

4. 通过《小王子》感受未知之美

面对未知，伴随的一般是焦虑和恐慌，但是《小王子》通过纯真的语言表述，让读者对于未知有了一个全新的认识。如小王子的离开，蛇的出现，飞行员的紧张等等，《小王子》在用一种全新的方式表达死亡。正因为《小王子》的语言纯真之美，使读者能够平和地看待死亡，没有恐惧，没有惋惜，像小王子说的一样那是回家，因为躯壳太重了，我们没有办法回到星星上去，所以只能让灵魂回家；因为离开太久了，所以得回去了。这大概是人生最寻常的事情，可能会舍不得，可能会伤心，但这一切都是回归的最佳方式。这是对于终点的一种极其唯美的诠释，也在潜移默化中让读者相信未知也是一种美。

四、出版信息

［法］安东尼·德·圣-埃克苏佩里，马振聘，译. 小王子［M］. 北京：人民文学出版社，2003.

撰写人：荣芳芳

第六编 艺术涵养之美

《大学生公共艺术欣赏》导读要点

摘　要：《大学生公共艺术欣赏》是当代大学生了解公共艺术知识的重要参考书。公共艺术博大精深，作者以提升大学生综合素质为目标，选取日常生活中经常涉及的音乐和美术两大板块为基础，通过中外典型的公共艺术作品让大学生在欣赏中掌握基本艺术知识，将艺术的滋养浸润于每一位读者的心中，使其对公共艺术杰作的崇拜油然而生。

一、内容简介

《大学生公共艺术欣赏》课程是面向我校本科生开设的“名著之美”美育必修课程，也是让学生掌握基本公共艺术知识的美育通识课程，旨在通过音乐和美术的基础知识教育，提升大学生的综合素质，为培养德、智、体、美、劳全面发展的21世纪高素质人才奠定美的基础。

本书分为两大部分：音乐部分和美术部分。其中音乐部分分为器乐曲欣赏和声乐作品欣赏，美术部分分为美术概论、绘画艺术欣赏、雕塑艺术欣赏、建筑艺术欣赏、工艺美术与现代设计欣赏、摄影艺术欣赏。

二、价值概述

艺术教育在整个素质教育中，对于培养人的创造性思维、提高人的审美素养、塑造健全的人格、构筑和谐社会都有着不可低估的作用，是培养和提高大学生全面素质必不可少的手段。本书以时间为经，以流派为纬，基本概括了艺术史上优秀的名家名作。但由于本书面对的是广大非专业大学生读者，所以在内容编排上注意区别于一般的艺术史类书籍，选材更加注重通俗性、典型性和趣味性，力争提高本书的阅读和欣赏效果，对于时下高校大学生艺术素质教育工作的开展具有较强的针对性和适用性。《大学生公共艺术欣赏》比较全面地介绍了公共艺术的基本知识，对培养大学生的人文素养，培养和造就高素质人才具有重要的意义。

三、导读要点

美育是一种以促进人的全面发展为目标、通过采取生动直观形象的方法来激发情感、陶冶性情、培养人的高尚情操和理想追求的一种教育形式。《大学生公共艺术欣赏》课程是按照教育教学规律，有目的、有计划、有组织地对学生进行多角度、多层次的审美教育。将“培养全面发展的高素质人才，陶冶高尚的道德情操、塑造美好心灵，以美育人、以美化人”的美育目标融入其中，贯穿于各个单元，实现课程美育实施与教学目标的契合、与教学内容的融合、与教学素材的整合、与教学过程的结合。学生在学习时可以体会作者的美育理念：

1.《大学生公共艺术欣赏》以美育人，培养全面发展的高素质人才

《大学生公共艺术欣赏》内容的选择和组织构架体现了“艺术美”，体现了当代均衡发展的教育目标。只有在专业知识教育的基础上辅以艺术的陶冶，才能实现全面发展，以适应未来社会的挑战。

《大学生公共艺术欣赏》是在介绍艺术作品的过程中，让学生逐渐地了解和认识一些艺术作品，并通过这些作品了解作者、时代、地域等相关背景知识。通过典型和代表性的介绍，了解这种流派、风格的产生时代、具体特点和主要影响。学生在学习的过程中，对原有的艺术浅层知识进一步深化，对空白的艺术知识进行弥补，最终在全方位的艺术美环境中陶冶情操，形成全面发展。

学生在学习时要结合自身参与其中。如学习建筑艺术欣赏时，让学生介绍一下自己家乡的特色建筑，去过北京天安门、北京四合院、天坛等名胜古迹的回忆一下自己的切身体会。学生可以在主题范围内自由表达，提升学习兴趣，专注于课堂，提升课堂教学效果。

2.《大学生公共艺术欣赏》以美化人，陶冶高尚的道德情操、塑造美好心灵

如《大学生公共艺术欣赏》的音乐部分，介绍了中外交响乐、国内外民歌和大型声乐作品，分析了典型音乐流派的美，丰富的音频、图片资料都是对史料的佐证，突出“年代感”，学生在“音乐欣赏”的过程中融入个人的情感，与音乐家进行心灵的对话。

音乐往往与“美”“情感”等联系在一起，音乐欣赏的过程，是发现美、接近美、认识美的一道“窗口”，不仅承载着人类思想的抒发及感情的交流，还是心灵体验的外在媒介，让学生得到心灵上的“滋养”，获得美的体验、情感的升华和精神的力量。浸润心灵的美育效果看似是隐性的，却能在潜移默化中帮助学生树立起正确的人生观与世界观，为将来的人生历程打下坚实的基础。

四、出版信息：

何军. 大学生公共艺术欣赏［M］. 南京：南京大学出版社，2006.

撰写人：李　成

《美学散步》导读要点

摘　要：《美学散步》是一部跨越中西文化的艺术之旅，一代美学宗师的传世典藏。作者宗白华是中国现代美学的先行者和开拓者，让学生在阅读书中的诗词、绘画、音乐、书法、雕塑等，感受中华之美、诗意之美、艺术之美、生命之美、创新之美，让中华之美走进学生的世界，在潜移默化中使学生获得一双发现美的眼睛。让学生感受到什么是“采菊东篱下，悠然见南山”，什么是中国画的“远山如黛、近水含烟”，什么是诗词书画背后的人生际遇、家国情怀。体验中华美育精神，建立民族信仰，增强文化自信，使青年学生成为“四个自信”的坚定信仰者。

一、内容简介

任何一个爱美的中国人，任何一个热爱中国艺术的人，都应该读这部书——《美学散步》。该书是中国美学的经典之作，作者宗白华先生是中国现代美学的先行者和开拓者，被誉为“融贯中西艺术理论的一代美学大师”。书中涉及诗歌、绘画、书法、音乐、建筑、雕塑等多种艺术门类，融贯中西，既显示了宗白华厚重的传统文化功底，又透露出超越传统的开阔现代意识。全书文辞典雅，富于诗情画意，将中华传统文化的独特魅力娓娓道来，让每一个渴望自由宁静的现代心灵，都能在他灵动的文字里，充分感受人间的诗意和对生命的憧憬。课程可使我们把握中国美学的精华和灵魂，树立正确的审美观念、陶冶高尚的道德情操、塑造美好心灵，提升文化自信，建立一种审美的态度，直至形成艺术的人格。

二、价值概述

《美学散步》是中国美学的经典之作和推荐阅读之书。作者宗白华先生是中国现代美学的先行者和开拓者，被誉为“融贯中西艺术理论的一代美学大师”，他著述不多，而《美学散步》则几乎汇集了其一生精要的美学篇章，是先生的代表作，也是他唯一的一部美学著作。

全书22篇美学文章是宗白华先生六十多年美学探索生涯所形成的美学观、艺术观的一次完整诗化叙述，影响过几代学人。本书没有美学学术般的枯燥，反而妙趣横生，用抒情的笔触，诗意的语言对中国古典美学思想进行阐释，常读常新，回味无穷，给我们带来精神上的享受，教我们将美学和哲理融会在生活的点点滴滴之中。通过学习，涵养中华美学精神，感受美，发现美，体验美，丰富学生的情感世界和思维方式，建立民族信仰，增强文化自信。

三、导读要点

美从何处寻？宗白华先生对于研究中国的美学思想具有实质性的启发作用，他把我们将美从艰涩的概念里带出来，好像与我们一起，娓娓道来。通过学习达到的目标是带领学生去探索美的领域，弘扬中华美育精神，塑造美好心灵，将美内化于心，促进学生全面发展、建立民族信仰，去发现生活中的空灵与充实。

书中涉及中国古代绘画美学、中国古代音乐美学、中国园林建筑美学、工艺美术、哲学文学、中国书法、唐代诗歌等多种中华美学，在中国美学精神的发展过程中，宗白华先生所开创的“散步美学”具有不可替代的独特地位和作用。

“散步美学”，宗先生在《美学散步》开头指出：“散步是自由自在、无拘无束的行动。”通过这种放松的状态进入美学的世界，感受这个世间的美好。感受美就在我们身边，需要细心观察，体会，放慢自己的脚步，没有目的，漫不经心，也许会遇到多重惊喜。找到美，欣赏美，并不是我们寻找美的终点，而将美发散出来，做出艺术创造来提高我们生活的意境与意趣，是我们的目的。

1. 中华之美

在几千年的中国历史长河中，艺术和文化相互促进，共同形成了中国独特的美。全书饱含中华美学的独特韵味，鲜明地体现着浓郁的中华美学审美观及中国文学、美学、哲学、艺术、历史，对中华美学进行整体而宏观的把握，并使其具有极其鲜明的美学特征。中国传统优秀文化思想，是宗白华美学思想的精髓，他对中国优秀传统文化积极拥抱，把东方智慧作为自己审美标准来看待事物，典型的是在《中国美学史中重要问题的初步探索》和《美从何处寻》里，明确了自己的中华美学审美观。宗白华认为，美是不以人的意志为转移的客观存在，美源于我们现实的生活，主张中国艺术讲究和注重天人合一，万事都要讲和谐，不和谐就不是中国艺术。中国艺术讲究意象，意蕴内涵，如齐白石画虾，郑板桥画竹，不仅仅是简单事物的再现，而是感悟的升华，竹是竹也是人，虾是虾也是人，情景交融，中华美学对空间的态度是高山仰止，景行行止，虽不能至，而心向往之，中国艺术是讲究诗意的。

2. 诗意之美

《美学散步》的语言是诗意而美妙的，宗白华诗意的文字，充满简单又透彻的论述。我们通过他的《流云小诗》来感受下他的诗意文字：

啊，
诗从何处寻？
在细雨下，
点碎落花声！

在微风里，
飘来流水音！
在蓝空天末，
摇摇欲坠的孤星！

他用诗性的语言漫谈关于哲学、建筑、诗歌、绘画、书法等方面的美，既传递了美学理论，又有批判性的论述，其美学思想富含哲理，饱含深情，饱含他浪漫而充盈的美学观及诗意的人生，是宗白华艺术化人生的写照。宗白华从小生长在六朝古都南京，童年快乐自由，备受文化熏陶，在南京、青岛、上海等城市学习，视野开阔，胸怀宽广，常面朝大海，思辨人生，用诗歌表达自我，用诗性的语言面对生活，后到德国留学，思维更加活跃，塑造了他诗人的气质和艺术化的人生观。

他一生过着清贫玄远的生活，视名利为身外之物，表现出一代美学大师不黏滞于物的自由精神。唯美的眼光、研究的态度、积极的工作是他的一生准则，他的一生献给了中国美育教育事业，个性率真，颇有诗意，他的一生都在寻找美，解释美，批判美，赞扬美。宗白华先生的诗性语言，涵盖了广义和狭义的诗性，既具有诗歌的特征，又具备深刻的审美内涵。《美学散步》收录了大量古今中外的诗歌和谈艺录，这一方面论证了宗白华的美学，另一方面也体现了先生美学批评的诗性特征。

3. 艺术之美

全书通篇都在写艺术，谈艺术，研究艺术，我建议将每一章节细细品读探究，随着自身阅历的增加，每一次阅读都感觉到常读常新，回味无穷，受益匪浅。读这本书就是在与美学沟通，是一种艺术的享受。书里关于艺术理论的篇章比较多，诸如中国古代的绘画美学思想、意境创造与人格涵养、中国艺术表现里的虚和实、中国书法里的美学思想、希腊哲学家的艺术理论、唐代诗歌中的民族精神等。从不同的角度，展现宗先生的美学思想。

“优美使人欢愉，崇高使人敬畏”，美是生活，美还是艺术。在美学中徜徉、感受、领略、顿悟，《美学散步》是文字的艺术、是书法的艺术、是绘画的艺术、是音乐的艺术、是雕塑的艺术，是心灵的体现与映照，包括欢乐与悲伤、深情与决绝。把心灵美展现在艺术里，就会令人通过艺术美而感知心灵美。书里的中国古代建筑充满灵动的艺术之美、中华美学的虚实之美，正如托尔斯泰所述：“照见了世界，丰富了自己；丰富了文化，装点了生活。”将现实美转向、升华、阐发到艺术美、心灵美。

4. 生命之美

宗白华生命美学追求的境界，蕴含深刻的生命本体论哲学，从直观感想的摹写、活跃生命的传达，到最高灵境的启示，可以有三个层次，每一层境都映射着生命的高尚格调的境界，生命是活泼的、无涯的，宇宙的生命本体在本质上是不可言说的。宗白华对生命的热爱和崇尚，“生命”在他的整个思想体系中占据着重要地位，有自然中的生命创造，有艺术意境中的“气韵生动”，有艺术化的人生观，宗白华以生命的高度来叙述。他关注人生，主张以唯美的眼光，纯真自由的心灵体验生活，树立艺术化的人生观。他有着谦虚谨慎、宁静致远的人格气质，用热情追求美学和艺术学，以散步式的美学风格，用浓厚的“生命”气息和激昂的“生命”情绪，以“生命”崇高的姿态翩翩起舞。

5. 创新之美

独特的美学思想和学术观点，宗白华美学的研究方法和研究方向，对于后人研究中国美学起到了重要的引导作用。散步是自由自在、无拘无束的行动，它的弱点是没有计划，没有系统。看重逻辑统一性的人会轻视它，讨厌它，但散步和逻辑并不是绝对不相容的。这种“散步学派”奠定了宗白华美学的独创性和权威性。

《美学散步》不以精确的逻辑思维罗列理论，而是通过“散步”徐徐道来，把对美的感悟通过诗意的文字饱满地呈现出来。他不像王国维那样悲观，也不像朱光潜那样同现实保持着很大的距离，又不像同时代很多人那样把美学、文艺完全依附在政治上面。他的《美学散步》和朱光潜的《诗论》《悲剧心理学》、李泽厚的《美的历程》相比，缺少系统完整的理论骨架，但是又显得更加灵动飘逸，在审美精神上与王国维的《人间词话》接近。

宗白华的独立创新，娓娓而谈，层层展开，语气和蔼亲切。深入浅出的探讨中又显出认真严肃，大量的引用给人信手拈来的感觉。丰富的学识使他的文章充盈饱满、圆润和谐又充满思考的张力，敏锐细腻的感觉使他的论述洋溢着艺术灵性和诗情，中国美学的散步方法也自此而发扬光大，为后世的美学研究提供了模范性的试验。

四、出版信息：

宗白华. 美学散步［M］. 上海：上海人民出版社，2015.

撰写人：李旺泽

《聆听音乐》导读要点

摘　要：《聆听音乐》一书，是不可多得的音乐欣赏和音乐美育指南，书中详细描述了音乐的要素及其在音乐中所起的作用，引用各种音乐形式，来指导读者如何去“聆听音乐”、如何去欣赏不同的音乐风格。《聆听音乐》书中蕴含着音乐的“经典永恒之美”“哲思之美”“构思和技法之美”“浸润心灵之美”“中华传统文化之美”等美的内涵，启发读者感悟音乐的艺术之美。

一、内容简介

《聆听音乐》这本书详细描述了音乐的要素及其在音乐中所起的作用，作者克雷格-莱特为耶鲁大学音乐系教授，他在这本书中通过对基本乐理、技巧的讲解，围绕奏鸣曲、弦乐四重奏、协奏曲等各种音乐形式，来指导读者如何去“聆听音乐”、如何去欣赏不同的音乐风格。

《聆听音乐》书籍内容总共分为三大部分，即音乐要素、音乐发展时期和欧美流行音乐。第一部分主要描述了节奏、曲调、和声、力度、速度、调式、曲式、织体、音色等九大要素。第二部分从历史发展的脉络介绍了巴洛克时期音乐、古典主义时期音乐、浪漫主义时期音乐、印象主义时期音乐、现代和后现代艺术音乐等各时期及部分中国音乐的音乐背景、特点、代表音乐家及曲目。第三部分主要为流行音乐的背景、流派、代表曲目。

二、价值概述

《聆听音乐》是一部不可多得的音乐欣赏和音乐美育指南，作者以音乐发展史编排了书籍清晰的脉络框架，在书中以生动活泼、深入浅出的形式普及音乐基础知识及音乐史学知识，尤其是怎样去聆听音乐，这在西方音乐史学界实属首创，它是对音乐历史的致敬，也体现出在音乐体验上思想的共鸣。因此，此书不仅可以作为音乐院系西方音乐欣赏学习的资料，也适用于提升普通高校非音乐专业读者的音乐素养。书籍深入浅出地指导读者从音乐自身表现力出发去欣赏音乐的美，感受艺术家传达的价值观念，对培养和提升广大读者的审美能力、审美情趣有很大帮助。

三、导读要点

《聆听音乐》书中对音乐要素、西方音乐、中国音乐进行了综合和凝练，请同学们重点关注书中以下五方面：

1. 音乐经典永恒之美

《聆听音乐》内容的选择和组织构架体现了“经典之美”“永恒之美”，遵循了古典音乐永恒性和古典文化的真理性。作者克雷格教授大量使用了中西方音乐史上最具经典性的音乐作品，从巴洛克时期、维也纳古典乐派、浪漫主义一直到 20 世纪的现代音乐，基本上都是各个时期的代表作，如莫扎特、贝多芬以及李斯特等名家的作品多次出现在聆听列表当中，优秀的音乐作品在时间流逝中不改它优秀与美的本质；从认知的角度来看，融合柯达伊的分类，各时期音乐的分析融合了节奏、旋律、曲式、和声几大部分，在此基础上再综合讲授音乐风格，体现了规范性、严谨性的审美追求。

书籍注重的是建立在一套比较科学和不容置疑的通用体系之上的规范性、严谨性的审美感受，优秀的音乐作品在时间流逝之中也不改它优秀与美的本质，选择这样的作品作为内容，有着向经典致敬的意义，同样也有向后代传播以及普及优秀的音乐的重要内涵。

本书中介绍巴洛克时期的“复调音乐之父”巴赫时，提问乐曲的风格特点和读者的聆听感受，意义在于激发读者积极思考，帮助读者通过独立思考获取知识，激发读者学习兴趣，使印象更加深刻、巩固记忆。

2. 音乐的哲思之美

《聆听音乐》因其主要内容介绍了“音乐”这一艺术门类，天然具有艺术通识的性质，其背后蕴含的通识理念和通识背景，符合马克思主义的基本原理之一“人的全面发展”，本书以多角度、多元素化的方式，让音乐隐性包含的美、智慧以及其体现的高尚品质，都通过音乐的分析等方式，显性表达出来，这一理性的升华，是用完整、全面发展的观念去影响读者，让读者不仅获得音乐知识，还获得优秀的价值观、审美观。

3. 音乐构思和技法之美

《聆听音乐》展示了音乐基本要素的特点及构思、技法的风格多样之美，音乐风格的形成离不开音乐家独特的构思和表现技巧。音乐家独特的个性和音乐审美追求必然会促使其寻求与音乐构思相适应的表现技巧和方法，体现在对音响的特殊追求和音乐技巧运用多样性的形态之美。书籍分析了各时期音乐体裁和风格特点、流行音乐文化以及全球音乐的美，更是在书中搭配了丰富的音频、图片资料，作者在文字论述旁都选取了合适的图片，并插框对图片内容进行解释，这些图片都是对史料的佐证，突出“年代感”，充满趣味性地、通过各种手段让读者在“聆听音乐”的过程中融入个人的情感，与作曲家、演奏家、歌唱家进行心灵的对话。

4. 音乐浸润心灵之美

音乐往往与“美”“情感”等联系在一起，聆听音乐的过程，是发现美、接近美、认识美的一道“窗口”，不仅承载着人类思想的抒发及感情的交流，还是心灵体验的外在媒介，让读者得到心灵上的“滋养”，获得美的体验、情感的升华和精神的力量。浸润心灵的美育效果看似是隐性的，却能在潜移默化中帮助读者树立起正确的人生观与世界观，为将来的人生历程打下坚实的基础。本书介绍早期浪漫主义时期的肖邦时，展示了《升 c

小调夜曲》《革命练习曲》等曲目，并结合书中插图讲述了肖邦和乔治桑的故事，运用“史从乐出”的分析方法，探讨出各种文化背景与音乐风格形成的关系，论证出音乐的本质意义。

5. 中华传统文化之美

作者克雷格·莱特采用史学的年代顺序来记述音乐风格，并结合各时期的优秀代表作品，让读者较轻松地了解各时期、各个国家、各个民族的音乐代表人物和代表作品，体现了“融合之美”“对比之美”。如《聆听音乐》第七版第三十七章增加了我国陈钢与何占豪的《梁祝协奏曲》条目，这说明中国的文化影响力也在逐步加强，需要教师在本书基础上以弘扬中华优秀文化、全面提高读者素质为美育目标，引导读者们注重中国传统民族文化的发展，树立起文化自信，为国家文化艺术领域的强盛贡献力量。

四、出版信息

［美］克雷格·莱特，余志刚，李秀军，译. 聆听音乐［M］. 北京：生活·读书·新知三联书店，2018.

撰写人：刘潇潇

《电影是什么》导读要点

摘　要：《电影是什么》与畅销书《演员自我修养》《演技六讲》同属“电影艺术经典”书系。本书在电影理论之美、心理之美、语言之美、美学之美上影响了无数喜爱电影的人，是电影理论史上的经典著作和重要教材，每个电影人心中的电影“圣经”。让生活本身成为一场精彩的演出，让电影这面完美的镜子映现富有诗意的生活，并最终改变生活。

一、内容简介

《电影是什么》是是世界电影理论史上的里程碑之作，豆瓣评分9.0的电影学经典著作。本书并非一部初衷为撰写成书而刻意准备的严谨的电影理论专著，而是巴赞逝世后，《电影手册》编辑部和巴赞夫人根据巴赞遗愿，从四卷本文集中选出27篇文章。他提出或主张的电影本体论、长镜头理论、景深摄影、作者论和真实美学等一系列概念，形成了与传统的电影蒙太奇不同的理论体系，开拓了电影研究的领域。由于巴赞的努力，电影成为严肃的艺术研究课题。《电影是什么》是巴赞批评论文的选集，涉及电影本体论、电影社会学、电影心理学和电影美学等诸多话题。这本书前半部分讲述了电影的起源，和电影语言和技术，后面作者拿了电影史上有革新意义的几部电影作实例，从各个方面进行了评价。课程可以让学生认识电影，认识世界，找到思想的共鸣，领悟到电影的真谛，提高电影美学鉴赏力，增强对电影艺术的赏析水平。

二、价值概述

导演贾樟柯说：“很感谢电影学院四年理论的学习，巴赞给我们的不仅是成为导演、认识电影，关键是认识世界、观察世界及人道主义的方法。”巴赞在西方电影备受推崇，被誉为“法国影迷的精神之父”“新浪潮电影之父”“电影的亚里士多德”。《电影是什么》内涵丰富，提倡现实主义美学，提出了长镜头理论，阐述了新现实主义导演的重要价值，以及蒙太奇与景深镜头在电影语言中的重要性和辩证关系。巴赞开拓了电影研究的领域。正是由于巴赞的努力，电影才成为严肃的研究课题。正如导演侯孝贤说《电影是什么》为认识电影的本质打开了一扇窗户。

三、导读要点

《电影是什么》是安德烈·巴赞留下的一份精神遗产，是巴赞的良知与智慧的结晶，凝聚了巴赞的世界观和电影观。让我们从电影理论之美、心理之美、语言之美、美学之美等角度了解巴赞的电影理论，感受电影美学。

1. 电影理论之美

安德烈·巴赞的电影理论为古今中外大量的奉行与应用，他的《电影是什么》是巴赞批评论文的选集，一书概括了电影从诞生，发展再到拍摄技术与手法，其中包括了电影本体论，电影起源心理学和电影语言进化观。谢飞说：“巴赞的长镜头理论，无论是对电影语言现代化的争论，还是电影要拜托戏剧化的争论，都直接影响了1980年出现的第四代第二批影片的创作。”巴赞提出或主张很多电影理论，如电影本体论、长镜头理论、景深摄影、作者论和真实美学等一系列概念，形成了与传统的电影蒙太奇不同的理论体系，开拓了电影研究的领域。由于巴赞的努力，电影成为严肃的艺术研究课题。

电影本体论是安德烈·巴赞电影现实主义理论体系的基石，其核心和基本观点在于影响客观现实中的被摄物同一。简单来说就是利用完全客观的拍摄事物影像的手段为观赏者再现事物的形象形态原貌等的其具有的自然属性。在书中，安德烈·巴赞提出电影再现事物原貌的本性是电影美学的基础。古往今来所有的艺术形式都是以人的参与为基础的，只有在拍摄和摄影的艺术中人不再是内核与主导了，它是展现事物本真本身的艺术手段。影像本体论和安德烈·巴赞的电影起源心理学以及电影语言进化论都有真及其紧密的联系。他认为，电影这种艺术手段被发明出来的主要心理依据就是幻想着能够完整再现现实，而电影语言也越来越趋向于现实主义。

2. 心理之美

电影起源心理学，电影起源心理学的内核和核心观点则正是刚刚上面所提到的幻想着能够完整再现现实。电影这种艺术手段是现代社会人们追求尽可能真实的重现现实的一种心理的产物，也正是这种心里的产物和心理因素让电影有了真实感，还确定了电影拍摄与制作技术和电影艺术的发展方向：用影像再创造出一个真实的世界。但是电影毕竟也是一种艺术手段，它不可能完全客观的对现实进行完整的摹写和再现，就像《杰作：〈温别尔托·D〉》中所提出的“电影是现实的渐近线”。

安德烈·巴赞为了让读者更简单更形象地了解电影起源心理学他提到了“木乃伊情结”和“完整电影”这两个观点。所谓木乃伊情结就是人类希望自己可以永久存在于世界，可以与时间抗衡。安德烈·巴赞认为人有永久保存自己尸体的驱动。木乃伊可以说是最早的人类保存自己的实例，随着时间的推移木乃伊被雕塑和绘画这种更加优雅的方式所取代，但是这些方法都会因为人的参与而发生一些变化，安德烈·巴赞认为，摄影作为自然的补充，而不是替代，第一次有了不让人干预的特权。因此电影也第一次实现了影像与被摄物的同一，就像木乃伊一样。完整电影这一观念则是在巴赞的《完整电影的神话》一文中第一次被提出，他认为电影起源心理原因是再现完整电影的神话，也就是再现声色主体感受整体性的外部世界的影像。

3. 语言之美

电影语言进化观，核心和基本观点是：电影语言越来越趋向于现实主义。安德烈·巴赞的电影现实主义包含了三个方面：表现对象的真实；时间空间的真实（美学核心）；叙事结构的真实。而为了实现这些审美方面的理想，安德烈又提出了“长镜头理论”和“景深镜头理论”。所谓长镜头理论和景深镜头理论都是目的在于完整展现整体现实场景的电影风格和表现手法。要使用这种表现手法就需要了解它的时间要求：首先，一定不要严格限定观赏者的感知感觉体验过程，这是一种潜在的表现意识的一种形式，它着重通过事物的常态和动作的完整性来展现目的。其次，长镜头（镜头——段落）要严格保证时间进程的真实性，景深镜头能够使观赏者体会到现实空间的完整面貌和事物的实际关系。最后，连续拍摄的镜头——段落体现了现代电影的叙事原则，放弃了戏剧中的严格符合因果逻辑的省略手法，重现现实事物的自然过程，因此而更有真实感。

4. 美学之美

贾樟柯导演说：“很感谢电影学院四年理论的学习，巴赞给我们的不仅是成为导演、认识电影，关键是认识世界、观察世界及人道主义的方法。”巴赞在《摄影影象的本体论》中，提出了“摄影的美学特征在于它能揭示真实”的美学原理。他说：“摄影机镜头摆脱了陈旧偏见，清除了我们的感觉蒙在客体上的精神锈斑，唯有这种冷眼旁观的镜头能够还世界以纯真的面貌，吸引我的注意，从而激起我的眷恋”。

由此，巴赞得出了这样的结论：电影艺术所具有的原始的第一特征就是“纪实的特征”。它和任何艺术相比都更接近生活，更贴近现实。巴赞的“电影是现实的渐近线”，被称作是“写实主义”的口号。在“新浪潮”的作品中，特吕弗的《胡作非为》直接实践了安德烈的理论，是一个很能说明巴赞理论的影片。《胡作非为》描写了一个12岁男孩安托纳，由于得不到家长和老师们的理解和关心，两次出逃，流落街头，后因行窃经受警察与心理学家的审问，被送进劳教营，后又逃跑出来奔向大海的过程。特吕弗打破了传统叙事手法，将影片的叙事语言始终保持在生活的渐近线上，形成了一种崭新的艺术风格。这部影片同时在国际影坛上产生了巨大的反响和欢迎，为“新浪潮”的崛起打下了基础。

四、出版信息：

《电影是什么》，［法］安德烈·巴赞（著），崔君衍（译）；出版社：商务印书馆；出版日期：2017年9月。

撰写人：李旺泽

《中国动画史》导读要点

一、内容简介

《中国动画史》这套书以时间为纵轴，以地区为横轴，在两个维度上详细讲述了中国动画发展的历史，作者李铁系天津工业大学动画系教授，这套书于 2017 年 11 月出版，分为上、下两册，是“十三五”国家重点图书出版规划项目，2017 年国家出版基金项目，是作者经过十几年的累积，参考了大量的动画史料，走访了多家老电影制片厂，采访了多位老艺术家、动画人，历时 5 年的时间创作完成的， 对中国动画史进行了高度总结和深度探讨。

《中国动画史》书籍将中国动画历史的发展依据年代划分成七个阶段，分别讲述了从 20 世纪初到 21 世纪初中国动画完整的发展历史，详细介绍了上海美术电影制片厂、长春电影制片厂、上海电视台动画制片厂、中央电视台等具有代表性的国有动画制片单位和众多动画制片公司的发展历史，讲述了香港和台湾地区动画制片领域发展的历史，涉及的优秀动画作品近千部。

二、价值概述

《中国动画史》将影视动画放到政治经济、社会历史、地域民俗、美学及艺术变革、科学技术的综合背景下进行深入研究，避免史料的简单罗列，现象表面化的分析，这套丛书以时间为纵轴，以地域为横轴进行类比，参考各个时间段社会政治、经济、文化的发展，以达到“经史合参”的目的，并梳理出中国动画历史发展的主线，以及发展历史上的重要节点。这套丛书努力为我国动画产业经济和动画艺术形态的发展提供重要的参考，并探讨 21 世纪中国动画产业的创新路径和发展方向。以史为鉴，让中国动画艺术和产业的发展避免走其他国家动画发展史上的弯路；以史为参，让中国动画艺术和产业的发展站在世界动画发展的最前沿。

三、导读要点

《中国动画史》书中对动画技术的发展、动画艺术形态、“中国动画学派”、动画运行模式发展等进行了综合和凝练，请同学们重点关注书中以下四方面：

1. 历史回顾：中国动画学派寻踪

《中国动画史》追溯上海美术电影制片厂创作的一系列动画作品，这些动画作品有着极强的民族文学色彩。从作品选材方面，中国动画学派大多会选择人民群众喜闻乐见的一些历史典故、神话故事、民间传说等作为创作题材，如《大闹天宫》《铁扇公主》等早期动画作品内容来源于四大名著之一《西游记》；《精卫填海》出自前秦经典《山海经》；《哪吒闹海》来源于神魔小说《封神演义》。不仅仅是古代名著，包括很多当代作家的文学作品同样被具象化地创作成为动画成品，如被誉为“中国童话十家”之一的洪汛涛，其创作的文学作品《神笔马良》就在 1955 年被上海美术电影制片厂制作成为木偶动画片《神笔》并且风靡一时成为中国木偶动画的重要里程碑。另外，中国动画学派的文学性绝不仅仅体现在作品的选材上，也表现在形式和语言等方面。这些故事和语言等表现形式都具有极强的中华文化色彩，泱泱中华五千年，五千年的文化发展与传承使得我们的国家保存和继承了很多珍贵的精神文化财富，而这些财富中包含了很多以文字方式留存至今的文学典籍，一系列的文学经典又在一定程度上潜移默化地影响了中国人的思维方式，对于动画创作亦是如此，很多优秀的艺术作品都是依托于中国传统文化的基础，以具体文学典籍为抓手来进行创作。

2. 美学追求：中国动画审美特征

《中国动画史》中讲到中国动画最初称为“美术片”，证明了早期中国动画对绘画十分重视，不仅如此，深刻内涵、独特风格、丰富的表现手法以及富于意境美的内涵都是中国动画艺术家的长期追求。书中将审美特征分为视觉美学和听觉美学，从视觉美学角度来看，中国动画学派在创作中巧妙地运用了民族艺术元素，包含壁画、水墨、剪纸、年画等等一系列独一无二的艺术文化符号。中国学派开山之作是1956年的《骄傲的将军》，里面融入了大量的中国京剧艺术元素。自此之后，中国学派蓬勃发展，还创新出水墨动画这种中国特色动画，比如大家熟知的《小蝌蚪找妈妈》《大闹天宫》《哪吒闹海》《九色鹿》以及《宝莲灯》等。

听觉美学角度，在听觉上，中国动画前期以传统乐器配乐来表现，如笙、箫、唢呐等同时借鉴传统戏曲的锣鼓等乐调为动画作品配乐。后期配乐形式随着技术的发展，有了进一步发展，如《宝莲灯》第一次打破了以往的音乐背景，现代音乐及模拟音效的应用，开创了动画音乐的先河。

3. 文化精神：中国动画气质呈现

《中国动画史》告诉我们，中国动画的经典作品表现了中国文化的精神。文化精神其一为：崇尚和谐。中国动画最能从整体上表现中国文化神韵的核心精神。1963 年《牧笛》和 1988 年《山水情》，虽然相隔了 25 年，却是一脉相承。《牧笛》借用了李可染先生国画名作中的牧童与水牛，展示了一段如梦如诗的画境，描述了牧童从感受大自然到梦想大自然，再到走入大自然的心理情感过程。而《山水情》则表现的是一位年迈的琴师与亲授弟子之间的山水情怀。美妙悠扬的琴声不仅是来自山水的天籁之音，还是寄情于山水的肺腑之声。当琴师与弟子乘船游荡于平滑如镜的湖面，或投身于激流飞溅的瀑布时，他们与大自然就融合为一体了。这两部作品最令人感动的就是它们充分体现了中国文化的尚和精神，物我合一，天人合一。产生于20世纪80年代的另外两部作品《鹿铃》与《三个和尚》，同样是体现和谐精神的。前者，女孩儿将自己的小铃铛挂在小鹿脖子上，山间久久回荡着鹿铃的清脆声音，女孩儿的善良之心与单纯的小鹿融为一体。后者，原本不和谐的三个和尚，在一场大火之后顿悟了，该挑水的挑水， 该抬水的抬水，才是生活原有本意，即归于和谐。中国文化特质还有内驱力、包容性、慎终追远等等。中国动画的中国风格是植根于中国文化博大精深的内涵中。

动画是一种艺术形式，也具有着自身独特的文化特质，分析中国动画史，了解动画发展脉络，剖析中国与外国传统文化之间的差异性，寻找出中国动画所独有的文化气质，以中国文化为根基，挖掘好华夏五千年文化的积淀，挖掘中国文化精神，塑造中国文化自信，为今后中国动画的发展提供了依据。

4. 创作探索：中国动画创作发展

回顾20世纪50年代中期，一部《乌鸦为什么是黑的》在东欧获奖之后，中国动画家们反而感到深深的郁闷，因为人们误认为这部动画片是非中国制造的。经过了五六年的卧薪尝胆，到了20世纪60年代初期，中国动画获得了崇高的荣誉——被称为世界动画的“中国学派”。其代表作就是《大闹天宫》。中国动画的优秀之作再次昭示了艺术的规律——个性是艺术的生命。

文化是动态的，在不断地发展；文明是静态的，却有鲜明的时代性。中国文化的本身就是丰富多彩的，绝不是单一的。创作和制作现代生活题材的动画作品必须表现现代人的精神面貌、现代人的困惑、现代人的追求、现代人所渴求的现代文明。当中国动画的中国风格所体现出来的中国文化与世界共同关心的问题产生共鸣的时候，中国动画通向世界的大道就会呈现在我们面前了！

四、《中国动画史》书籍出版信息

李铁. 中国动画史上、下［M］. 北京：北京交通大学出版社，2017.

撰写人：李　雪

《伟大的绘画》导读要点

一、内容简介

该著作是由英国DK公司推出的一本艺术百科全书。本书精选了从西方文艺复兴前后到西方现代艺术中的多件绘画作品，其中也包括了数量不多的中国、日本和印度的亚洲绘画作品，用图解的方式讲述每一幅画背后的故事，通俗却不失学术性，向读者解读了每件作品其中的文化内涵，特别是对作品局部、构图和绘画技法的精彩分析，是该书的一大亮点，使得每件艺术作品显得愈发生动鲜活，极具感染力。

该书内容主要包括如下章节：

前文艺复兴时代的绘画

伟大的西方文艺复兴

17—18世纪的绘画艺术

18—19世纪的绘画艺术

19—20世纪的绘画艺术

20世纪以来的绘画艺术

该书涉及的美术作品较有代表性，包括东西方很多画家和流派的传世之作。每件作品除了本身的介绍外，还附有该艺术家的简单生平，本书按时间的顺序向读者讲解了中世纪的哥特绘画艺术、文艺复兴的绘画、16世纪样式主义和17世纪的巴洛克等流派的绘画、18世纪的洛可可、19世纪的新古典主义、浪漫主义和现实主义的绘画作品以及20世纪以来西方现代流派的作品。此外，本书还选取了两件中国画作品，一是北宋张正道的《清明上河图》，并将其列为该书的第一件作品，二是明代中期仇十州的《汉宫春晓图》。日本作品选取了狩野派的一件屏风，印度作品选取的是17世纪的莫卧儿王朝细密画。

二、价值概述

该书作为英国最具影响力的百科全书，即DK百科全书，汇聚了当代一些世界顶级大学艺术学者们对艺术史研究的先进成果和艺术思想，囊括了东西方艺术史上最具影响力的一些艺术作品和艺术流派及思潮，是一本难得的艺术入门的上乘之作，不论是对于想了解艺术的非艺术人群还是艺术专业的学生，该书对于提升艺术的审美能力和丰富文化艺术的修养都具有很强的指导性与启发性。

三、导读要点

《伟大的绘画》这本书大家在阅读与欣赏的过程中，要从如下五个方面来把握书中的知识内容，只有这样才能更高效和深入地理解书中的艺术知识，才能更有效地提升自己的审美能力和修养。

（一）构建语言之美

大家对艺术都不陌生，它包括：建筑、美术、音乐、舞蹈、影视和文学等的综合学问。而我们讲的绘画是属于美术的一种。每种艺术都有它的特点，绘画也不例外，它在艺术中属于静态的空间艺术，是直接诉诸视觉图像的最直观的艺术形式。既然诉诸视觉，最先被我们看到的是什么，就是绘画作品的形式，即形、色、构图、技法等可视因素。“看外表”是绘画欣赏过程的起点，只有我们明白了作品的这些外在的因素，我们才能由表及里，更深入的欣赏和理解作品内在的因素，即意境、意蕴等内容，了解作品创作的目的和立意。这就要求我们在学习每一幅作品之前，首先要关注画面的形式与语言。本书从作品的局部入手，剖析作品的构图和绘画技巧，一方面可以更好地激发读者的学习兴趣，另一方面也可将读者的视线引向画面的形式和语言，从而帮助读者更有效地学习它们。

（二）创造精神之美

根据马克思历史辩证法，艺术是一种生产，是一种特殊的精神生产。绘画当然也不例外，它不同于一般的物质生产。物质生产是个技术活，而艺术生产却融于了艺术家的审美与思想，并且艺术的终极消费是服务于精神的。因此，对于每件绘画作品都是艺术家审美观点，世界观、价值观的集中体现，当然也是这个时代审美价值和流行时尚的体现。所以这就要求我们在观赏绘画作品的外在因素时，要注意和体会画家在创作该作品时的思想、审美与心境。只有这样由表及里深入浅出的欣赏才是更有效、完整的欣赏方法。

（三）搭建桥梁之美

我们常说艺术语言，艺术语言除了它独有的审美性之外，还具有抒情性，这种抒情性是建立文化的基础之上的，在一定的情况下，这种抒情就会生成人类的共情，譬如：爱情、母爱、仇恨、悲伤、爱国等情怀，不论你是哪里人、什么民族都有这些人类的集体无意识。具体说在我们看到达·芬奇的《蒙娜丽莎》时都会感到一种女性的美感；当我们看到毕加索的《格尔尼卡》时感受到作品传达的战争的残酷；当我们欣赏罗中立的《父亲》时，感受到的是父爱的勤劳与伟大；同样我们看到这本书的第一幅作品《清明上河图》，则表达的是一种爱国情怀，感受到一种民族自豪感。所以说，在文化被互相接受理解的情况下，一些作品就会由原来的抒情变为广泛的共情。

（四）传播文化之美

在某种程度上，我们可以说绘画是文字的直观具象表达，就这个意义上讲，我们又拉近了绘画与文学的关系。在中国古代，特别是宋代以来文学与艺术是不分家的，正所谓“文艺”。而中国历史上很多传世的名作也是取材于文学，比如：东晋顾恺之的《列女传图》《女史箴图》和《洛神赋图》等。用图画来代替文字传达信息，在古代的宗教壁画上就更为常见了。同样，西方绘画同样作为一种直观形象的手段充当着代替文字传播信息文化的作用，比如从希腊罗马时期就开始用绘画的手段记录描述着它们的神话崇拜，几乎这一做法贯穿了整个西方艺术史。在这本书中，我们应该有意识地重视这种绘画的功能，这不仅对我们深入的欣赏作品有用，同时还可以增加我们绘画造型技术层面之外的文化知识，拓展我们的人文素养。

（五）丰富生活之美

我们传统的观念认为“学以致用”，这个是来自于中国古代儒家文化特有的功利性。就连宋代皇帝赵桓的《劝学诗》里也写道：“富家不用买良田，书中自有千钟粟。安居不用架高堂，书中自有黄金屋。出门莫恨无人随，书中有马多如簇。娶妻莫恨无良媒，书中自有颜如玉。男儿欲遂平生志，六经勤向窗前读。”今天很多人依然认为读书得有用，我们常能听到此类的质疑“读这些书有用吗？”读书有用固然重要，但是，这不代表读书意义的全部。这就是第五点中要说明的，其实很多读书人都感受到了书是人类的朋友，人类进步的阶梯。阅读可以丰富我们闲暇的时间，也可以调节我们的情绪，从而提升我们对事物的认识和洞察的能力，净化我们的心灵，总之，读书是潜移默化润物细无声的将人文而化之。所以，我们读完这本艺术的启蒙书并不是学习艺术的终点，而是去享受艺术之旅的起点！

四、出版信息

英国DK公司，李澎，译. 伟大的绘画［M］. 北京：北京美术摄影出版社，2014.

撰写人：孙利波